21 世纪高等职业教育特色精品课程规划教材
高 等 职 业 教 育 课 程 改 革 项 目 研 究 成 果

道路建筑材料技能考核指导

主　编　崔　岩　于　辉
副主编　沈艳东　陈立春
主　审　徐会文
参　编　姜志青　郭　梅　张求书
　　　　李继伟　汤红丽　朱春凤

北京理工大学出版社
BEIJING INSTITUTE OF TECHNOLOGY PRESS

内容提要

本书为全国交通土建高职高专实践技能考核指导书。全书包括砂石材料，石灰、水泥和稳定土，水泥混凝土和砂浆，沥青材料及沥青混合料职业技能考核五章的习题和有关公路工程初级工、中级工、高级工的理论知识试卷各八套。

本书可作为交通高等职业技术教育道路与桥梁技术专业、公路工程造价专业、公路工程检测专业等交通土建专业选用。亦可供交通中等职业教育土建类专业师生及各类干部培训学习和从事公路施工、试验检测工作的工程技术人员参考。

图书在版编目（CIP）数据

道路建筑材料技能考核指导/崔岩，于辉主编．—北京：北京理工大学出版社，2009.8（2013.1 重印）
ISBN 978-7-5640-2601-1

Ⅰ．道… Ⅱ．①崔…②于… Ⅲ．道路工程-建筑材料-高等学校：技术学校-教学参考资料 Ⅳ．U414

中国版本图书馆 CIP 数据核字（2009）第 139599 号

出版发行／北京理工大学出版社
社　　址／北京市海淀区中关村南大街 5 号
邮　　编／100081
电　　话／（010）68914775（办公室）　68944990（批销中心）　68911084（读者服务部）
网　　址／http：// www.bitpress.com.cn
经　　销／全国各地新华书店
印　　刷／北京紫瑞利印刷有限公司
开　　本／787 毫米×1092 毫米　1/16
印　　张／12.75
字　　数／294 千字
版　　次／2009 年 8 月第 1 版　2013 年 1 月第 2 次印刷
印　　数／4001～6000 册　　责任校对／陈玉梅
定　　价／25.00 元　　责任印制／边心超

前　言

本书以最新颁布的《公路工程集料试验规程》（JTG E42—2005）、《公路工程岩石试验规程》（JTG E41—2005）、《普通混凝土配合比设计规程》（JGJ 55—2000）、《公路工程水泥及水泥混凝土试验规程》（JTG E30—2005）、《通用硅酸盐水泥》（GB 175—2007）等为主要依据进行编写。

本教材有针对学生为适应职业能力需要而须具备的道路建筑材料课程中有关的理论知识、实践技能而编写的系列习题，也有针对国家资格考试中有关公路试验工考核内容而编写的模拟试卷，更直接、更准确地考核道桥专业学生对有关道路建筑材料领域的实际技能和操作规范的掌握，以及考核劳动者从事该职业所达到的实际工作能力。

参与本书编写的人员有：吉林交通职业技术学院崔岩、于辉、沈艳东、陈立春、姜志青、张求书、李继伟、汤红丽、郭梅、朱春凤。本书由崔岩、于辉主编，沈艳东、陈立春副主编。具体分工如下：中级工理论知识试卷、高级工理论知识试卷由崔岩编写，初级工理论知识试卷由沈艳东、陈立春共同编写，郭梅编写第一章，张求书编写第二章，李继伟、朱春凤编写第三章，汤红丽编写第四章，姜志青编写第五章，每章试题的答案由于辉编写。全书由崔岩、于辉统稿，由吉林大学徐会文教授主审。在编写过程中参考了相关的论著和资料，在此谨向相关文献的作者致谢。

由于编者水平有限，时间仓促，书中难免出现不足和欠妥之处，恳请广大读者批评指正。

编　者

目　录

第一章

砂石材料职业技能考核部分

一、单项选择题

1. 砂石作为水泥（或沥青）混凝土的集料，应严格按（　　）组成一定要求的矿质混合料。

A. 级配理论　　B. 量积法　　C. 几何比例　　D. 酸碱度

2. 石料的内部结构主要是由（　　）组成。

A. 矿质实体与开口孔隙　　B. 矿质实体与闭口孔隙

C. 矿质实体　　D. 矿质实体与开口孔隙和闭口孔隙

3. 为了反映石料的组成结构以及它与物理力学性质间的关系，通常采用（　　）来表征它。

A. 物理常数　　B. 吸水性　　C. 耐冻性　　D. 坚固性

4. 测定真实密度的规定条件是（　　）。

A. 105 ℃ ±2 ℃下烘干至恒重，温度 20 ℃

B. 100 ℃ ±5 ℃下烘干至恒重，温度 20 ℃ ±2 ℃

C. 105 ℃ ±5 ℃下烘干至恒重，温度 20 ℃ ±2 ℃

D. 105 ℃ ±5 ℃下烘干至恒重，温度 20 ℃

5. 真实密度计算中所用的体积是指（　　）。

A. 计入开口孔隙的石料体积　　B. 计入闭口孔隙的石料体积

C. 计入开口和闭口孔隙的石料体积　　D. 石料矿质实体的体积

6. 石料真实密度的测定方法，按我国现行《公路工程石料试验规程》采用（　　）。

A. 李氏比重瓶法　　B. 封蜡法　　C. 静水称量法　　D. 量积法

7. 岩石的吸水率采用（　　）条件测定。

A. 室内常温常压　　B. 室内常温真空抽气

C. 室内煮沸条件　　D. 室内常温标准大气压

8. 毛体积密度计算中所用体积是指（　　）。

A. 石料矿质实体的体积

B. 矿质实体与开口孔隙体积之和

C. 矿质实体与闭口孔隙体积之和

D. 矿质实体与开口孔隙和闭口孔隙体积之和

9. 岩石的吸水率、含水率、饱和吸水率三者在数值上有如下关系（　　）。

A. 吸水率 > 含水率 > 饱和吸水率　　B. 吸水率 > 含水率 > 饱和吸水率

C. 含水率 > 吸水率 > 饱和吸水率　　D. 饱和吸水率 > 吸水率 > 含水率

10. 岩石的饱和吸水率较吸水率______，而两者的计算方法______。

A. 大，相似　　B. 小，相似　　C. 大，不同　　D. 小，不同

11. 岩石密度试验时，密度精确至_____ g/cm^3，两次平行试验误差为_____ g/cm^3。(　　)

A. 0.001　0.02　　B. 0.01　0.02　　C. 0.01　0.05　　D. 0.001　0.01

12. 我国现行标准中采用的岩石抗冻性试验的条件为（　　）。

A. 在温度下降至 −15 ℃冻结 4 h 后，放入 20 ℃ ±5 ℃水中融解 4 h 为冻融循环一次

B. 在温度下降至 −20 ℃冻结 4 h 后，放入 20 ℃ ±5 ℃水中融解 4 h 为冻融循环一次

C. 在温度下降至 −20 ℃冻结 2 h 后，放入 20 ℃ ±5 ℃水中融解 2 h 为冻融循环一次

D. 在温度下降至 −25 ℃冻结 4 h 后，放入 20 ℃ ±5 ℃水中融解 4 h 为冻融循环一次

13. 石料的力学性质指标为（　　）。

A. 单轴抗压强度和磨耗率　　B. 单轴抗压强度和吸水率

C. 单轴抗压强度和孔隙率　　D. 单轴抗压强度和饱水率

14. 经过冻融试验后，要求冻融后石料的质量损失不大于（　　）。

A. 5%　　B. 4%　　C. 3%　　D. 2%

15. 经过冻融试验后，要求抗压强度降低不大于（　　）。

A. 15%　　B. 20%　　C. 25%　　D. 30%

16. 划分岩石等级的单轴抗压强度一般在（　　）状态下测定。

A. 干燥　　B. 潮湿　　C. 吸水饱和　　D. 冻结

17. 路用石料单轴抗压强度试验标准试件的边长为（　　）mm。

A. 200　　B. 150　　C. 100　　D. 50

18. 我国现行试验规程规定，石料的磨耗试验以（　　）为标准方法。

A. 洛杉矶磨耗试验　　B. 狄法尔式磨耗试验

C. 双筒式磨耗试验　　D. 单筒式磨耗试验

19. 石料的化学性质中按（　　）的含量多少将石料划分为酸性、碱性和中性。

A. C　　B. Si　　C. CO_2　　D. SiO_2

20. 岩石是否为酸性石料是指（　　）。

A. SiO_2 含量大于 52%　　B. SiO_2 含量大于 65%

C. Si 含量大于 52%　　D. Si 含量大于 65%

21. 岩石是否为中性石料是指（　　）。

A. SiO_2 含量在 32% ~52% 之间　　B. SiO_2 含量在 52% ~65% 之间

C. Si 含量在 32% ~52% 之间　　D. Si 含量在 52% ~65% 之间

22. 岩石是否为碱性石料是指（　　）。

A. SiO_2 含量小于 65%　　B. SiO_2 含量小于 52%

C. Si 含量小于 65%　　D. Si 含量小于 52%

23. 采用腊封法测定岩石的毛体积密度时，检查蜡封试件浸水后的质量与浸水前相比，如果超过（　　），说明试件封蜡不好。

A. 0.03 g　　B. 0.04 g　　C. 0.05 g　　D. 0.06 g

24. 高级铺砌用整齐块石的大方块石尺寸为（　　）。

A. 300 mm×300 mm×（120～150）mm　　B. 120 mm×120 mm×250 mm
C. 250 mm×250 mm×(120～150)mm　　D. 350 mm×350 mm×(120～150)mm

25. 高级铺砌用整齐块石的小方块石尺寸为（　　）。
A. 120 mm×120 mm×250 mm　　B. 300 mm×300 mm×120 mm
C. 200 mm×200 mm×120 mm　　D. 120 mm×120 mm×150 mm

26. 高级铺砌用整齐块石的抗压强度为（　　）。
A. 不低于250 MPa　　B. 不低于200 MPa
C. 不低于150 MPa　　D. 不低于100 MPa

27. 粗料石是指（　　）。
A. 表面凹凸不大于15 mm，砌缝宽度小于25 mm
B. 表面凹凸不大于10 mm，砌缝宽度小于20 mm
C. 表面凹凸不大于20 mm，砌缝宽度小于15 mm
D. 表面凹凸不大于10 mm，砌缝宽度小于25 mm

28. 块石是指（　　）。
A. 厚度应不小于20 cm，宽度为厚度的1.5～2倍
B. 厚度应不小于25 cm，宽度为厚度的1～1.5倍
C. 厚度应不小于20 cm，宽度为厚度的2～2.5倍
D. 厚度应不小于25 cm，宽度为厚度的2～2.5倍

29. 粗度是评价砂粗细程度的一种指标，通常用（　　）来表示。
A. 粗度模数　　B. 粗度模量
C. 细度模数　　D. 各筛累计筛余百分率

30. 细砂是指（　　）
A. M_X=3.7～3.1的砂　　B. M_X=3.0～2.8的砂
C. M_X=2.8～2.3的砂　　D. M_X=2.2～1.6的砂

31. 中砂是指（　　）
A. M_X=3.7～3.5的砂　　B. M_X=3.5～3.0的砂
C. M_X=3.0～2.3的砂　　D. M_X=2.2～1.6的砂

32. 在沥青混合料中，粗集料是指粒径大于（　　）的碎石、砾石和矿渣。
A. 2.36 mm　　B. 3.36 mm　　C. 2.56 mm　　D. 3.56 mm

33. 在水泥混合料中，粗集料是指粒径大于（　　）的碎石、砾石和矿渣。
A. 2.36 mm　　B. 3.36 mm　　C. 5 mm　　D. 5.5 mm

34. 粗集料的表观密度中表观体积是指（　　）。
A. 集料矿质实体的体积
B. 集料矿质实体与开口孔隙体积之和
C. 集料矿质实体与闭口孔隙体积之和
D. 集料矿质实体与开口孔隙和闭口孔隙体积之和

35. 粗集料的毛体积是指（　　）。
A. 集料矿质实体的体积
B. 集料矿质实体与开口孔隙体积之和

C. 集料矿质实体与闭口孔隙体积之和

D. 集料矿质实体与开口孔隙和闭口孔隙体积之和

36. 松方密度计算中的体积是指（　　）。

A. 集料矿质实体、孔隙和空隙的体积

B. 集料矿质实体与开口孔隙体积之和

C. 集料矿质实体与闭口孔隙体积之和

D. 集料矿质实体与开口孔隙和闭口孔隙体积之和

37. 粗集料的各组成颗粒的级配是通过（　　）确定的。

A. 磨耗试验　B. 筛析试验　C. 冲击试验　D. 击实试验

38. 粗集料的坚固性是指将规定数量的粗集料装在金属篮浸入（　　）中进行干湿循环试验。

A. 饱和 NaCl 中　B. 饱和 Na_2CO_3 中

C. 饱和 Na_2SO_4 中　D. 饱和 $NaHCO_3$ 中

39. 用（　　）指标来计算粗集料的坚固性。

A. 经 3 次循环后质量损失百分率　B. 经 5 次循环后质量损失百分率

C. 经 8 次循环后质量损失百分率　D. 经 10 次循环后质量损失百分率

40. 对高速公路和一级公路，磨光值不得小于（　　）。

A. 32　B. 35　C. 38　D. 42

41. 矿渣分类是采用（　　）。

A. 酸碱度　B. 耐冻性　C. 空隙率　D. 堆积密度

42. 矿渣的力学强度一般较高，其强度与（　　）有关。

A. 空隙率大小　B. 耐冻性　C. 孔隙率　D. 堆积密度

43. 富勒级配理论认为（　　）。

A. 级配曲线为抛物线时为最大密度曲线，即 $p^2 = kd$

B. 实际矿料的级配允许有一定的波动范围，即 $p = 100 \times \left(\frac{d}{D}\right)^n$

C. 根据路面厚度控制最大粒径可求解 $p = 100(i)^{x-1}$，其中 i 为通过百分率的递减率

D. 粒子干涉理论

44. 泰波级配理论认为（　　）。

A. 级配曲线为抛物线时为最大密度曲线，即 $p^2 = kd$

B. 实际矿料的级配允许有一定的波动范围，即 $p = 100 \times \left(\frac{d}{D}\right)^n$

C. 根据路面厚度控制最大粒径可求解 $p = 100(i)^{x-1}$，其中 i 为通过百分率的递减率

D. 粒子干涉理论

45. 我国级配简化公式认为（　　）。

A. 级配曲线为抛物线时为最大密度曲线，即 $p^2 = kd$

B. 实际矿料的级配允许有一定的波动范围，即 $p = 100 \times \left(\frac{d}{D}\right)^n$

C. 根据路面厚度控制最大粒径可求解 $p = 100(i)^{x-1}$，其中 i 为通过百分率的递减率

D. 粒子干涉理论

46. 魏矛斯级配理论认为（ ）。

A. 级配曲线为抛物线时为最大密度曲线，即 $p^2 = kd$

B. 实际矿料的级配允许有一定的波动范围，即 $p = 100 \times \left(\frac{d}{D}\right)^n$

C. 根据路面厚度控制最大粒径可求解 $p = 100(i)^{x-1}$，其中 i 为通过百分率的递减率

D. 粒子干涉理论

47. 以下矿物成分（ ）是两面性氧化物。

A. CaO　　B. MgO　　C. SiO_2　　D. Al_2O_3

48. 粗集料的表观密度的测定方法为（ ）。

A. 洛杉矶法　　B. 静水天平法　　C. 容量瓶法　　D. 网篮法

49. 细集料的表观密度的测定方法为（ ）。

A. 洛杉矶法　　B. 静水天平法　　C. 容量瓶法　　D. 网篮法

50. 石料单轴抗压强度试验中，用切石机或钻石机从岩石试样或岩石中取（ ）个试件。

A. 8　　B. 7　　C. 6　　D. 5

51. 毛体积密度试验中天平称量的精确度为（ ）。

A. 0.1 g　　B. 0.01 g　　C. 0.001 g　　D. 1 g

52. 粗集料的毛体积密度的计算公式为（ ）。

A. $\rho_h = \frac{m_S}{V_S + V_n}$　　B. $\rho_h = \frac{m_S}{V_S + V_n + V_i}$　　C. $\rho_h = \frac{m_S}{V_S + V_0 + V_V}$　　D. $\rho_h = \frac{m}{V}$

53. 粗集料的表观密度的计算公式为（ ）。

A. $\rho_a = \frac{m_S}{V_S + V_n}$　　B. $\rho_a = \frac{m_S}{V_S + V_n + V_i}$　　C. $\rho_a = \frac{m_S}{V_S + V_0 + V_V}$　　D. $\rho_a = \frac{m}{V}$

54. 松方密度的计算公式为（ ）。

A. $\rho = \frac{m_S}{V_S + V_n}$　　B. $\rho = \frac{m_S}{V_S + V_n + V_i}$　　C. $\rho = \frac{m_S}{V_S + V_0 + V_V}$　　D. $\rho = \frac{m}{V_h}$

55. 石料单轴抗压强度实验所用压力试验机为（ ）。

A. 300 ~ 2 000 kN 的压力试验机　　B. 2 000 ~ 2 500 kN 的压力试验机

C. 2 500 ~ 3 000 kN 的压力试验机　　D. 900 ~ 3 000 kN 的压力试验机

56. 石料单轴抗压强度实验所用的游标卡尺的精度为（ ）。

A. 1 mm　　B. 0.1 mm　　C. 0.01 mm　　D. 0.001 mm

57. 石料单轴抗压强度实验结果整理时取（ ）作为抗压强度测定值。

A. 6 个试件试验结果中的较大值　　B. 6 个试件试验结果中的较小值

C. 6 个试件试验结果的算术平均值　　D. 6 个试件试验结果的加权平均值

58. 有显著层理的岩石取（ ）作为试件强度的试验结果。

A. 取垂直于层理方向的试件强度的平均值

B. 取平行于层理方向的试件强度的平均值

C. 取垂直和平行于层理方向的试件强度值中较大者

D. 取垂直和平行层理方向的试件强度的平均值

59. 细集料的表观密度的结果整理应以（ ）为测定值。

A. 两次平行试验结果中较大者　　B. 两次平行试验结果中较小者

C. 两次平行试验结果的算术平均值　　D. 两次平行试验结果的加权平均值

60. 细集料的表观密度如两次的结果之差值（ ）时，应重新取样进行试验。

A. 大于 0.1 g/cm^3　　B. 大于 0.2 g/cm^3

C. 大于 0.01 g/cm^3　　D. 大于 0.02 g/cm^3

61. 细集料筛分试验中所用天平应采用（ ）。

A. 称量 500 g，量感不大于 0.1 g　　B. 称量 500 g，量感不大于 0.5 g

C. 称量 1 000 g，量感不大于 0.5 g　　D. 称量 1 000 g，量感不大于 1 g

62. 细度模数的计算，精确度至（ ）。

A. 0.1　　B. 0.01　　C. 0.2　　D. 0.02

63. 在进行两次平行试验时，如两次试验所得的细度模数之差大于（ ），应重新进行试验。

A. 0.1　　B. 0.2　　C. 0.01　　D. 0.02

64. 在进行沥青路面用粗集料压碎值试验时，其所用天平应为（ ）。

A. 称量 0.5 ~1 kg，量感不大于 0.1 g　　B. 称量 1 ~1.5 kg，量感不大于 0.2 g

C. 称量 1.5 ~2 kg，量感不大于 0.5 g　　D. 称量 2 ~3 kg，量感不大于 1 g

65. 在进行沥青路面用粗集料压碎值试验时，将试件分三次倒入试筒内，每次表面整平后，用金属棒夯击（ ）次。

A. 20 次　　B. 25 次　　C. 30 次　　D. 35 次

66. 在进行水泥混凝土用粗集料压碎值试验时，其所用天平应为（ ）。

A. 称量 1 kg，量感不大于 1 g　　B. 称量 3 kg，量感不大于 2 g

C. 称量 4 kg，量感不大于 4 g　　D. 称量 5 kg，量感不大于 5 g

67. 粗集料的磨耗损失两次平行试验差值应（ ）。

A. 不大于 0.2%　　B. 不大于 1%　　C. 不大于 1.5%　　D. 不大于 2%

68. 粗集料筛分试验所用天平或台秤的感量要求为（ ）。

A. 不大于试件质量的 0.01%　　B. 不大于试件质量的 0.1%

C. 不大于试件质量的 0.5%　　D. 不大于试件质量的 1%

69. 用（ ）方法测定集料中小于 0.075 mm 的细粉部分质量。

A. 水洗法　　B. 比重瓶法　　C. 规准仪法　　D. 蜡封法

70. 用（ ）方法测定粗集料各个粒级质量百分比。

A. 水洗法　　B. 干筛法　　C. 比重瓶法　　D. 规准仪法

二、多项选择题

1. 石料的技术性质主要指（ ）性质。

A. 物理性质　　B. 几何性质　　C. 力学性质　　D. 化学性质

2. 石材料包括（ ）。

A. 碎混凝土块　　B. 然石料　　C. 工扎制的石料　　D. 业冶金矿渣

3. 料的物理常数有（ ）。

A. 实密度　B. 体积密度　C. 隙率　D. 水率

4. 料的吸水性是指其（　　）。

A. 水率　B. 隙率　C. 水率　D. 密度

5. 水率可以采用（　　）方法测定。

A. 沸法　B. 空抽气法　C. 由吸水法　D. 标压吸水法

6. 体积密度计算中的体积包括（　　）。

A. 矿质实体体积　B. 开口孔隙的体积　C. 闭口孔隙的体积将　D. 水的体积

7. 断岩石抗冻性能好坏的指标（　　）。

A. 孔隙率　B. 质量损失率　C. 抗冻强度降低系数　D. 耐冻温度

8. 石的力学性能指标包括（　　）。

A. 单轴抗压强度　B. 孔隙率　C. 磨耗率　D. 吸水率

9. 影响石料抗压强度值的因素有（　　）。

A. 矿物组成　B. 岩石的结构和构造　C. 裂隙的分布　D. 试验条件

10. 我国现行试验规程，石料的磨耗试验有下列方法（　　）。

A. 洛杉矶式磨耗试验　B. 狄法尔式磨耗试验

C. 直接磨耗试验　D. 道瑞式磨耗试验

11. 料分级方法应根据（　　）确定岩石名称。

A. 造岩矿物成份含量　B. 抗压强度

C. 磨耗率　D. 岩石的组织结构

12. 同名称的岩石按其（　　）指标分为 4 个等级。

A. 造岩矿物成份含量　B. 抗压强度

C. 磨耗率　D. 岩石的组织结构

13. 路面建筑用石料制品包括（　　）。

A. 整齐块石　B. 半整齐块石　C. 不整齐块石　D. 片石

14. 级铺砌用整齐块石规定的力学指标为（　　）。

A. 抗压强度不低于 100 MPa　B. 洛杉矶磨耗率不大于 5%

C. 抗压强度不低于 150 MPa　D. 洛杉矶磨耗率不大于 3%

15. 桥梁建筑中所用石料主要制品有（　　）。

A. 片石　B. 块石、方块石　C. 粗料石　D. 镶面石

16. 细集料技术性质主要包括（　　）。

A. 物理性质　B. 化学性质　C. 颗粒级配　D. 度

17. 下列参数哪些属于级配有关参数（　　）。

A. 计筛余百分率　B. 累计筛余百分率　C. 通过百分率　D. 粗度

18. 砂按来源分有（　　）。

A. 山砂　B. 河砂　C. 海砂　D. 工砂

19. 块石是指（　　）。

A. 厚度不小于 20 cm　B. 宽度为厚度的 1.5 ~ 2.0 倍

C. 长度为厚度的 1.5 ~ 3.0 倍　D. 砌缝宽度一般不大于 25 cm

20. 集料是指混合料中起骨架或填充作用的粒料，包括（　　）。

A. 砾（卵）石　B. 砂　C. 碎石　D. 石屑

21. 细集料的物理常数主要有（　　）。

A. 表观密度　B. 堆积密度　C. 空隙率　D. 粗度

22. 我国现行标准规定砂的粗度可分为（　　）。

A. 粗砂　B. 中砂　C. 细砂　D. 粉砂

23. 粗集料的物理常数主要有（　　）。

A. 表观密度　B. 毛体积密度　C. 松方密度　D. 空隙率

24. 粗集料的松方密度包括（　　）状态下的松方密度。

A. 堆积状态　B. 振实状态　C. 捣实状态　D. 水状态

25. 粗集料的物理性质包括（　　）。

A. 物理常数　B. 级配　C. 坚固性　D. 磨光值

26. 抗滑表层用集料的力学性质指标有（　　）。

A. 集料压碎值　B. 集料磨光值　C. 集料冲击值　D. 集料磨耗值

27. 沥青路用粗集料压碎值试验的条件为（　　）。

A. 粗集料试件尺寸为 13.2 ~ 16 mm　B. 试件总质量为 3 kg

C. 加荷至 400 kN　D. 筛孔尺寸为 2.5 mm

28. 水泥混凝土用粗集料压碎值试验的条件为（　　）。

A. 粗集料试件尺寸为 10 ~ 20 mm　B. 试件总质量为 3 kg

C. 加荷至 200 kN　D. 筛孔尺寸为 2.55 mm

29. 冶金矿渣集料包括（　　）。

A. 高炉重矿渣　B. 钢渣　C. 有色金属矿渣　D. 矿粉

30. 矿渣的化学成分随着（　　）而变化。

A. 矿物成分　B. 燃料

C. 助熔剂　D. 熔化金属的化学成分

31. 矿渣中的主要化学成分为（　　）。

A. SiO_2　B. Al_2O_3　C. NaCl　D. CaO

32. 矿渣中的酸性氧化物有（　　）。

A. CaO　B. SiO_2　C. P_2O_5　D. TiO_2

33. 矿渣中的中性成分有（　　）。

A. MnO　B. SiO_2　C. FeS　D. MnS

34. 矿渣中的碱性氧化物有（　　）。

A. SiO_2　B. FeO　C. CaO　D. TiO_2

35. 欲使水泥混凝土和沥青混合料具备优良的路用性能，除各种矿质集料的技术性质应符合技术要求外，矿质混合料还必须满足（　　）的基本要求。

A. 最小空隙率　B. 最大摩擦力　C. 最大密实度　D. 最大粒径

36. 矿质混合料的级配类型有（　　）。

A. 连续级配　B. 间断级配　C. 正常级配　D. 非正常级配

37. 目前用于计算连续级配的理论有（　　）。

A. 富勒理论　B. 泰波理论　C. 我国简化公式　D. 魏矛斯理论

38. 矿质混合料的组成设计内容包括（　　）。

A. 级配理论　　B. 级配范围　　C. 基本组成设计　　D. 最小空隙率

39. 确定矿质混合料配合比的设计方法主要采用（　　）。

A. 试算法　　B. 估值法　　C. 图解法　　D. 推导法

40. 进行矿质混合料配合比设计前，必须具备的已知条件有（　　）。

A. 各种集料的筛析结果

B. 矿质混合料的级配范围

C. 矿质混合料的力学指标

D. 矿质混合料的密度

三、判断题

1. 砂石材料是道路与桥梁建筑中用量最大的一种建筑材料，它可以直接用于道路或桥梁的圬工结构，亦可以作为水泥混凝土、沥青混合料的集料。（　　）

2. 砂石材料作为水泥（或沥青）混凝土用集料，应严格按级配理论组成一定要求的矿质混合料。（　　）

3. 石料的真实密度是指石料在105℃ ±2℃下烘干至恒重，温度25℃下烘干石料矿质单位体积的质量。（　　）

4. 石料真实密度计算中所用体积是矿质实体加闭口孔隙的体积。（　　）

5. 石料的孔隙率是指孔隙体积占石料总体积的百分率。（　　）

6. 桥梁用岩石抗压强度的标准试件是边长为3 cm的立方体试件。（　　）

7. 岩石的抗压强度是以标准试件在吸水饱和状态下单轴受压时的极限抗压强度表示的。（　　）

8. 岩石的孔隙率愈大，吸水率也愈大，抗冻性亦愈差。（　　）

9. 岩石的密度是指岩石在规定条件下单位实体体积的质量。（　　）

10. 岩石吸水率和饱和水率之比可表征耐冻性，比值愈接近1，其耐冻性愈好。（　　）

11. 岩石的吸水率指在规定条件下，岩石试样的最大吸水质量与吸水饱和岩石质量之比。（　　）

12. 岩石耐候性的两项指标为抗冻性和坚固性。（　　）

13. 确定岩石等级的两项性质为抗压强度和吸水率。（　　）

14. 岩石饱水系数愈大，抗冻性愈差。（　　）

15. 岩石软化系数愈大，耐水性愈差。（　　）

16. 通常以石料饱水状态下，能经受冻融循环的次数来表示抗冻性。（　　）

17. 一般要求冻融后石料的质量损失不大于3%。（　　）

18. 一般要求冻融后强度降低不大于25%。（　　）

19. 我国现行试验规程规定，石料磨耗试验以狄法尔式磨耗试验法为标准方法。（　　）

20. 我国现行试验规程规定，石料磨耗试验以洛杉矶式磨耗试验法为标准方法。（　　）

21. 我国现行试验规程规定，只有当不具备搁板式磨耗试验条件时，方允许用狄法尔式磨耗试验法。（　　）

22. 石料的化学成分中SiO_2的含量大于65%的石料为酸性石料。（　　）

23. 石料的化学成分中SiO_2的含量大于52%的石料为碱性石料。（　　）

24. 在选择与沥青结合的石料时，应考虑石料的酸碱性对沥青与石料粘结的影响。 （ ）

25. 沥青混合料中的细集料是指粒径小于4.75 mm 的天然砂、人工砂。 （ ）

26. 水泥混凝土中的细集料是指粒径小于4.75 mm 的天然砂、人工砂。 （ ）

27. 细集料的细度模数愈大，表示细集料越细。 （ ）

28. 粗砂是指细度模数 $M_X = 3.7 \sim 3.1$ 的砂。 （ ）

29. 细砂是指细度模数 $M_X = 3.0 \sim 2.3$ 的砂。 （ ）

30. 沥青混合料的粗集料是指粒径大于4.75 mm 的碎砾石等。 （ ）

31. 粗集料的表观密度计算时用的体积为矿质实体体积。 （ ）

32. 粗集料的毛体积密度计算时用的体积为矿质实体和孔隙的总体积。 （ ）

33. 粗集料的松方密度计算时用的体积为矿质实体和集料空隙的总体积。 （ ）

34. 在粗集料筛分试验中，0.075 mm 的筛不计分计筛余。 （ ）

35. 粗集料坚固性试验是指选取规定数量的粗集料，装入金属网篮浸入饱和氯化钠溶液进行干湿循环试验。 （ ）

36. 集料磨光值是利用加速磨光机磨光集料，并以摆式磨擦系数测定仪测定摩擦系数值来确定。 （ ）

37. 石料磨光值愈高，抗滑性愈差。 （ ）

38. 对高速、一级公路，磨光值不小于35。 （ ）

39. 矿渣的分类是根据化学成分的构成，采用酸碱度作为分类基础。 （ ）

40. 路用矿渣一般 CaO、Al_2O_3 含量较低，而 SiO_2 含量较高者，活性较大，质量较好。 （ ）

41. 矿渣的酸碱性模数 $M_{be} > 1$ 时，为碱性矿渣。 （ ）

42. 矿渣的酸碱性模数 $M_{ac} < 1$ 时，为酸性矿渣。 （ ）

43. 各筛的分计筛余量和底盘中剩余量的总质量与筛分前后试样总量相比，相差不得超过1%。 （ ）

44. 各号筛的质量通过百分率等于100减去该号筛的累计筛余百分率，准确至0.01%。 （ ）

45. 在进行细度模数的确定时，应进行两次平行试验，如两次试验所得细度模数之差大于0.1，应重新进行试验。 （ ）

46. 粗集料重复试验的精确度，对表观密度两次结果相差不得超过0.02。 （ ）

47. 粗集料重复试验的精确度，对表干相对密度两次结果相差不得超过0.01。 （ ）

48. 粗集料重复试验的精确度，对毛体积相对密度两次结果相差不得超过0.02。 （ ）

49. 粗集料的吸水率试验中，重复试验的精密度为不得超过0.1%。 （ ）

50. 可以利用水洗法测定集料中小于0.075 mm 的细粉部分质量。 （ ）

四、简答题

1. 石料的物理、力学性质包括哪些项目？

2. 石料的主要物理常数有哪些项目？简述其含义。

3. 石料的吸水性指标有哪些？两者有何不同？

4. 简述石料抗冻性的基本概念和测定抗冻性常用的方法，有何区别？

5. 影响石料抗压强度的主要因素有哪些？

6. 石料应具备哪些力学性质，采用什么指标来反映这些性质？

7. 路用石料的技术等级怎样确定？

8. 常用的道路路面建筑用石料制品有哪些？

9. 常用的桥梁建筑用石料制品有哪些？

10. 简述集料的定义？集料是如何分类的？

11. 集料的主要物理常数有哪几项？与石料的物理常数有何区别？

12. 石料和集料常用的密度概念有哪些？公式如何表示？主要用途有哪些？

13. 压碎值、磨耗值、磨光值及冲击值分别表征粗集料的什么性质，对路面工程有何实用意义？

14. 什么是集料的级配？如何确定集料的级配？用哪几项参数表示集料的级配？

15. 什么是连续级配，什么是间断级配？

16. 简述富勒级配理论的公式及公式的含义。

17. 简述我国简化公式及公式中各符号的含义。

18. 简述魏矛斯级配理论的基本内容。

19. 简述建立半对数坐标的步骤。

20. 确定矿质混合料配合比的设计方法有哪几种？

21. 确定矿质混合料的组成设计之前必须具备的已知条件是什么？

22. 简述试算法计算配合比的基本原理。

23. 简述试算法计算配合比的计算步骤。

24. 简述修正平衡面积法的设计步骤。

五、计算题

1. 工地现有砂 500 g 做筛分试验，筛分结果见下表中，计算该砂试样的细度模数，并评价粗细程度。

筛孔尺寸/mm	4.75	2.36	1.18	0.6	0.3	0.15	底盘
存留量/g	5	15	50	105	135	155	35

2. 现有碎石、砂和矿粉三种集料，经筛分试验各集料的分计筛余百分率，见下表中，用试算法求各种材料所占比例。

筛孔尺寸 d_i/mm	碎石分计筛余 $a_{A(i)}$/%	砂分计筛余 $a_{B(i)}$/%	矿粉分计筛余 $a_{C(i)}$/%	矿质混合料要求的级配范围/%
9.5	0.6	—	—	100
4.75	65.0	—	—	65 ~ 78
2.36	22.5	11.5	—	40 ~ 63

续表

筛孔尺寸 d_i/mm	碎石分计筛余 $a_{A(i)}$/%	砂分计筛余 $a_{B(i)}$/%	矿粉分计筛余 $a_{C(i)}$/%	矿质混合料要求的级配范围/%
1.18	11.6	23.9	—	30 ~ 53
0.6	0.3	22.4	—	22 ~ 45
0.3	—	35.8	—	15 ~ 35
0.15	—	3.9	5.5	12 ~ 30
0.075	—	1.5	3.5	10 ~ 20
<0.075	—	1.0	87.8	—

3. 试用图解法设计某高速公路用细粒式（AC－10）沥青混凝土矿质混合料的配合比。

[设计资料]：

现有碎石、砂和矿粉三种矿料，筛分试验得到各粒径通过百分率见下表。

材料名称	筛孔尺寸 d_i/mm								
	13.2	9.5	4.75	2.36	1.18	0.6	0.3	0.15	0.075
	通过率/%								
碎石	100	95	40	10	2	1	0	0	0
砂	100	100	100	100	90	60	35	10	1
矿粉	100	100	100	100	100	100	100	97	88
规范要求级配范围	100	90 ~ 100	45 ~ 75	30 ~ 58	20 ~ 44	13 ~ 32	9 ~ 23	6 ~ 16	4 ~ 8
规范要求的级配中值	100	95	60	44	32	22.5	16	11	6

第二章

石灰、水泥和稳定土职业技能考核部分

一、单项选择题

1. 消石灰又称“熟石灰”其主要的化学成分为（　　）。

A. CaO　　B. $CaCO_3$　　C. Ca（OH）$_2$　　D. CaC_{12}

2. 石灰熟化过程中的“陈伏”是为了（　　）。

A. 有利于结晶　　B. 蒸发多余水分

C. 消除过火石灰的危害　　D. 降低发热量

3. 生石灰的化学成分为（　　）。

A. CaO　　B. $CaCO_3$　　C. Ca（OH）$_2$　　D. CaC_{12}

4. 石灰的消化过程是（　　）过程，其体积可增大1～2.5倍。

A. 吸热反应　　B. 放热反应　　C. 水化反应　　D. 氧化反应

5. 生石灰消化后，未能消化而留在（　　）圆孔筛内的残渣质量占试样质量的百分率为未消化残渣含量。

A. 5 mm　　B. 2.5 mm　　C. 0.125 mm　　D. 0.9 mm

6. 控制石灰中 CO_2 的含量是为了检验石灰石在煅烧时“欠火”造成的未分解的（　　）的含量。

A. 硫酸盐　　B. 硅酸盐　　C. 碳酸盐　　D. 铝酸盐

7. 水泥熟料的主要矿物中，对水泥抗折强度起重要作用的是（　　）。

A. 硅酸三钙　　B. 硅酸二钙　　C. 铝酸三钙　　D. 铁铝酸四钙

8. 硅酸盐水泥熟料矿物中水化硬化速度最快的是（　　）。

A. C_3S　　B. C_2S　　C. C_3A　　D. C_4AF

9. 生石灰在消化过程中加入的水是理论需水量的（　　），所以对消石灰粉的游离水含量加以限制。

A. 1～2倍　　B. 2～3倍　　C. 3～4倍　　D. 5～10倍

10. 用调整水量法测定水泥标准稠度用水量时，以试锥下沉深度（　　）mm时的净浆为标准稠度净浆。

A. 28±1　　B. 28±2　　C. 28±3　　D. 26±2

11. 用不变水量法测定水泥标准稠度用水量时，拌和水量为（　　）ml，精确到0.5 ml。

A. 100　　B. 140　　C. 142.5　　D. 150

12. 常用的各种水泥首先（　　）必须合格，才能使用，否则不宜使用。

A. 强度　　B. 凝结时间　　C. 安定性　　D. 烧失量

13. 采用试杆法测定水泥净浆标准稠度时，试杆距离底板（　　）时的水泥净浆稠度为"标准稠度"。

A. (4 ±1) mm　　B. (6 ±1) mm　　C. (8 ±1) mm　　D. (10 ±1) mm

14. 若水泥初凝时间不合格，该水泥判为（　　），若终凝时间不合格，则应判为（　　）。

A. 合格品　　B. 不合格品　　C. 废品　　D. 次品

15. 水泥凝结时间测定，临近初凝时每隔（　　）测一次，临近终凝时每隔（　　）测定一次。

A. 5 min　　B. 10 min　　C. 15 min　　D. 20 min

E. 30 min　　F. 60 min

16. 水泥初凝状态是指试针自由沉入标准稠度的水泥净浆，试针至底板（　　）的稠度状态。

A. (4 ±1) mm　　B. (5 ±1) mm　　C. (6 ±1) mm　　D. (10 ±1) mm

17. 普通硅酸盐水泥凝结时间为初凝不得早于（　　），终凝不得迟于（　　）。

A. 60 min　　B. 45 min　　C. 6.5 h　　D. 10 h

18. 沸煮法主要是检验水泥中是否含有过量的游离（　　）。

A. Na_2O　　B. MgO　　C. CaO　　D. SO_3

19. 试饼法检验水泥的安定性时，试饼成型后（　　）放入煮沸箱中沸煮。

A. 立即　　B. 养护箱中养护 12 h 后

C. 养护箱中养护 24 h　　D. 养护箱中养护 3 d

20. 用雷氏夹法测水泥的安定性，沸煮时指针朝向正确的是（　　）。

A. 朝下　　B. 水平悬空

C. 朝上　　D. 以夹子能稳定放置为准

21. 水泥安定性制作边缘渐薄，表面光滑的试饼的直径为（　　）。

A. 10 cm　　B. 70 ~ 80 mm　　C. 7 cm　　D. 10 mm

22. 水泥安定性制做试件，做好后应立即放入（　　）养护。

A. 自然　　B. 蒸煮箱　　C. 养护箱内　　D. 养生室

23. 水泥安定性试件成型 24 h 后，置于沸煮箱内，加热至沸，再连续沸煮（　　）。

A. 3 h　　B. 6 h　　C. 4 h　　D. 8 h

24. 水泥终凝状态是指试针沉入试体（　　）即环形附件开始不能在试体上留下痕迹时的稠度状态。

A. 0.5 mm　　B. 1.0 mm　　C. 2 mm　　D. 4 mm

25. 用雷氏夹法测水泥的安定性时，当两个试件沸煮后指针尖端增加距离（C - A）的平均值不大于（　　）时，则安定性合格。

A. 3.0 mm　　B. 4.0 mm　　C. 5.0 mm　　D. 6.0 mm

26. 水泥胶砂强度检验成型试件水泥与标准砂的质量比为（　　）。

A. 1∶2.5　　B. 1∶2.45　　C. 1∶30　　D. 1∶3

27. 水泥胶砂强度检验成型试件水灰比按同种水泥固定，硅酸盐、矿渣水泥为（　　）。

A. 0.45　　B. 0.44　　C. 0.5　　D. 0.47

28. 按《水泥胶砂强度检验方法（ISO 法）》规定，试件在（　　）的水中养护，试件之间间隔或试件表面的水深不得小于 5 mm。

A. 20 ℃ ±5 ℃　　B. 20 ℃ ±3 ℃　　C. 20 ℃ ±2 ℃　　D. 20 ℃ ±1 ℃

29. 在测定石灰的有效氧化钙试验中，滴加酚酞试剂溶液出现粉红色，滴至粉红色消失并在（　　）内不再复现即为达到滴定终点。

A. 10 s　　B. 20 s　　C. 30 s　　D. 50 s

30. 硅酸盐水泥凝结时间为初凝不得早于（　　），终凝不得迟于（　　）。

A. 60 min　　B. 45 min　　C. 6.5 h　　D. 12 h

31. 我国现行标准规定：水泥细度的检验采用（　　）筛筛析法。

A. 50 μm　　B. 80 μm　　C. 100 μm　　D. 200 μm

32. 水泥抗压强度计算是以 6 个抗压强度测定值的平均值作为结果，如 6 个测定值中有一个超出平均值的（　　），应取剩下的 5 个值的平均数为结果，如 5 个测定值中再有超出平均值的（　　），则结果作废。

A. ±10%　　B. ±15%　　C. ±20%　　D. ±30%

33. 矿渣硅酸盐水泥抗硫酸盐侵蚀能力比普通硅酸盐水泥强，其原因是矿渣水泥水化产物中（　　）含量少。

A. $Ca(OH)_2$　　B. C－S－H 凝胶　　C. AFt　　D. （A＋C）

34. （　　）水泥适用于海水浸蚀混凝土工程。

A. P. I.　　B. P. II.　　C. P. O.　　D. P. S.

35. 下列水泥中（　　）需水量大，干缩大，抗冻性差，抗渗性好。

A. 矿渣水泥　　B. 火山灰水泥　　C. 粉煤灰水泥　　D. 普通水泥

36. 紧急抢修工程宜选用（　　）

A. 硅酸盐水泥　　B. 普通硅酸盐水泥　　C. 硅酸盐膨胀水泥　　D. 快硬硅酸盐水泥

37. 我国现行标准规定：水泥中有害物三氧化硫含量不得超过（　　）。

A. 3%　　B. 3.5%　　C. 4%　　D. 4.5%

38. 用于耐热要求混凝土结构应优先选用（　　）。

A. 硅酸盐水泥　　B. 火山灰水泥　　C. 粉煤灰水泥　　D. 矿渣水泥

39. 按照我国现行标准的规定，石灰按其（　　）的含量划分为钙质石灰和镁质石灰两类。

A. CaO　　B. $CaCO_3$　　C. MgO　　D. $MgCO_3$

40. 凡由硅酸盐水泥的熟料、（　　）石灰石或粒化高炉矿渣，适量石膏磨制成的水硬性胶凝料称为硅酸盐水泥。

A. 0% ~5%　　B. 6% ~15%　　C. 15% ~20%　　D. 20% ~50%

41. 为调节水泥的凝结速度，在熟料中加入（　　）左右的石膏磨细制得硅酸盐水泥。

A. 1%　　B. 3%　　C. 5%　　D. 10%

42. 水泥强度等级分为 42.5、42.5R、52.5、52.5R、62.5、62.5R 的水泥品种有（　　）。

A. 硅酸盐水泥　　B. 普通硅酸盐水泥 C. 复合硅酸盐水泥　　D. 矿渣硅酸盐水泥

44. 早强型水泥3天的抗压强度较同强度等级的普通型强度提高10% ~24%，早强型水泥3天的抗压强度可达到28天抗压强度的（　　）。

A. 10%　　B. 24%　　C. 30%　　D. 50%

45. 下列四个指标中，哪一个不满足规范要求时水泥则为废品（　　）。

A. 烧失量　　B. 不溶物　　C. 初凝时间　　D. 终凝时间

46. 水硬性胶凝材料不仅能在空气中硬化，还能更好地在水中硬化，且在水中或适宜的环境中保持并提高强度，如（　　）。

A. 石灰　　B. 石膏　　C. 水泥　　D. 水玻璃

47. 某水泥6个胶砂强度试件28天的抗压强度测值分别为35.0，41.0，43.0，42.0，46.0，39.0（单位：MPa），那么该水泥28天的强度为（　　）。

A. 43 MPa　　B. 41 MPa　　C. 42.2 MPa　　D. 该组试件作废

48. 按《水泥胶砂强度检验方法（ISO法）》规定，进行抗压强度说试件的受压面积为（　　）mm^2。

A. 1 600　　B. 2 500　　C. 3 600　　D. 10 000

49. 由于稳定土材料具有较大的抗变形能力，故称为（　　）基层材料。

A. 柔性　　B. 半刚性　　C. 刚性　　D. 普通

50. 试验表明，除有机质或（　　）含量高的土以外，砾土、砂土、粉土和粘土均可用无机结合料稳定。

A. 硫酸盐　　B. 碳酸盐　　C. 钾盐　　D. 钠盐

51. 采用石灰粉煤灰做基层或底基层时，石灰与粉煤灰的比例常用（　　）。

A. 1∶2 ~1∶4　　B. 1∶5 ~1∶6　　C. 1∶3 ~1∶4　　D. 1∶6 ~1∶7

52. 通常在保证土的性质能起根本变化，且能保证稳定土达到所规定的强度和稳定性的前提下，取尽可能（　　）的水泥剂量。

A. 多　　B. 少　　C. 中值　　D. 大量

53. 对于稳定剂进行测定试验，下列哪一项不是常规试验（　　）。

A. 筛分　　B. 水泥胶砂强度　C. 凝结时间　　D. 钙镁含量

54. 工地实际采用的石灰剂量应比室内确定的剂量多（　　）。

A. 5% ~10%　　B. 1.0% ~1.5%　　C. 0.5% ~1.0%　　D. 20% ~30%

55. 粗粒料掺加量为（　　）时可以提高强度，减少缩裂。

A. 10% ~20%　　B. 20% ~30%　　C. 40% ~50%　　D. 60% ~70%

56. 重粘土中（　　）含量多，不易粉碎和拌和。

A. 粘土颗粒　　B. 砂粒　　C. 粉粒　　D. 砾粒

57. 水泥稳定中粒土、粗粒土作基层时，水泥剂量不宜超过（　　）。

A. 3%　　B. 4%　　C. 5%　　D. 6%

58. 无机结合料稳定材料的强度试验是试件在规定温度下湿养（　　）、浸水（　　）后进行的无侧限抗压强度。

A. 1天　　B. 6天　　C. 7天　　D. 28天

59. 凡以硅酸盐水泥熟料和适量石膏磨细制成、以（　　）抗压强度表示强度等级的水硬性材料为快硬硅酸盐水泥。

A. 3 天　　B. 7 天　　C. 14 天　　D. 28 天

60. 无机结合料稳定土的无侧限抗压强度试验时试件的养生温度，在北方地区（　　），南方地区（　　）。

A. 20 ℃ ±1 ℃　　B. 20 ℃ ±2 ℃　　C. 25 ℃ ±1 ℃　　D. 25 ℃ ±2 ℃

二、多项选择题

1. 石灰在空气中硬化的原因是由于（　　）的作用。

A. 水化作用　　B. 氧化作用　　C. 碳化作用　　D. 结晶作用

2. 评价石灰质量的主要指标是（　　）。

A. 有效 CaO　　B. $Ca(OH)_2$　　C. MgO　　D. $Mg(OH)_2$

3. 生石灰根据（　　）指标划分为优等品、一等品和合格品 3 个等级。

A. 有效 CaO 和 MgO　　B. 产浆量　　C. 未消化残渣含量　　D. CO_2 含量

4. 硅酸盐水泥的主要矿物组成是（　　）。

A. 硅酸三钙　　B. 硅酸二钙　　C. 铝酸三钙　　D. 铁铝酸四钙

5. 当水泥的（　　）等指标不符合要求时，该水泥判定为废品水泥。

A. 游离 MgO　　B. 初凝时间　　C. 安定性　　D. CO_2 含量

6. 道路水泥的抗折强度较高，故应提高（　　）的含量。

A. 硅酸三钙　　B. 硅酸二钙　　C. 铝酸三钙　　D. 铁铝酸四钙

7. 就同一强度等级而言，道路水泥与普通水泥相比较其优点是（　　）。

A. 抗压强度高　　B. 抗折强度高　　C. 耐磨性能好　　D. 需水量小

8. 大坝水泥发热量低，故应提高水泥熟料中（　　）的含量，降低（　　）的含量。

A. 硅酸三钙　　B. 硅酸二钙　　C. 铝酸三钙　　D. 铁铝酸四钙

9. 我国现行国家标准规定：凡（　　）中的一项不符合标准规定时，水泥为不合格产品。

A. 细度　　B. 终凝时间　　C. 不溶物或烧失量　　D. 强度

10. 水泥强度等级是在一定的试验条件下按规定龄期的（　　）来确定的。

A. 抗压强度　　B. 抗折强度　　C. 抗剪强度　　D. 抗拉强度

11. 对编号为 A、B、C、D 的四个雷氏夹进行用前标定，由下（　　）结果写出可使用的雷氏夹的编号。

A. $2x=14.8$ mm　　B. $2x=16.6$ mm　　C. $2x=17.5$ mm　　D. $2x=20.5$ mm

12. 用试饼法进行水泥安定性试验，沸煮后判别水泥是否安定的依据是目测试件是否有（　　）。

A. 弯曲　　B. 剥落　　C. 崩溃　　D. 裂缝

13. 影响水泥安定性的因素有（　　）。

A. CaO 含量　　B. SO_3 含量　　C. MgO 含量　　D. CO_2 含量

14. 评定水泥强度等级的指标有（　　）。

A. 抗挠度　　B. 抗压强度　　C. 抗剪强度　　D. 抗折强度

15. 水泥胶砂强度试验，是以试件达到规定龄期（　　）的抗压、抗折强度最低值来评定水泥强度等级。

A. 3 天　B. 7 天　C. 28 天　D. 90 天

16. 硅酸盐水泥适合于（　）工程。

A. 早期强度要求高的混凝土　B. 有抗冻性要求的混凝土

C. 大体积混凝土　D. 抗硫酸盐的混凝土

17. 水泥强度等级分为 32.5、32.5R、42.5、42.5R、52.5、52.5R 的水泥品种有（　）。

A. 硅酸盐水泥　B. 普通硅酸盐水泥　C. 复合硅酸盐水泥　D. 火山灰水泥

18. 适用于大体积混凝土工程的水泥品种有（　）。

A. 复合硅酸盐水泥　B. 普通硅酸盐水泥　C. 中热硅酸盐水泥　D. 矿渣硅酸盐水泥

19.（　）适用于耐硫酸盐侵蚀的水工或海港工程。

A. 铝酸盐水泥　B. 粉煤灰水泥　C. 硅酸盐水泥　D. 普通水泥

20. 掺入水泥中常用的活性混合料有（　）。

A. 粒化高炉矿渣　B. 粉煤灰　C. 石膏　D. 火山灰质材料

21.（　）水泥和硅酸盐水泥相比，其早期强度低而后期强度高。

A. 普通水泥　B. 矿渣水泥　C. 火山灰水泥　D. 粉煤灰水泥

22. 下列指标中，判定水泥为不合格产品的指标有（　）。

A. SO_3 含量　B. 包装标志中无水泥品种

C. 生产者名称不详　D. 出厂期较长

23. 稳定土强度形成原理有（　）。

A. 离子交换作用　B. 碳酸化作用　C. 结晶作用　D. 外力作用

24. 稳定土是在粉碎的或原来松散的土（包括各种粗、中、细粒土）中，掺入足量的（　），经拌和、压实及养生后，得到的具有较高后期强度，整体性较好的一种材料。

A. 石灰　B. 水泥　C. 石膏　D. 沥青

25. 石灰稳定土常用的种类有（　）。

A. 石灰稳定细粒土　B. 石灰稳定天然砂砾土

C. 石灰稳定级配砂砾　D. 石灰稳定级配碎石

26. 粒化高炉矿渣是将高炉炼铁矿渣在高温液态卸出时冷淬处理得到的，其主要化学成分为（　）。

A. CaO　B. MgO　C. Al_2O_3　D. SiO_2

27. 矿渣硅酸盐水泥的水化热比普通硅酸盐水泥低，是因为其熟料中（　）的含量较少。

A. C_3S　B. C_2S　C. C_3A　D. C_4AF

28. 稳定土材料包括（　）。

A. 石灰稳定土　B. 水泥稳定土

C. 石灰工业废渣稳定土　D. 综合稳定土

29. 掺混合料的硅酸盐水泥品种有（　）。

A. P.S　B. P.O　C. P.P　D. P.F

30. 目前在道路建筑中常用的水泥以（　）为主。

A. 硅酸盐水泥　B. 普通硅酸盐水泥　C. 铝酸盐水泥　D. 膨胀水泥

三、判断题（对的打“√”，错的打“×”）

1. 石灰和水泥一般不单独使用的主要原因是防止收缩开裂。（　）

2. 在硅酸盐水泥中，硅酸二钙支配水泥的早期强度。（　）

3. 在硅酸盐水泥中，硅酸三钙支配水泥的后期强度。（　）

4. 普通硅酸盐水泥比掺混合料水泥的早期强度低。（　）

5. 无机胶凝材料按照硬化条件不同可分为水硬性胶凝材料和气硬性胶凝材料。（　）

6. 水泥技术性质中，凡氧化镁、三氧化硫、终凝时间、体积安定性中的任一项不符合国家标准规定则水泥为废品。（　）

7. 欠火石灰因熟化缓慢，所以石灰使用时必须提前消解。（　）

8. 安定性不合格的水泥可降低标号使用。（　）

9. 水泥的细度达不到要求按不合格品处理。（　）

10. 对同一水泥细度的测定，如负压筛法与水筛法测定的结果发生争议时，应以负压筛法的结果为准。（　）

11. 按规定方式取得的水泥样品，应将其分成两等份，一份用于检验，一份密封保管三个月，以备有疑问时复检。（　）

12. 我国行业规范规定：石灰的有效氧化钙含量采用中和滴定法测定，氧化镁含量采用络合滴定法测定。（　）

13. 测定水泥标准稠度用水量是为了确定水泥混凝土的拌和用水量。（　）

14. 标准稠度用水量试验的目的是为凝结时间和安定性试验制浆确定拌合用水量。（　）

15. 水泥标准稠度用水量，可用调整水量和不变水量两种方法中的任一种测定，如发生争议时以前者为准。（　）

16. 水泥的标准稠度有用水量、凝结时间、安定性检验方法，按 GB 1346—77 标准的方法进行。（　）

17. 水泥的初凝时间达不到要求的按废品处理。（　）

18. 水泥性能检验方法中，试验用水必须是洁净的淡水，如有争议时也可用蒸馏水。（　）

19. 水泥强度测定是采用标准稠度的水泥净浆来制做试件。（　）

20. 常用的硅酸盐水泥初凝时间不得迟于 45 min，终凝时间不得早于 6.5 h。（　）

21. 普通硅酸盐水泥的物理性质初凝时间不得早于 45 min，终凝时间不得迟于 10 h。（　）

22. 生产硅酸盐水泥时，必须掺入适量石膏，其目的是防止水泥过早凝结。（　）

23. 测定水泥的凝结时间所用仪器，用标准的稠度仪进行测定时，仪器棒下端改装为试针，净浆的试模为圆模。（　）

24. 水泥的物理性质细度，在 0.080 mm，方孔筛筛余不得超过 2%。（　）

25. 用沸煮法检验水泥的安定性，主要是检验水泥中因 CaO 引起的体积不安定。（　）

26. 在水泥安定性试验中，为了保证在整个煮沸过程中水一直能淹没试件，需要在煮沸过程中添补试验用水。（　）

27. 水泥安定性检验，目测、用直尺检查，发现饼试样结果不一样，则判定此水泥安定性为不合格。 ( )

28. 水泥中掺入的石膏量愈大，缓凝的效果愈明显。 ( )

29. 水泥中硅酸二钙含量愈大，水泥凝结硬化愈快。 ( )

30. 水泥颗粒愈细，比表面愈大，水化愈快，强度愈高。 ( )

31. 各种水泥得到相同稠度所需要的水量是不相同的。 ( )

32. 水泥标准稠度用水量的多少与水泥细度有关，与熟料矿物成分无关。 ( )

33. 常用水泥的安定性的测定方法可以用饼法，也可用雷氏法，有争议时以雷氏法为准。 ( )

34. 凡由硅酸盐水泥的熟料和粒化高炉矿渣，适量石膏磨制成的水硬性胶凝料称为普通硅酸盐水泥。 ( )

35. 水泥胶砂搅拌时先将称好的水泥、标准砂倒入搅拌锅内，开动搅拌机，拌和 5 s 钟后徐徐加水，60 s 内加完，自开动机器起搅拌 5 min 停机。 ( )

36. 水泥试验室的温度为 17 ~ 25℃，相对湿度是大于 90%。 ( )

37. 矿渣水泥适用于耐硫酸盐侵蚀的水工或海港工程。 ( )

38. 在普通气候环境中的混凝土优选用普通水泥，也可以使用矿渣、火山灰、粉煤灰水泥。 ( )

39. 有抗渗性能要求的混凝土优先选用矿渣水泥，不宜使用火山灰水泥。 ( )

40. 矿渣水泥、火山灰水泥、粉煤灰水泥的水化热低，适用于大体积混凝土工程。 ( )

41. 水泥的安定性测定有饼法、雷氏法两种，饼法是观察水泥净浆试饼煮沸后的外形变化，雷氏法是测定水泥净浆在雷氏夹中沸煮后的膨胀值。 ( )

42. 无机结合料稳定土结构层一般在高温季节修筑，成形初期的基层内部含水量大，且尚未被面层所封闭，基层内部的水分必然要蒸发，从而主要发生由表及里的干燥收缩。 ( )

43. 稳定土材料的耐磨性差，不适宜作为路面的基层，常用作路面的面层。 ( )

44. 级配良好的土用无机结合料稳定时，既可节约无机结合料用量，又可取得较好的效果。 ( )

45. 稳定土中一般规定土的液限不大于 10%。 ( )

46. 水泥的作用是在水泥加入塑性土中后能大大降低土的塑性，还增加土的强度和稳定性。 ( )

47. 混合材料的掺量愈大，水泥的早期强度愈高。 ( )

48. 用水泥稳定重粘土时，不易粉碎和拌和，会造成水泥用量过高而不经济。 ( )

49. 各种化学组成的石灰均可用于稳定土，钙质石灰比镁质石灰稳定强度低。 ( )

50. 重粘土中粘土颗粒含量多，不易粉碎和拌和，用石灰稳定时，容易使路面缩裂。 ( )

51. 通常在保证土的性质能起根本变化，且能保证稳定土达到所规定的强度和稳定性的前提下，取尽可能高的水泥剂量。 ( )

52. 道路水泥具有抗折强度高、耐磨性好、干缩性小、抗冲击性好、抗冻性好等特性，

适用于道路工程中。（　）

53. 硅酸盐水泥和铝酸盐水泥混合使用，可大大提高使用效果。（　）

54. 我国现行标准将水泥分为普通型和早强型（或称 R 型）两个型号，在条件允许时优先选用早强型。（　）

55. 在硅酸盐水泥熟料中掺加适量的活性混合材料是为了改善水泥的某些性能、增加产量和降低成本。（　）

56. 粉煤灰水泥水化热低、和易性好，适用于道路水泥混凝土工程。（　）

57. 水泥石产生腐蚀的原因是水化物中含有 CaO。（　）

58. 为了确保水泥在工程中的使用质量，生产厂在控制出厂水泥 28 天的抗压强度时均留有一定的富余强度。（　）

59. 水泥强度等级是由标准试件 28 天极限抗压强度确定的。（　）

60. 硅酸盐水泥的强度等级分为 42. 5、42. 5R、52. 5、52. 5R、62. 5、62. 5R 六个。（　）

四、问答题

1. 什么是气硬性胶凝材料？什么是水硬性胶凝材料？

2. 简述石灰的消化过程。

3. 简述石灰的硬化原理。

4. 石灰在煅烧过程中会产生“过火石灰”，说明其形成的原因及危害。

5. 为什么要在石灰浆中掺入砂子来使用？

6. 简述石灰的生产过程。

7. 石灰消化后为什么要“陈伏“一段时间再使用？

8. 简述测定石灰有效氧化钙和氧化镁的意义和方法。

9. 硅酸盐水泥熟料是由哪些矿物成分组成的？它们对水泥的强度、反应速度和释热量有何影响？

10. 在生产水泥时为什么要加入适量的石膏？

11. 硅酸盐水泥生产工艺是怎样的？

12. 简述硅酸盐水泥的凝结和硬化过程。

13. 什么是水泥的初凝时间、终凝时间？凝结时间对道路与桥梁施工有何意义？

14. 何谓水泥的体积安定性？影响水泥的体积安定性的因素是什么？测定方法是什么？

15. 在水泥熟料中氧化镁、三氧化硫是如何影响水泥安定性的？

16. 什么是水泥标准稠度用水量？采用什么方法进行测定？

17. 水泥的强度等级是如何确定的？

18. 在水泥胶砂强度试验中，如何进行抗压强度和抗折强度的结果评定？

19. 为什么同强度等级的水泥要分为普通型和早强型（R 型）两种型号？道路路面选用水泥时，应优先选用哪种型号的水泥？为什么？

20. 什么是水泥的合格品、不合格品、废品？

21. 水泥石腐蚀的主要原因是什么？应如何防止？

22. 为什么矿渣硅酸盐水泥的早期强度低而后期强度高？

23. 什么是活性混合材料？什么是非活性混合材料？

24. 矿渣硅酸盐水泥具有哪些特性？具有哪些适用范围？
25. 火山灰硅酸盐水泥具有哪些性能？具有哪些适用范围？
26. 粉煤灰硅酸盐水泥具有哪些性能？具有哪些适用范围？
27. 什么是道路硅酸盐水泥？其技术性质有什么特点？
28. 什么是稳定土材料？它具有什么特点？
29. 试述稳定土强度形成原理。
30. 影响稳定土强度的因素有哪几个？
31. 影响稳定土水稳定性及冰冻稳定性的主要因素有哪些，是如何影响的？
32. 简述稳定土材料组成设计步骤。
33. 何谓快硬硅酸盐水泥？它的矿物组成和技术性质有什么特点？
34. 铝酸盐水泥具有哪些特性？应如何正确使用？
35. 试述膨胀水泥的自应力产生的原因。

五、计算题

1. 一组水泥胶砂试件，测得三个试件的 28 天抗折强度分别为 7.8、6.8、7.4（单位为 MPa），抗压破坏荷载分别为 57.5、58.4、58.8、57.7、56.8、60.2（单位为 kN），抗压夹具的压板长度为 40 mm，试计算该组试件的抗折强度与抗压强度。

2. 一组水泥胶砂试件，测得三个试件的 3 天抗折强度分别为 3.9、3.6、3.5（单位为 MPa），抗压强度分别为 16.1、18.6、16.5、17.2、16.1、16.1（单位为 MPa），试确定该组试件的抗折强度与抗压强度。

3. 下表中为硅酸盐水泥强度测试值。请确定该硅酸盐水泥的强度等级。

序　　号	抗折强度/MPa		抗压强度/MPa	
	3 d	28 d	3 d	28 d
1	4.0	7.4	24.5、25.2	55.7、56.2
2	4.1	8.0	25.6、24.7	56.1、55.2
3	4.1	7.6	24.7、24.1	54.8、54.1

4. 某单位购买一批强度等级为 42.5 的普通水泥，因存放期超过三个月，需试验室重新确定强度等级。已测得该水泥试件 3 d 的抗折、抗压强度均符合强度等级为 42.5 的规定，又测得 28 d 的抗折、抗压破坏荷载如下表，求该水泥实际强度等级是多少？

编号	抗折强度/MPa	抗压强度/MPa
1	6.55	42、44
2	6.46	44.8、45.2
3	6.51	42.4、43.2

第三章

水泥混凝土和砂浆职业技能考核部分

一、单项选择题

1. 测定混凝土强度用的标准试件尺寸是（　　）mm^3。

A. 70.7×70.7×70.7　　B. 100×100×100

C. 150×150×150　　D. 200×200×200

2. 用高强度等级水泥配制低强度混凝土时，为保证工程的技术经济要求，应采用（　　）措施。

A. 掺混合材料　　B. 减少砂率

C. 增大粗集料粒径　　D. 增加砂率

3. 设计钢筋混凝土预应力板，板厚200 mm，钢筋净距为40 mm，应选用砾石最大粒径为（　　）mm。

A. 10　　B. 20　　C. 40　　D. 30

4. 混凝土配合比设计的三个主要技术参数是（　　）。

A. 单位用水量、水泥用量、砂率　　B. 水灰比、水泥用量、砂率

C. 水泥强度、水灰比、砂率　　D. 单位用水量、水灰比、砂率

5. 某集料在19 mm与16 mm筛孔的通过率均为100%，在13.2 mm筛孔上的筛余为6%，在9.5 mm筛孔上的筛余为30%，则此集料的最大粒径及公称最大粒径分别为（　　）mm。

A. 19，16　　B. 16，13.2　　C. 19，13.2　　D. 19，9.5

6. 水泥根据其熟料成分不同而特性有所不同，其中不适用于大体积混凝土工程的是（　　）硅酸盐水泥。

A. 火山灰水泥　　B. 粉煤灰水泥

C. 普通硅酸盐水泥　　D. 矿渣硅酸盐水泥

7. 对水泥混凝土耐久性主要从（　　）两方面来控制。

A. 最大水灰比、最小水泥用量　　B. 最大水灰比、最大水泥用量

C. 最小水灰比．最小水泥用量　　D. 最小水灰比、最大水泥用量

8. 普通混凝土抗压强度测定时，若采用100 mm×100 mm×100 mm的试件，试验结果应乘以尺寸换算系数（　　）

A. 0.90　　B. 0.95　　C. 1.05　　D. 1.00

9. C30 表示的含义为混凝土（　　）。

A. 立方体抗压强度为 30 MPa　　B. 立方体抗压强度标准值为 30 MPa

C. 轴心抗压强度为 30 MPa　　D. 抗弯拉强度为 30 MPa

10. 若某硅酸盐水泥初凝时间为 40 min，则该水泥应（　　）。

A. 报废　　B. 降级使用

C. 用于大体积混凝土　　D. 进行人工养护

11. 欲设计 C30 普通混凝土，则其试配强度为（　　）。

A. 39.9 MPa　　B. 38.2 MPa　　C. 26.6 MPa　　D. 40 MPa

12. 普通混凝土抗压强度测定时，若采用 200 mm×200 mm×200 mm 的试件，试验结果应乘以尺寸换算系数（　　）。

A. 0.90　　B. 0.95　　C. 1.05　　D. 1.00

13. 砼中细骨料最常用的是（　　）。

A. 山砂　　B. 海砂　　C. 河砂　　D. 人工砂

14. 普通砼用砂的细度模数范围一般在（　　），以其中的中砂为宜。

A. 3.7~3.1　　B. 3.0~2.3　　C. 2.2~1.6　　D. 3.7~1.6

15. 泵送混凝土施工选用的外加剂是（　　）。

A. 早强剂　　B. 速凝剂　　C. 减水剂　　D. 缓凝剂

16. 影响混凝土拌和物流动性的主要因素是（　　）。

A. 砂率　　B. 水泥浆数量　　C. 集料的级配　　D. 水泥品种

17. 在水和水泥用量相同的情况下，用（　　）水泥拌制的混凝土拌合物的和易性最好。

A. 普通　　B. 火山灰　　C. 矿渣　　D. 粉煤灰

18. 混凝土配合比的试配调整中规定，在混凝土强度试验时至少采用三个不同的配合比，其中一个应为（　　）配合比。

A. 初步　　B. 实验室　　C. 施工　　D. 基准

19. 抗渗混凝土是指其抗渗等级等于或大于（　　）级的混凝土。

A. P4　　B. P6　　C. P8　　D. P10

20. 抗冻混凝土是指其抗冻等级等于或大于（　　）级的混凝土。

A. F25　　B. F50　　C. F100　　D. F150

21. 高强度混凝土是指混凝土强度等级为（　　）及其以上的混凝土。

A. C30　　B. C40　　C. C50　　D. C60

22. 流动性混凝土拌合物的坍落度是指坍落度在（　　）mm 的混凝土。

A. 10~40　　B. 50~90　　C. 100~150　　D. 大于 160

23. 水泥强度等级的选择一般以其强度为混凝土强度等级的（　　）倍为宜。

A. 1.0~2.0　　B. 1.5~2.0　　C. 2.0~2.5　　D. 2.5~3.0

24. 影响混凝土和易性的最主要因素为（　　）。

A. 单位体积用水量　　B. 砂率的影响　　C. 水泥细度　　D. 集料特性

25. 混凝土强度等级根据（　　）确定。

A. 棱柱体抗压强度　　B. 立方体抗压强度　　C. 抗拉强度　　D. 抗弯强度

26. 抗拉强度一般为抗压强度的（ ）。

A. 1/10 ~ 1/20　B. 1/15 ~ 1/20　C. 1/20 ~ 1/25　D. 1/10 ~ 1/25

27. 检查混凝土设计强度等级的试块标准养护时间为（ ）d。

A. 28　B. 30　C. 21　D. 7

28. 防水混凝土的水灰比不大于 0.55，当采用泵送混凝土时，入泵坍落度宜为（ ）。

A. 50 ~ 60 mm　B. 60 ~ 80 mm　C. 80 ~ 100 mm　D. 100 ~ 140 mm

29. 普通混凝土材料抗拉强度和抗压强度的关系通常是（ ）。

A. 抗拉强度为抗压强度的 1/5 ~ 1/10　B. 抗拉强度为抗压强度的 1/10 ~ 1/20

C. 抗拉强度不足抗压强度的 1/20　D. 抗拉强度在抗压强度的 1/5 之上

30. 对混凝土极细微裂缝可用（ ）处理。

A. 水泥灌浆　B. 化学灌浆　C. 水泥砂浆　D. 环氧砂浆

31. $1m^3$ 的混凝土中，其各组成成分的质量比为水泥: 砂: 石子: 水 = 324: 646: 1 255: 175，其砂率为（ ）。

A. 646/(324 + 646 + 1 255 + 175)　B. (646 + 1 255)/(324 + 646 + 1 255 + 175)

C. 646/(646 + 1 255)　D. 646/1 255

32. 混凝土面板坝施工中，混凝土振捣间距不得大于 40 cm，深度应达到新浇筑层底部以下（ ）。

A. 3 cm　B. 4 cm　C. 5 cm　D. 6 cm

33. 混凝土的抗渗等级分为（ ）五个等级。

A. P2、P4、P6、P8、P10　B. P6、P8、P10、P12、P14

C. P6、P8、P10、P12、P14　D. P8、P10、P12、P14、P16

34. 采用特细砂配制混凝土时，以下措施中不可取的是（ ）

A. 采用较小砂率　B. 适当增加水泥用量

C. 采用较小的坍落度　D. 掺减水剂

35. 不属于混凝土耐久性的指标是（ ）。

A. 抗渗性　B. 抗冻性　C. 保温性　D. 抗浸蚀性

36. 荷载作用下的变形有（ ）。

A. 塑性收缩　B. 碳化收缩　C. 干湿变形　D. 徐变

37. 根据（ ）的强度将硅酸盐水泥分为 42.5、52.5、62.5 三个强度等级。

A. 3 天　B. 7 天　C. 28 天　D. 3 天和 28 天

38. 以下关于水泥和混凝土凝结时间的叙述，正确的是（ ）。

A. 水泥浆凝结的主要原因是水分蒸发

B. 温度越高，水泥凝结得越慢

C. 混凝土的凝结时间与配制该混凝土所用水泥的凝结时间并不一致

D. 水灰比越大，凝结时间越短

39. 按国家标准《普通混凝土力学性能试验方法》养护标准条件，湿度要求为（ ）%

A. 90　B. 92　C. 95　D. 98

40. 按国家标准《普通混凝土力学性能试验方法》养护标准条件，温度要求为(　　)°C。

A. 20 ±2　　B. 18 ±3　　C. 20 ±3　　D. 20 ±5

41. 细骨料为混凝土的基本组成之一，其粒径一般在（　　）之间。

A. 0 . 08 ~2 . 5 mm　　B. 0. 16 ~5 mm

C. 0. 315 ~5 mm　　D. 0. 16 ~10 mm

42. Ⅰ区砂属于粗砂范畴，用Ⅰ区砂配制混凝土时，应较Ⅱ区砂采用（　　）砂率。

A. 较大的　　B. 较小的　　C. 一样的　　D. 无法确定

43. 外面剂能使混凝土拌合物在不增加水泥用量的条件下，改善拌合物的和易性和黏聚性，降低（　）。

A. 保水性　　B. 泌水性　　C. 耐久性　　D. 流动性

44. 混凝土的强度等级是根据立方体抗压强度标准值来确定的，其强度划分为（　　）个等级。

A. 10　　B. 12　　C. 14　　D. 16

45. 混凝土立方体抗压强度标准值是指，按照标准的方法制作和养护的边长为 150 mm 的立方体试件，在 28 d 龄期，用标准试验方法测得的具有（　　）% 保证率的抗压强度。

A. 90　　B. 92　　C. 95　　D. 98

46. 规范规定，混凝土立方强度等级级差为（　　）。

A. 5 N/mm^2　　B. 10 N/mm^2　　C. 5 Pa　　D. 10 Pa

47. 混凝土强度等级是用边长为（　　）的立方体试块确定的。

A. 50 mm　　B. 100 mm　　C. 150 mm　　D. 75 mm

48. 影响混凝土抗渗性的关键因素是（　　）。

A. 混凝土的密实度　　B. 水泥品种　　C. 骨料级配　　D. 养护条件

49. C20 表示（　　）。

A. 混凝土强度为 20 N/mm^2　　B. 砂浆强度为 20 N/mm^2

C. 混凝土强度为 20 Pa　　D. 砂浆强度为 20 Pa

50. 砂浆的强度等级用（　　）表示。

A. MU　　B. C　　C. M　　D. R

51. 规范规定，砂浆强度等级分为（　　）。

A. 四级　　B. 五级　　C. 六级　　D. 七级

52. 当验算正在砌筑或砌完不久但砂浆沿未硬结，以及在严寒地区采用冻结法施工的砌体抗压强度时，砂浆强度取（　）。

A. 0　　B. 1　　C. 2.5　　D. 5

53. 新拌混凝土的和易性是一项综合性技术性质，包括（　　）三方面的含义。

A. 流动性、保水性、耐久性　　B. 流动性、保水性、粘聚性

C. 流动性、粘聚性、耐久性　　D. 粘聚性、耐久性、耐冻性

54. 混凝土立方体抗压强度标准值是指，按照标准的方法制作和养护的边长为 150 mm 的立方体试件，在（　　）d 龄期，用标准试验方法测得的具有 95% 保证率的抗压强度。

A. 14　　B. 28　　C. 7　　D. 3

55. 砂浆的强度等级是用边长为（　　）的正立方体试件，经 28 d 标准养护，测得一组六块的抗压强度值来评定的。

A. 70 mm　　B. 100 mm　　C. 70.7 mm　　D. 75 mm

56. 普通混凝土棱柱体强度 f_c 与立方体强度 f_{cu} 两者数值的关系是（　　）。

A. $f_c = f_{cu}$　　B. $f_c \approx f_{cu}$　　C. $f_c > f_{cu}$　　D. $f_c < f_{cu}$

57. 维勃稠度法测定混凝土拌合物流动性时，其值越大表示混凝土的（　　）。

A. 流动性越大　　B. 流动性越小　　C. 粘聚性越好　　D. 保水性越差

58. 试拌混凝土时，拌合物的流动性低于设计要求，宜采用的调整方法是（　　）。

A. 增加用水量　　B. 降低砂率

C. 增加水泥用量　　D. 增加水泥浆量（W/C 不变）

59. 原材料品质完全相同的 4 组混凝土试件，它们的表观密度分别为 2 360、2 400、2 440 及 2 480 kg/m^3，通常其强度最高的是表观密度为（　　）kg/m^3 的那一组。

A. 2 360　　B. 2 400　　C. 2 440　　D. 2 480

60. 设计混凝土配合比时，单位用水量的确定原则是（　　）。

A. 根据流动性和粗骨料种类规格　　B. 根据和易性和耐久性要求

C. 根据和易性和强度要求　　D. 根据强度和耐久性要求

61. 反映砂浆保水性的指标是（　　）。

A. 坍落度　　B. 沉入度　　C. 分层度　　D. 针入度

62. 在混凝土配合比例时，如果使混凝土的配制强度值等于混凝土的强度等级值，则混凝土的强度保证率为（　　）。

A. 95%　　B. 84%　　C. 70%　　D. 50%

63. 轻骨料混凝土与普通混凝土相比更适宜用于（　　）。

A. 有抗震要求的结构　　B. 水工建筑

C. 地下工程　　D. 防射线工程

64. 混凝土配合比设计时，确定用水量的主要依据是（　　）。

A. 骨料的品种与粗细，所要求的流动性大小

B. 骨料的品种与粗细，水灰比、砂率

C. 混凝土拌合物的流动性或水灰比、混凝土的强度

D. 骨料的品种与粗细，水泥用量

65. 影响合理砂率的主要因素是（　　）。

A. 骨料的品种与粗细、混凝土拌合物的流动性或水灰化

B. 骨料的品种与粗细、混凝土的强度

C. 混凝土拌合物的流动性或水灰比、混凝土的强度

D. 骨料的品种与粗细、水泥用量

66. 加气混凝土主要用于（　　）。

A. 承重结构　　B. 承重结构和非承重结构

C. 非承重保温结构　　D. 承重保温结构

67. 高强度混凝土工程，应优选（　　）。

A. 硅酸盐水泥　　B. 矿渣水泥　　C. 自应力水泥　　D. 高铝水泥

68. 配制混凝土用砂的要求是尽量采用（　　）的砂。

A. 空隙率小　　B. 总表面积小

C. 总表面积大　　D. 空隙率和总表面积均较小

69. 混凝土中的水泥浆，在混凝土硬化前起（　　）作用。

A. 胶结　　B. 润滑和填充　　C. 保水　　D. 提供早期强度

70. 砂浆的流动是用（　　）表示的。

A. 分层度　　B. 稠度　　C. 坍落度　　D. 针入度

71. 用低标号水泥配制高强度混凝土时，最有效的措施是（　　）。

A. 减小砂率　　B. 增大砂率

C. 增大粗骨料的粒径　　D. 掺减水剂，降低水灰比

72. 当混凝土拌合物流动性大于设计要求时，应采用的调整方法为（　　）。

A. 保持水灰比不变，减少水泥浆量

B. 减少用水量

C. 保持砂率不变，增加砂石用量

D. 混凝土拌合物流动性越大越好，不需调整

73. 普通混凝土轴心抗压强度 f_{cp} 和立方体抗压强度 f_{cu} 之间的关系为（　　）。

A. $f_{cp}=f_{cu}$　　B. $f_{cp}>f_{cu}$

C. $f_{cp}<f_{cu}$　　D. $f_{cp}=(1/10\sim1/20)f_{cu}$

74. 下列哪种情况下混凝土的徐变较小？（　　）

A. 水灰比较大　　B. 水泥用量较大

C. 骨料的弹性模量较大　　D. 以上徐变均较大

75. 下述指标中不属于砌筑砂浆性能指标的是（　　）。

A. 坍落度　　B. 沉入度　　C. 分层度　　D. 粘结性

76. 大体积混凝土工程，当只有硅酸盐水泥供应时，为保证工程质量，应采取除（　　）之外的技术措施。

A. 掺入一定量非活性混合材　　B. 掺入一定量的活性混合材

C. 增加拌和用水量　　D. 掺用缓凝高效减水剂

77. 普通混凝土的配制强度大小的确定，除与要求的强度等级有关外，主要与（　　）有关。

A. 强度保证率　　B. 强度保证率和强度标准差

C. 强度标准差　　D. 施工管理水平

78. 配制混凝土时，对砂的基本要求是（　　）。

A. 堆积空隙率小　　B. 总表面积小　　C. 总表面积大　　D. A 和 B

79. 下列哪种情况下混凝土的徐变较大？（　　）。

A. 水灰比较大　　B. 水泥用量较小

C. 骨料的弹性模量较大　　D. 荷载作用时大气湿度大

80. 混凝土碱－集料反应是指（　　）。

A. 水泥中碱性氧化物与集料中活性氧化硅之间的反应

B. 水泥中氢氧化钙与集料中活性氧化硅之间的反应

C. 水泥中 C_3S 与集料中 $CaCO_3$ 的反应

D. 水泥中 C_3S 与集料中活性氧化硅之间的反应

81. 下列哪种情况下混凝土的徐变较小？（　　）

A. 水泥用量较大　　B. 水灰比较大

C. 骨料的弹性模量较小　　D. 荷载作用时大气湿度较大

82. 海水不得用于钢筋混凝土和预应力混凝土，主要是因为海水中含有大量盐，会（　　）。

A. 使混凝土腐蚀　　B. 导致水泥快速凝结

C. 导致水泥凝结变慢　　D. 促使钢筋被腐蚀

83. 下列哪种情况下混凝土的徐变较大？（　　）

A. 水灰比较小　　B. 水泥用量较小

C. 荷载作用时大气湿度大　　D. 骨料的弹性模量较小

84. 混凝土原材料中水泥、掺合料每盘称量的允许偏差为（　　）。

A. ±1%　　B. ±2%　　C. ±3%　　D. ±4%

85. 混凝土原材料中粗、细骨料每盘称量的允许偏差为（　　）。

A. ±1%　　B. ±2%　　C. ±3%　　D. ±4%

86. 混凝土原材料中水、外加剂每盘称量的允许偏差为（　　）。

A. ±1%　　B. ±2%　　C. ±3%　　D. ±4%

87. 关于混凝土原材料每盘称量的允许偏差检查数量说法正确的是（　　）。

A. 每工作班抽查不应少于一次　　B. 每工作班抽查不应少于两次

C. 每工作班抽查不应少于三次　　D. 每工作班抽查不应少于四次

88. 下列哪种情况下混凝土的徐变较大？（　　）

A. 水灰比较小　　B. 水泥用量较小

C. 荷载作用时大气湿度小　　D. 骨料的弹性模量较大

89. 混凝土用砂可分为天然砂与（　　）。

A. 粗砂　　B. 中砂　　C. 细砂　　D. 人工砂

90. 配制混凝土时，宜优先选择级配在（　　）区的砂，使混凝土拌合物获得良好的和易性。

A. Ⅰ　　B. Ⅱ　　C. Ⅲ　　D. Ⅳ

91. 粗集料中针状颗粒，是指卵石和碎石颗粒的长度大于该颗粒所属相应粒级的平均粒径（　　）倍者。

A. 2　　B. 1.5　　C. 2.4　　D. 1

92. 坚固性是指卵石、碎石在自然风化和其它外界物理、化学因素作用下抵抗（　　）的能力。

A. 拉伸　　B. 破裂　　C. 压缩　　D. 弯曲

93. 砂率是指混凝土拌合物中砂的质量占（　　）的百分数。

A. 砂、石子总质量　　B. 石子总质量

C. 混凝土总质量　　D. 水泥质量

94. 合适的砂率，既能保证拌合物具有良好的流动性，而且能使拌合物的粘聚性、保水

性良好，这一砂率称为“（　　）”。

A. 合适砂率　B. 最低砂率　C. 最大砂率　D. 合理砂率

95. 在硬化前，水泥浆与外加剂起（　　）作用。

A. 润滑　B. 支撑　C. 骨架　D. 填充

96. 在混凝土中，砂、石称为（　　），起（　　）作用。

A. 骨料，润滑　B. 集料，骨架　C. 粗骨料，支撑　D. 细集料，填充

97. 配置混凝土时，水泥强度等级的选择，应与（　　）相适应。

A. 结构形式　B. 荷载情况

C. 结构截面形式　D. 混凝土的设计强度等级

98. 棱柱体抗压强度，又称为轴心抗压强度，是以尺寸为（　　）的标准试件，在标准养护条件下养护 28 d，测得的抗压强度。

A. 150 mm×150 mm×300 mm　B. 150 mm×150 mm×150 mm

C. 100 mm×100 mm×100 mm　D. 200 mm×200 mm×200 mm

99. 配制混凝土限制最大水灰比和最小水泥用量是为了满足（　　）的要求。

A. 强度　B. 变形　C. 耐久性　D. 和易性

100. 混凝土和易性的三个指标是（　　）。

A. 黏聚性、抗渗性、保水性　B. 流动性、黏聚性、保水性

C. 流动性、塑性、保水性　D. 流动性、连续性、均匀性

101. 砂浆的沉入度越大，说明砂浆的流动性就（　　）。

A. 愈好　B. 愈差　C. 无关　D. 不变

102. 轻混凝土通常干表观密度轻达（　　）kg/m^3 以下。

A. 900　B. 1 900　C. 2 400　D. 2 900

103. 坍落度小于（　　）的新拌混凝土，采用维勃稠度仪测定其工作性。

A. 20 mm　B. 15 mm　C. 10 mm　D. 5 mm

104. 通常情况下，混凝土的水灰比越大，其强度（　　）。

A. 越大　B. 越小　C. 不变　D. 不一定

105. （　　）是既满足强度要求又满足工作性要求的配合比设计。

A. 初步配合比　B. 基本配合比　C. 试验室配合比　D. 工地配合比

106. 立方体抗压强度标准值是混凝土抗压强度总体分布中的一个值，强度低于该值的百分率不超过（　　）。

A. 15%　B. 10%　C. 5%　D. 3%

107. 在混凝土中掺入（　　），对混凝土抗冻性有明显改善。

A. 引气剂　B. 减水剂　C. 缓凝剂　D. 早强剂

二、多项选择题

1. 普通混凝土由（　　）组成。

A. 水泥　B. 水　C. 集料　D. 土

E. 外加剂

2. 配制普通混凝土常用的水泥有（　　）。

A. 铝酸盐水泥　B. 普通硅酸盐水泥

C. 矿渣硅酸盐水泥　　D. 硅酸盐水泥
E. 火山灰质硅酸盐水泥和粉煤灰硅酸盐水泥
3. 配制混凝土对细集料的质量要求包括（　　）。
A. 砂的坚固性　　B. 碱活性集料
C. 颗粒形状及表面特征　　D. 砂的颗粒级配及粗细程度
E. 砂的强度
4. 配制混凝土对粗集料的质量要求包括（　　）。
A. 颗粒形状及表面特征　　B. 碎石和卵石中泥、黏土块和有害物质含量
C. 强度及坚固性　　D. 最大粒径及颗粒级配
E. 粗集料的强度
5. 砂按其形成环境可分为（　　）。
A. 河砂　　B. 海砂　　C. 山砂　　D. 湖砂
E. 泥砂
6. 配制普通混凝土常用的粗集料有（　　）。
A. 中石　　B. 碎石　　C. 卵石　　D. 大石
E. 石子
7. 凡在砂浆中掺入下列物质（　　），应经检验和试配符合要求后，方可使用。
A. 保水剂　　B. 有机塑化剂　　C. 缓凝剂　　D. 早强剂
E. 防冻剂
8. 混凝土原材料中每盘称量的允许偏差的规定为（　　）。
A. 水泥、掺合料 ±3%　　B. 水泥、掺合料 ±2%
C. 粗、细骨料 ±3%　　D. 水、外加剂 ±2%
E. 水、外加剂 ±3%
9. 混凝土结构的优点是（　　）。
A. 耐久性好　　B. 抗裂性强　　C. 自重大　　D. 耐火性好
E. 维护费用低
10. 砂浆按组成材料的不同，可以为（　　）。
A. 纯水泥砂浆　　B. 水泥混合砂浆
C. 石灰、石膏、黏土砂浆　　D. 麻刀灰砂浆
E. 纸筋灰砂浆
11. 配制混凝土对粗骨料的质量要求应从如下几方面考虑（　　）。
A. 碎石、卵石中泥、黏土块和有害物质含量
B. 颗粒形状及表面特征　　C. 最大粒径及颗粒级配
D. 强度及坚固性　　E. 掺合料
12. 和易性是一项综合的技术性质，包括（　　）。
A. 流动性　　B. 粘聚性　　C. 保水性　　D. 稠度
E. 可塑性
13. 影响混凝土拌合物和易性的主要因素有（　　）。
A. 单位体积用水量　　B. 时间和温度和影响

C. 砂率的影响　　D. 外加剂和掺合料的影响
E. 流动性

14. 影响混凝土强度的因素有（　　）。
A. 水泥强度与水灰比　　B. 骨料
C. 养护温度和湿度　　D. 龄期
E. 粗骨料最大料径

15. 非荷载型混凝土变形有（　　）。
A. 温度变形　　B. 化学收缩　　C. 碳化收缩　　D. 干湿变形
E. 徐变

16. 混凝土外加剂按其主要功能分为（　　）。
A. 改善混凝土拌合物流变性能的外加剂
B. 减水剂、引气剂和泵送剂
C. 调节混凝土凝结时间、硬化性能的外加剂
D. 改善混凝土耐久性的外加剂
E. 改善混凝土其他性能的外加剂

17. 按外加剂化学成分可分为（　　）。
A. 无机化合物　　B. 有机化合物　　C. 表面活性剂　　D. 水剂类
E. 粉剂类

18. 砂浆的和易性包括（　　）。
A. 流动性　　B. 粘聚性　　C. 保水性　　D. 泌水性
E. 离析性

19. 混凝土配合比计算中，试配强度高于混凝土的设计强度，其提高幅度取决于（　　）。
A. 混凝土强度保证率要求　　B. 施工和易性要求
C. 耐久性要求　　D. 施工控制水平
E. 水灰比

20. 混凝土流动性降低的原因可以是（　　）。
A. 拌制时间长　　B. 温度升高
C. 水泥浆数量加大　　D. 水灰比增大
E. 骨料体积增大

21. 砂率增大，则会产生下列哪些影响（　　）。
A. 集料的空隙率下降　　B. 集料的总表面积增大
C. 和易性增大　　D. 流动性增大
E. 总表面积下降

22. 影响混凝土强度的因素包括（　　）。
A. 水泥强度与水灰比　　B. 集料
C. 养护温度和湿度　　D. 龄期
E. 砂率

23. 下列混凝土变形中不属于物理及化学因素引起的变形是（　　）。
A. 徐变　　B. 短期荷载下的变形

C. 塑性收缩　　D. 干湿变形
E. 温度变形

24. 混凝土的耐久性通常包括（　　）。
A. 抗冻性　B. 抗渗性　C. 抗侵蚀性　D. 抗老化性
E. 抗碱－集料反应

25. 砌筑砂浆的技术要求指标包括（　　）。
A. 流动性　B. 保水性　C. 强度　D. 粘接力
E. 砂浆细度

26. 按坍落度的大小将砼拌合物分为（　　）几个级别。
A. 低塑性砼　B. 塑性砼　C. 流动性砼　D. 大流动性砼
E. 普通砼

27. 按维勃稠度的大小，将砼拌合物的级别从大到小顺序排列（　　）。
A. 超干硬性砼　B. 特干硬性砼　C. 干硬性砼　D. 半干硬性砼

28. 改善混凝土拌合物流变性能的外加剂有（　　）。
A. 减水剂　B. 缓凝剂　C. 引气剂和泵送剂　D. 早强剂
E. 防水剂

29. 外加剂的作用是（　　）。
A. 可改善拌合物的和易性　B. 减轻体力劳动强度
C. 有利于机械化作业　D. 提高混凝土的强度

30. 按外加剂的化学成分可以分为（　　）外加剂。
A. 无机物类　B. 有机物类　C. 复合型类　D. 离子类
E. 聚合物类

31. 混凝土的耐久性是一个综合性概念，包含（　　）等很多内容。
A. 抗渗性　B. 抗冻性　C. 耐腐蚀性　D. 抗高温性
E. 抗碳化性

32. 以下各种情况中可能引起混凝土离析的是（　　）。
A. 混凝土自由下落高度为 3 m　B. 混凝土温度过高
C. 振捣时间过长　D. 运输道路不平
E. 振捣棒慢插快拔

33. 混凝土拌合物的和易性包括以下（　　）含义。
A. 流动性　B. 密实性　C. 经济性　D. 粘聚性
E. 保水性

34. 配制混凝土对细骨料的质量要求应从如下几方面考虑（　　）。
A. 砂中泥、黏土块、有害物质含量　B. 砂的坚固性、碱活性骨料
C. 颗粒形状及表面特征　D. 砂的颗粒级配及粗细程度
E. 外加剂

35. 影响混凝土拌合物和易性的主要因素有（　　）。
A. 标准稠度用水量　B. 砂率
C. 掺外加剂和掺合料　D. 骨料的特性

E. 时间和温度

36. 施工中可能造成混凝土强度降低的因素有（　　）。

A. 水灰比过大　　B. 养护时间不足

C. 混凝土产生离析　　D. 振捣时间短

E. 洒水过多

37. 影响混凝土强度的主要因素有（　　）。

A. 水泥强度　B. 水灰比　C. 水泥用量　D. 养护温湿度

E. 砂石用量

38. 对水泥混凝土耐久性主要从（　　）两方面来控制。

A. 最大水灰比　　B. 最大水泥用量

C. 最小水泥用量　　D. 最小水灰比

E. 水灰比

39. 混凝土配合比设计的三个主要技术参数是（　　）。

A. 单位用水量　B. 水泥用量　C. 水泥强度　D. 水灰比

E. 砂率

40. 分析混凝土开裂原因，正确的是（　　）。

A. 因水泥水化产生体积膨胀而开裂　　B. 因干缩变形而开裂

C. 因水化热导致内外温差而开裂　　D. 因水泥安定性不良而开裂

E. 因抵抗温度应力的钢筋配置不足而开裂

41. 进行混凝土配合比设计时，确定水灰比的根据是（　　）。

A. 强度　B. 和易性　C. 耐久性　D. 坍落度

E. 集料品种

42. 配制混凝土，在条件许可时，尽量选用最大粒径大的粗集料，是为了（　　）。

A. 节省细集料　　B. 节省水泥

C. 节省粗集料　　D. 减少混凝土干缩

E. 提高混凝土强度

43. 混凝土配合比的设计包括步骤（　　）。

A. 计算“初步配合比”　　B. 提出“基准配合比”

C. 确定“试验室配合比”　　D. 换算“施工配合比”

E. 求解“试配配合比”

44. 混凝土拌合物的工作性选择可依据（　　）。

A. 工程结构物的断面尺寸　　B. 钢筋配置的疏密程度

C. 捣实的机械类型　　D. 施工方法和施工水平

E. 水泥的用量

45. 混凝土配合比设计时必须按耐久性要求校核（　　）。

A. 砂率　B. 单位水泥用量　C. 浆集比　D. 水灰比

46. 对于砖、多孔混凝土或其它多孔材料用砂浆，其强度主要取决于（　　）。

A. 水灰比　B. 单位用水量　C. 水泥强度　D. 水泥用量

三、判断题

1. 因为卵石表面光滑拌制的砼和易性好，因此在相同条件下卵石砼的强度较碎石砼高。（　）

2. 配制中等强度等级以下的砼时，在条件允许的情况下应尽量采用最大粒径的粗骨料。（　）

3. 间断级配能降低骨料的空隙率，节约水泥故在建筑工程中应用较多。（　）

4. 因水资源短缺，所以应尽可能采用污水和废水养护砼。（　）

5. 测定砼拌合物流动性时，坍落度法比维勃稠度法更准确。（　）

6. 水灰比在0.4～0.8范围内，且当混凝土中用水量一定时，水灰比变化对混凝土拌合物的流动性影响不大。（　）

7. 选择坍落度的原则应当是在满足施工要求的条件下，尽可能采用较小的坍落度。（　）

8. 砌筑砂浆可视为无粗骨料的混凝土，影响其强度的主要因素应于混凝土的基本相同，即水泥强度和水灰比。（　）

9. 对水泥混凝土耐久性主要从最小水灰比和最大水泥用量进行控制。（　）

10. 水泥混凝土混合料坍落度愈大，表示混合料的流动性愈大。（　）

11. 混凝土拌和后必须保持适当温度和湿度，使水泥充分水化，以保证强度不断提高。（　）

12. 水泥混凝土耐久性主要用最大水灰比和最小水泥用量来控制。（　）

13. 其他条件相同，碎石拌制的混凝土比卵石拌制的混凝土强度要低。（　）

14. C30表示的是混凝土立方体抗压强度标准值为30 MPa。（　）

15. 混凝土的水灰比过大可使水泥浆变稀，但易产生流浆、离析，甚至影响强度。（　）

16. 骨料粒径越大，和易性越好。（　）

17. 混凝土应用的基本要求是：就是要满足强度、工作性、耐久性和经济性的要求，这些要求也是混凝土配合比设计的基本目标。（　）

18. 混凝土的工作性仅仅是指流动性。（　）

19. 混凝土和易性包括流动性、粘聚性和保水性三方面的含义。（　）

20. 维勃稠度试验适用于干硬性混凝土的稠度测定。（　）

21. 在水灰比一定的条件下，水泥浆愈多，流动性越小。（　）

22. 在保证混凝土强度和耐久性的条件下，应根据流动性来确定单位用水量。（　）

23. 砂率是指混凝土中砂用量与石子用量比例。（　）

24. 砂率反映了粗细集料的相对比例，它影响混凝土骨料的空隙和总表面积。（　）

25. 混凝土按体积密度不同，可分为特重混凝土、重混凝土、轻混凝土、特轻混凝土。（　）

26. 水泥混凝土存在着抗拉强度低、受拉时变形能力小、容易受温度湿度变化而开裂、自重大等缺点。（　）

27. 水泥混凝土主要是由水泥、水、砂、石集料和外加剂配制而成。（　）

28. 配制混凝土时，宜优先选择级配在Ⅱ区的砂，使混凝土拌合物获得良好的和易性。（ ）

29. 混凝土用砂只要求砂的颗粒的总表面积要小，即砂尽可能粗即可。（ ）

30. 混凝土用砂只要求砂的颗粒间的空隙率要小。（ ）

31. 混凝土用砂的粗细程度和颗粒级配是由砂的筛分试验来进行测定的。（ ）

32. 混凝土粗骨料的基本要求是颗粒的总表面积要小和颗粒大小搭配要合理，以达到水泥的节约和逐级填充形成最大的密实度。（ ）

33. 混凝土粗骨料的最大粒径在一定程度上反映了粗骨料的平均粗细程度。拌合混凝土中粗骨料的最大粒径加大，总表面积减小，单位用水量有效减少。（ ）

34. 海水可用于拌制钢筋混凝土。（ ）

35. 流动性是指混凝土拌合物在本身自重或机械振捣作用下产生流动，能均匀密实流满模板的性能，它反映了拌合混凝土的稀稠程度及充满模板的能力。（ ）

36. 粘聚性是指混凝土拌合物的各种组成材料在施工过程中具有一定的粘聚力，能保持成分的均匀性，在运输、浇筑、振捣、养护过程中不发生离析、分层现象。它反映了混凝土拌合物的均匀性。（ ）

37. 保水性是指混凝土拌合物在施工过程中具有一定的保持水分的能力，不产生严重泌水的性能。（ ）

38. 混凝土拌合物的工作性常用的测定法有坍落度试验法和维勃稠度两种。（ ）

39. 水灰比即水和混凝土质量之比。（ ）

40. 砂率的高低说明混凝土拌合物中细骨料所占比例的多少。（ ）

41. 混凝土的配合比一般有单位用量表示法和相对用量表示法两种表示方法。（ ）

42. 混凝土轴心抗压强度大于立方体抗压强度。（ ）

43. 混凝土抗拉强度与抗压强度近似相等。（ ）

44. 混凝土棱柱体抗压强度大于立方体抗压强度。（ ）

45. 在水泥混凝土等级相同情况下，水灰比越小，水泥混凝土强度越高。（ ）

46. 在水灰比相同的条件下，在达到最优浆集比后，混凝土的强度随着浆集比的增加而提高。（ ）

47. 混凝土配合比设计中的三个基本参数是：水灰比、砂率、单位用水量。（ ）

48. 实验室配合比在基准配合比的基础上作强度试验时，应采用三个不同的配合比，其中一个为初步配合比中的水灰比。（ ）

49. 徐变为非荷载作用变形。（ ）

50. 砂浆的和易性包括流动性、粘聚性和保水性三方面要求。（ ）

51. 在拌制混凝土中砂越细越好。（ ）

52. 试拌混凝土时若测定混凝土的坍落度满足要求，则混凝土的工作性良好。（ ）

53. 卵石混凝土比同条件配合比拌制的碎石混凝土的流动性好，但强度则低一些。（ ）

54. 混凝土拌和物中水泥浆越多和易性越好。（ ）

55. 普通混凝土的强度与其水灰比成线性关系。（ ）

56. 在混凝土中掺入引气剂，则混凝土密实度降低，因而其抗冻性亦降低。（ ）

57. 计算混凝土的水灰比时，要考虑使用水泥的实际强度。（　）

58. 普通水泥混凝土配合比设计计算中，可以不考虑耐久性的要求。（　）

59. 混凝土施工配合比和试验配合比二者的水灰比相同。（　）

60. 混凝土外加剂是一种能使混凝土强度大幅度提高的填充料。（　）

61. 混凝土的强度平均值和标准差，都是说明混凝土质量的离散程度的。（　）

62. 在混凝土施工中，统计得出混凝土强度标准差越大，则表明混凝土生产质量不稳定，施工水平越差。（　）

63. 高性能混凝土就是指高强度的混凝土。（　）

64. 砂浆的流动性是用分层度表示的。（　）

四、问答题

1. 水泥混凝土的流动性是指什么？测定水泥混凝土流动性的方法有哪两种？

2. 混凝土配合比设计包括哪四个步骤？

3. 混凝土应用的基本要求是什么？

4. 普通混凝土是由哪四种基本组成材料，它们各起何作用？

5. 配制混凝土时，水泥的选用主要考虑哪些因素？

6. 混凝土用砂是如何分类的？

7. 混凝土对砂的基本要求有哪些？

8. 混凝土对粗骨料的基本要求有哪些？这两项要求分别用什么表示？

9. 对混凝土拌合用水有何要求？混凝土拌合用水各有何适用？

10. 什么是混凝土拌合物的工作性？混凝土拌合物的工作性在哪些方面有所体现？混凝土拌合物包括哪三个方面的技术要求？

11. 什么是混凝土拌合物的流动性、粘聚性与保水性？它们各反映了混凝土拌合物的什么性质？混凝土拌合物的稳定性。

12. 混凝土拌合物的工作性常用的测定法有哪两种？它们各有何作用？由坍落度的大小可将混凝土拌合物分为哪四类？

13. 如何通过坍落度试验法测定混凝土拌合物的流动性、粘聚性和保水性？析出，则表示保水性好。

14. 什么是水灰比？水灰比的大小代表着什么？

15. 合理砂率的定义有哪两种表述形式？如何选择合理砂率？

16. 改善混凝土拌合物工作性的措施有哪些

17. 普通混凝土受压破坏特点是什么？

18. 影响混凝土强度的因素有哪些？

19. 提高混凝土强度的措施主要有哪些？

20. 混凝土的耐久性主要由哪些性能综合评定？

21. 什么是混凝土的抗渗性？改善混凝土抗渗性的主要技术措施有哪些？

22. 什么是混凝土的碳化？提高混凝土碳化的主要技术措施有哪些？

23. 产生碱骨料反应的原因是什么？解决碱骨料反应的技术措施主要有哪些？

24. 什么是混凝土外加剂？混凝土外加剂按其主要功能可分为哪四类？

25. 什么是减水剂？减水剂的作用效果有哪些？

26. 提高混凝土耐久性的措施有哪些?

27. 混凝土的配合比一般有哪两种表示方法?

28. 混凝土配合比设计的步骤大致可分为哪四个设计阶段? 各阶段的作用和任务是什么?

29. 混凝土配合比设计中的三个基本参数是什么? 分别由哪些因素确定?

30. 混凝土初步配合比的计算步骤如何?

31. 基准配合比的搅拌量如何选取? 调整的原则如何?

32. 实验室配合比在基准配合比的基础上作强度试验时,应采用哪三个不同的配合比?

33. 混凝土生产的质量控制包括哪几个方面?

34. 混凝土徐变的影响因素?

35. 砂子标准筛分曲线图中的Ⅰ区、Ⅱ区、Ⅲ区说明什么问题? 三个区以外的区域又说明什么? 配制混凝土时应选用那个区的砂好些,为什么?

36. 如何确定混凝土的强度等级? 混凝土强度等级如何表示? 普通混凝土划分为几个强度等级?

37. 简述影响混凝土弹性模量的因素。

38. 混凝土抗冻性的指标是什么? 解释 d200 的含义。

39. 何谓碱 - 集料反应? 混凝土发生碱 - 集料反应的必要条件是什么? 防止措施有哪些?

40. 配制混凝土时掺入减水剂,可取得那些效果?

41. 用于吸水基面和不吸水基面的两种砂浆,影响其强度的决定性因素各是什么?

42. 为什么不宜用高强度等级水泥配制低强度等级的混凝土? 也不宜用低强度等级水泥配制高强度等级的混凝土?

43. 混凝土的流动性如何表示? 工程上如何选择流动性的大小?

44. 现场浇灌混凝土时严禁施工人员随意向混凝土拌合物中加水,试从理论上分析加水对混凝土质量的危害。

45. 某工地施工人员拟采用下述方案提高混凝土拌和物的流动性,试问哪个方案可行? 哪个不可行? 简要说明原因。

(1) 多加水

(2) 保持水灰比不变,适当增加水泥浆量

(3) 加入氯化钙

(4) 掺加减水剂

(5) 适当加强机械振捣

46. 某新建给水厂工程,预制安装清水池,预制构件吊装工序已完善,拟进行壁板缝混凝土浇筑工序。壁板缝宽 30 cm,厚 20 cm,高 2 cm,为使壁板缝混凝土与壁板侧面结合良好,自身不产生裂缝,施工中必须采取可靠措施。

问题:

(1) 壁板缝混凝土浇筑时对模板工艺有什么要求?

(2) 选用哪些混凝土有助于与壁板侧面结合良好且无收缩裂缝?

(3) 壁板缝混凝土何时浇筑?

（4）壁板缝混凝土浇筑时应用哪种振动方式？

（5）壁板缝混凝土采用哪种养生方法为宜？养生期多少？

47. 某施工企业中标承建了一座日处理污水能为 15 万吨污水处理厂工程，为防止初沉池、二沉池、曝气池等薄壁钢筋混凝土排水构筑物产生裂缝，施工时采取了如下措施：

（1）加大水泥用量，增加混凝土的和易性。

（2）增加坍落度，提高混凝土的扩散度。

（3）选择在低温时浇筑。

（4）为了能尽早拆除模板，加快模板周转，采用提高混凝土的入模温度的办法，提高混凝土的早期强度。

结果事与愿违，混凝土仍出现了裂缝。

问题：

（1）指出上述不正确的措施，并说明原因。

（2）叙述防止混凝土构筑物产生裂缝的控制措施。

48. 某斜拉桥塔柱基础长 30 m，宽 40 m，高 10 m，系大体积混凝土，按照施工总体进度安排，正逢冬期施工。在编制施工组织设计时，认为大方量的混凝土在冬期施工适合于“蓄热法”养护，属常规的做法，没有较多的技术含量和难点，故没有作为一个专题编制专项技术方案。项目经理部为保证工程质量，除按常规做法外，又有针对性地决定采取了以下措施：

（1）为提高入模温度，采用热水拌合混凝土。

（2）用增加水泥用量的方法提高和易性。

（3）使用 52.5 级硅酸盐水泥。

结果，使混凝土产生许多裂缝。

问题：

（1）造成上述质量问题的原因是什么？

（2）分述上述措施是否妥当？依据是什么？

（3）阐述大体积混凝土浇筑质量控制的要点及控制措施。

五、计算题

1. 某实验室求得 1 m^3 混凝土的各材料用量为水泥：310 kg/m^3；砂：682 kg/m^3；碎石 1 333 kg/m^3；水 155 kg/m^3，若工地所用砂的含水率为 3%，碎石的含水率为 1%．求：该混凝土的施工配合比？

2. 已知混凝土 $W/C=0.50$，每立方米混凝土用水量为 180 kg；砂率 32%，假定每立方米混凝土质量 2 400 kg。试求初步配合比。

3. 设计要求的混凝土强度等级为 C20，要求强度保证率 $P=95\%$。

（1）当强度标准差 $\sigma=5.5$ MPa 时，混凝土配制强度应为多少？

（2）若提高施工质量管理水平，$\sigma=3.0$ MPa 时，混凝土配制强度又为多少？

（3）若采用 42.5 级水泥、卵石、用水量 180 L，试问混凝土标准差从 5.5 MPa 降至 3.0 MPa，每 m^3 混凝土可节约多少水泥？（$\gamma_c=1.13$；$\alpha_a=0.48$；$\alpha_b=0.33$；$\dfrac{W}{C}=\dfrac{\alpha_a f_{ce}}{f_{cu}+\alpha_a\alpha_b f_{ce}}$）

4. 混凝土拌合物经试拌调整后，和易性满足要求，试拌材料用量为：水泥 4.5 kg，水 2.7 kg，砂 9.9 kg，碎石 18.9 kg。实测混凝土拌合物体积密度为 2 400 kg/m^3。

（1）试计算 1 m^3 混凝土各项材料用量为多少？

（2）假定上述配合比，可以作为试验室配合比。如施工现场砂的含水率 4%，石子含水率为 1%，求施工配合比。

5. 某混凝土的试验室配合比为 1∶2.1∶4.3（水泥：砂：石子），$W/C=0.54$。已知水泥密度为 3.1 g/cm^3，砂、石子的表观密度分别为 2.6 g/cm^3 及 2.65 g/cm^3。试计算 1 m^3 混凝土中各项材料用量（不含引气剂）。

6. 某工地采用 52.5 普通水泥和卵石配制混凝土。其施工配合比为：水泥 336 kg。砂 696 kg，卵石 1 260 kg，水 129 kg。已知现场砂的含水率为 3.5%，卵石含水率 1%。试问该混凝土能否满足 C30 强度等级要求（假定 $\sigma=5.0$）。（$\gamma_c=1.13$；$\alpha_a=0.48$；$\alpha_b=0.33$；$\dfrac{W}{C}=\dfrac{\alpha_a f_{ce}}{f_{cu}+\alpha_a\alpha_b f_{ce}}$）

7. 室内用的钢筋混凝土梁，截面最小尺寸为 250 mm，钢筋净距 35 mm，混凝土强度等级 C25，用 42.5 号水泥，密度 3.10 g/cm^3，中砂密度 2.60 g/cm^3，卵石密度 2.70 g/cm^3，机械振捣，质量保证率为 95%。求理论配制 1 m^3 混凝土时的配合比。

8. 钢筋混凝土板厚 120 mm，钢筋净距 200 mm，南方、露天、无水流冲刷，混凝土强度等级 C20，用 42.5 号水泥，密度 3.15 g/cm^3，中砂密度 2.60 g/cm^3，卵石密度 2.70 g/cm^3，机械振捣，质量保证率为 95%。求理论配制 1 m^3 混凝土时的配合比。

9. 某砌筑工程采用水泥石灰混合砂浆，要求强度等级为 M5，稠度 7 ~ 10 cm，所用原料：32.5 级矿渣水泥，标号富余系数 1.0，石灰膏稠度 10 cm，换算系数 0.97。中砂，堆积密度 1 450 kg/m^3，含水率 2%，施工水平一般，试计算砂浆的配合比。

10. 用 32.5 的强度等级的普通水泥拌制普通混凝土，混凝土配合比为 1∶2.1∶4.0，$W/C=0.59$，实测混凝土拌合物的体积密度 $\rho_{oh}=2\ 450$ kg/m^3，计算：

（1）1 m^3 混凝土各项材料用量是多少？

（2）如果需要拌制此混凝土 100 m^3，需要水泥多少千克？砂、石各多少立方米？（已知：砂、石的堆积密度分别为：$\rho'_{os}=1\ 480$ kg/m^3，$\rho'_{og}=1\ 550$ kg/m^3）。

11. 混凝土计算配合比为 1∶2.13∶4.31，水灰比为 0.58，在试拌调整时，增加了 10% 的水泥浆用量。试求：（1）该混凝土的基准配合比；（2）若已知以基准配合比配制的混凝土，每立方米需用水泥 320 kg，求 1 m^3 混凝土中其他材料的用量。

12. 某试验室试配混凝土，经试调拌整达到设计要求后，各材料用量为：水泥 4.5 kg，水 2.7 kg，砂 9.9 kg，碎石 18.9 kg，并测得混凝土拌和物表观密度为 2 380 kg/m^3。

（1）求配制 1 m^3 混凝土各材料用量。

（2）当施工现场实测砂的含水率为 3.5%，石子的含水率为 1.0% 时，试计算施工配合比。

13. 某试样经调整后，各种材料用量分别为水泥 3.1 kg，水 1.86 kg，砂 6.24 kg，碎石 12.8 kg，并测得混凝土拌合物的表观密度 $\rho_0=$ 2 400 kg，若施工现场砂子含水率为 4%，石子含水率为 1%，试求其施工配合比。

14. 混凝土实验室配合比为：1∶2.28∶4.47，水灰比 0.64，每 1 m^3 混凝土水泥用量

286 kg。实测施工现场砂子的水量为3%，石子的含水量为1%。

计算施工配合比及每1 m^3 混凝土各种材料的用量？

15. 某单位采用52.5号普通硅酸盐水泥及碎石配制混凝土，其实验室配合比为：水泥336 kg，砂660 kg，水148 kg。请问：该混凝土能否满足C30的要求？

16. 某混凝土配合比水泥：水：砂：石为 $C: W: S: G = 1: 0.66: 2.17: 4.14$，测得砂含水率为3%，石子含水率为1%，试求一次投料一袋水泥50 kg时，水泥、水、砂、石子用量各是多少？

17. 某混凝土经试拌调整后，得到的配合比为1∶2.20∶4.40，$W/C = 0.60$，已知 $\rho_c = 3.10\ g/cm^3$，$\rho_s = 2.60\ g/cm^3$，$\rho_g = 2.65\ g/cm^3$。试计算每立方米混凝土的各材料用量。

18. 已知一试验室配合比，其每立方米混凝土的用料量如下：

水泥332kg，河砂652kg，卵石1 206kg，水190kg。如果测得工地上砂的含水率为3%，卵石的含水率为1%。若工地搅拌机容量为0.4 m^3（出料），为施工的方便起见，每次投料以两包水泥（100kg）为准，计算每次拌和混凝土的工地配合比。

19. 试设计某桥下部基础用混凝土的配合比。

[设计资料]：

（1）已知混凝土设计强度为C20，无历史统计资料，$\sigma = 5.0$ MPa。坍落度为10～30 mm。

（2）组成材料。水泥：32.5普通水泥，密度 $\rho_c = 3.0\ g/cm^3$；

砂：中砂，表观密度 $\rho'_s = 2.60\ g/cm^3$；

碎石：最大粒径为40 mm，表观密度 $\rho'_g = 2.70\ g/cm^3$；

水：自来水。

[设计要求]：

（1）算初步配合比。

（2）经试拌坍落度为10 mm，采取措施为：增加5%水泥浆，工作性满足要求。问基准配合比为多？

[提供参数]：

（1）耐久性要求 $[W/C]\ n = 0.7$，$[mco]\ n = 225\ kg/m^3$；

（2）系数 $a = 0.46$，$b = 0.07$；

（3）砂率及单位用水量选用表。

表1　砼单位用水量（kg/m^3）选用表

所需坍落度/mm	碎石最大粒径/mm			
	16	20	31.5	40
10～30	200	185	175	165
30～50	210	195	185	175
50～70	220	205	195	185
70～90	230	215	205	195

表2 砼砂率（%）选用表

水灰比（W/C）	碎石最大粒径/mm		
	16	20	40
0.40	30~35	29~34	27~32
0.50	33~38	32~37	30~35
0.60	36~41	35~40	33~38
0.70	39~44	38~43	36~41

20. 某框架结构工程现浇钢筋混凝土梁，混凝土设计强度等级为C30，施工要求混凝土拥落度为30~50 mm，根据施工单位历史资料统计，混凝土强度标准差$\sigma=5$ MPa。可供应以下原材料：

水泥：P.O 42.5 普通硅酸盐水泥，水泥密度为$\rho_c=3.10$ g/cm^3，水泥的富余系数为1.08；

中砂：级配合格，砂子表观密度$\rho_{os}=2.60$ g/cm^3；

石子：5~30 mm碎石，级配合格，石子表观密度$\rho_{og}=2.65$ g/cm^3。

设计要求：

(1) 混凝土计算配合比。

(2) 若经试配混凝土的工作性和强度等均符合要求，无需作调整。又知现场砂子含水率为3%，石子含水率为1%，试计算混凝土施工配合比。

第四章

沥青材料职业技能考核部分

一、单项选择题

1. 石油沥青老化后，其延度较原沥青将（　　）。
A. 保持不变　　B. 升高
C. 降低　　D. 前面三种情况可能都有

2. 下列溶剂中，能将沥青中裂解出的油分完全溶解的溶剂是（　　）。
A. 乙醇　　B. 乙醚　　C. 石油醚　　D. 乙醚和石油醚

3. 石油沥青老化后，其软化点较原沥青将（　　）。
A. 保持不变　　B. 升高　　C. 降低　　D. 先升高后降低

4. 沥青针入度试验属于条件黏度试验，其条件为（　　）。
A. 温度　　B. 时间　　C. 针的质量　　D. A + B + C

5. 目前，国内外测定沥青蜡含量的方法很多，但我国标准规定的是（　　）。
A. 蒸馏法　　B. 硫酸法　　C. 组分分析法　　D. 化学分析法

6. 石油沥青经老化后，其针入度值较原沥青将（　　）。
A. 保持不变　　B. 升高　　C. 降低　　D. 变化不定

7. 影响沥青路面抗滑性能的因素是（　　）。
A. 集料耐磨光性　　B. 沥青用量　　C. 沥青含蜡量　　D. 前三个均是

8. 沥青材料老化后其质量将（　　）。
A. 减少　　B. 增加
C. 不变　　D. 有的沥青减少，有的增加

9. 通常软化点较高的沥青，则其（　　）较好（含蜡量高的沥青除外）。
A. 气候稳定性　　B. 温度稳定性　　C. 粘结性　　D. 塑性

10. 延度较大的沥青，则其（　　）较好。
A. 气候稳定性　　B. 温度稳定性　　C. 粘结性　　D. 塑性

11. 中用优质沥青属于（　　）结构。
A. 溶胶结构　　B. 凝胶结构　　C. 溶一凝胶结构　　D. 以上三者都不是

12. 路用沥青一般宜选用针入度值为（　　）的沥青。
A. PI < −2　　B. PI > +2　　C. −1 < PI < +1　　D. −2 < PI < +2

13. 实验表明（　　）材料与沥青的化学吸附作用较强。
A. 碱性石料　　B. 酸性石料　　C. 中性石料　　D. 碳水化合物

14. 沥青玛蹄脂碎石混合料简称（　　）。

A. DVFA　　B. VCA　　C. SMA　　D. ATB

15. 一般情况下，测定的沥青密度的标准温度为（　　）。

A. 5 ℃　　B. 15 ℃　　C. 25 ℃　　D. 35 ℃

16. 我国现行使用的黏稠沥青技术标准中，（　　）是划分沥青技术等级的主要指标。

A. 针入度　　B. 延度　　C. 软化点　　D. 劲度模量

17. 由芳香族碳氢化合物及其氧、氮和硫的衍生物所组成的沥青是（　　）。

A. 石油沥青　　B. 煤沥青　　C. 乳化沥青　　D. 天然沥青

18. 适用于各个等级的公路，适用于任何场合和层次的属于沥青等级中（　　）沥青。

A. A 级　　B. B 级　　C. C 级　　D. 以上都不是

19. 氧化沥青属于（　　）。

A. 凝胶结构　　B. 溶胶结构　　C. 溶—凝结构　　D. 以上都不是

20. 当（　　）增多时，树脂含量少时，沥青的胶体结构为凝胶结构。

A. 树脂　　B. 沥青质　　C. 油脂　　D. 芳香酚

21. 用蜡质量与蜡含量关系图确定沥青的含蜡量，关系直线方向正确的应该是（　　）。

A. 零　　B. 正值　　C. 负值　　D. 可正可负

22. 石油沥青的塑性用（　　）表示。

A. 针入度　　B. 软化点　　C. 脆点　　D. 延度

23. 石油沥青的粘滞性用（　　）来表示。

A. 针入度　　B. 软化点　　C. 脆点　　D. 延度

24. 延度是将沥青试样制成字型标准试模，在规定速度和温度下拉伸到断时的长度，以（　　）表示。

A. m　　B. cm　　C. mm　　D. km

25.《公路沥青路面施工技术规范》规定，A、B 级沥青采用（　　）延度评定沥青的低温塑性指标。

A. 25 ℃　　B. 15 ℃　　C. 10 ℃　　D. 20 ℃

26. 软化点（　　）表明沥青耐热性愈好，即温度稳定性好。

A. 高　　B. 低　　C. 先高后低　　D. 先低后高

27. 在工程实际应用中，要求沥青具有（　　）的软化点和（　　）脆点，否则容易发生沥青材料夏季流淌或冬季脆甚至开裂等现象。

A. 较高、较高　　B. 较低、较低　　C. 较低、较高　　D. 较高、较低

28. 闪点、燃点温度一般相差（　　）左右。

A. 5 ℃　　B. 15 ℃　　C. 6 ℃　　D. 10 ℃

29. 沥青的溶解度是指沥青在（　　）中溶解的百分率。

A. 三氯乙烯　　B. 甲苯　　C. 二硫化碳　　D. 三氯甲烷

30. 沥青膜完全保存，剥落面积百分率接近于 0，粘附性等级为（　　）。

A. 2 级　　B. 5 级　　C. 4 级　　D. 3 级

二、多项选择题

1. A、B、C、D 四种同标号沥青，老化试验结果按序（质量损失，针入度比，25℃延度）如下，请从中选出两种抗老化性能好的沥青。（　　）。

A. −0.7%　42%　60 cm

B. 　0.8%　50%　68 cm

C. 　0.8%　52%　70 cm

D. 　0.7%　38%　50 cm

2. A、B、C、D 四个检测单位对同一沥青试样按规定方法对针入度、延度和软化点进行了试验，其结果按序如下，你认为哪家结果较可信（　　）。(单位略)

A. 80 > 100　42　B. 100 > 100　45　C. 70 > 100　40　D. 90 > 100　41

3. 软化点试验时，软化点在 80℃以下和 80℃以上其加热起始温度不同，分别是（　　）。

A. 室温　B. 5 ℃　C. 22 ℃　D. 32 ℃

4. 用乳化沥青作透层油时，要通过试洒试验确定乳化沥青的（　　）。

A. 渗透深度　B. 稠度（黏度）　C. 破乳速度　D. 单位面积洒布量

5. 针入度试验属于条件性试验，其条件主要有 3 项，即（　　）。

A. 时间　B. 温度　C. 针质量　D. 试样数量

6. 对于中轻交通量道路石油沥青除需检验常规三大指标外还需检验（　　）指标。

A. 含蜡量　B. 溶解度　C. 闪点　D. 蒸发损失试验

7. 乳化沥青的主要组成材料包括（　　）。

A. 沥表　B. 乳化剂　C. 稳定剂　D. 早强剂

E. 水

8. 引起沥青老化的直接因素包括（　　）。

A. 热的影响　B. 氧的影响　C. 光的影响　D. 水的影响

9. 乳化沥青中乳化剂包括（　　）。

A. 阳离子型　B. 阴离子型　C. 两性离子型　D. 酸液型

E. 碱液型

10. 石油沥青“三大指标”包括（　　）。

A. 针入度　B. 延度　C. 脆点　D. 软化点

E. 燃点

11. 石油沥青胶体结构类型包括（　　）。

A. 溶胶结构　B. 密实结构　C. 凝胶结构　D. 骨架结构

E. 溶凝胶结构

12. 由科尔贝特提出，可将沥青分为（　　）。

A. 沥青质　B. 油分　C. 饱和分　D. 胶质

E. 芳香酚

13. $C_{T.d}$表示（　　）。

A. 黏度　B. 试验温度　C. 流孔直径　D. 针入度

E. 时间

14. 沥青在加热或长时间加热过程中，会发生轻质馏分（　　）等一系列物理及化学变化，使沥青化学组分及性质相应的发生变化，这种性质称为沥青热稳定性。

A. 挥发　B. 氧化　C. 裂化　D. 聚合

E. 分解

15. 沥青的劲度 S_b 与（　　）等参数有关。

A. 温度 T　B. 荷载作用时间　C. 针入度指数 PI　D. 直径 d

E. 黏度

16. 道路石油沥青分为（　　）等级。

A. E 级　B. C 级　C. A 级　D. D 级

E. B 级

17. 液体石油沥青，按液体沥青的凝固速度而分为（　　）等级。

A. 快凝　B. 缓快凝　C. 中凝　D. 慢凝

E. 缓凝

18. 对于液体石油沥青加热稳定性采用蒸馏试验，测定（　　）蒸馏体积的变化，蒸馏后残留物的性质。

A. 225 ℃前　B. 350 ℃前　C. 315 ℃前　D. 300 ℃前

E. 360 ℃

19. 对于道路石油沥青加热稳定性采用（　　）。

A. 克利夫兰开口杯法　B. 沥青薄膜加热试验

C. 脆点仪试验　D. 旋转薄膜烘箱试验

E. 延度仪

20. 石油沥青"三大指标"单位是（　　）。

A. ℃　B. mm　C. 0.1 mm　D. cm

E. s

21. 石油沥青"三大指标"是分别测定石油沥青（　　）性质的。

A. 黏性　B. 塑性　C. 安全性　D. 加热稳定性

E. 温度稳定性

22. 按针入度指数（PI）值可将沥青分为（　　）结构类型。

A. 凝胶结构　B. 悬浮—密实结构

C. 溶胶结构　D. 骨架—空隙结构

E. 溶—凝胶结构

23. 对于沥青的安全性能，必须测定沥青（　　）。

A. 软化点　B. 脆点　C. 闪点　D. 燃点

E. 溶解度

24. 沥青与粗集料粘附性试验方法规定根据沥青混合料的最大粒径可分为（　　）。

A. 开口杯法　B. 燃点　C. 水煮法　D. 脆点

E. 水浸法

25. 改善沥青的性能通常采用方法包括（　　）。

A. 氧化法　B. 外加剂法　C. 掺配法　D. 还原法

E. 加热法

三、判断题

1. 评价黏稠石油沥青路用性能最常用的三大指标为针入度，软化点及脆点。（　　）

2. 沥青老化试验后的质量损失其计算结果可正可负。（　　）

3. 沥青针入度越大，其温度稳定性越好。（　　）

4. 沥青软化点试验时，当升温速度超过规定的升温速度时，试验结果将偏高。（　　）

5. 石油沥青的标号是根据沥青规定条约件下的针入度，延度及软化点值来确定的。（　　）

6. 沥青延度试验中，如发现沥青细丝浮于水面，则应及时利用酒精，将水的密度调整至与试样相近后，继续进行试验。（　　）

7. 中，轻交通量石油沥青的老化评定方法采用薄膜加热试验。（　　）

8. 沥青老化后，其质量肯定要减少。（　　）

9. 用现行沥青含蜡量的测定方法测的含蜡量值不随冷却过滤所取油分质量多少而变化。（　　）

10. 为使试验结果具有代表性，在沥青取样时，应用取样器按液面上、中、下位置各取规定数量，并将取出的三个样品分别进行检验。（　　）

11. 进行黏稠沥青性质常规检验时，沥青的取样数量不少于 1.5 kg。（　　）

12. 沥青的蒸发损失试验和薄膜加热试验除盛样容器不同外，其他试验条件完全相同。（　　）

13. 测定沥青闪点的加热速率为 14 ~ 17 ℃/min 而测定燃点的升温速率为 5.5 ℃/min ± 0.5 ℃/min。（　　）

14. 与运动黏度相比，沥青针入度由于它能准确地反映沥青的零点实黏稠性而广泛应用于工程中。（　　）

15. 沥青延度试验时，拉伸速度过规定的速度时，所测结果偏高。（　　）

16. 沥青的闪点是受热沥青试样所挥发的油分气体，遇以规定方法与之接触的试焰，初次发生一瞬即灭闪火时的试样温度。（　　）

17. 沥青溶解度试验的目的是检验沥青产品的纯洁度。（　　）

18. 沥青的闪点是表征其热稳定性能的一项指标。（　　）

19. 黏稠沥青针入度≤300（0.1 mm）针入度 >300（0.1 mm）则为液体沥青。（　　）

20. 道路石油沥青（包括重交通与中轻交通道路沥青）标号的划分是根据 25 ℃时针入度的大小来确定的。（　　）

21. 现行含蜡量试验方法，脱蜡所用油分质量越多，测得的沥青含蜡量值越少。（　　）

22. 沥青材料老化后其针入度值将变大。（　　）

23. 闪点是保证沥青加热质量和施工安全的一项重要的指标。（　　）

24. 通常沥青针入度愈小，表示沥青愈硬。（　　）

25. 沥青的相对密度是指在规定温度下，沥青质量与同体积的水质量之比值。（　　）

四、问答题

1. 简述沥青材料的分类。

2. 石油沥青有哪些技术性质？

3. 沥青三大指标的单位如何表示？

4. 沥青的温度稳定性用何指标评定？在工程中对温度稳定性如何考虑？

5. 简述蜡对沥青路用性能的影响。

6. 何谓沥青“老化”，说明“老化”过程？

7. 胶体结构类型是如何判定的？

8. 沥青“老化”对路面性能有何影响？

9. 道路石油沥青结构由溶胶型向凝胶型转变过程中，其针入度，延度、软化点有何变化规律？

10. 石油沥青胶体结构的胶团是如何构成的？

11. 简述道路石油沥青的化学组分与路用性能的关系？

12. 沥青和水是不相溶的，为什么浮化沥青中的沥青却能分散在水中，形成稳定体系？

13. 什么叫沥青材料的化学组分？

14. 自然因素对沥青的性能有何影响？

15. 道路石油沥青的标号是根据什么指标划分的？共有几个标号？其三大指标的变化如何？

16. 为什么煤沥青与石料的粘附力较石油沥青好？

17. 沥青材料在使用、运输、保管时应注意哪些事项？

18. 简述乳化沥青的分裂原理。

19. 沥青几乎不溶于水，为什么沥青中仍有一定的含水量？含水量的沥青性质有何影响？

20. 何谓沥青加热稳定性？用什么指标表示？规范是如何规定的？

21. 石油沥青的胶体结构有哪三种类型类型？各有何特点？

22. 为什么要控制沥青的加热温度和加热时间？

23. 目前沥青外加剂主要有几种？对沥青性质的作用如何？

24. 简述煤沥青与石油沥青的差异。

25. 何谓乳化沥青？有什么特点？

26. 表征黏稠石油沥青的粘滞性指标是什么？其常用试验条件是什么？

27. 黏稠沥青的三大指标是什么？它们表示沥青的什么性质？

28. 乳化沥青中的沥青为什么能高度分散在水中？

29. 沥青薄膜加热试验是如何测定的？

30. 煤沥青有哪些组分？这些组分给煤沥青带来的哪些主要性能？

31. 对沥青材料安全性能有什么要求？

32. 液体石油沥青蒸馏试验是如何测定的？

33. 石油沥青按加工方法不同，分几种？

34. 改善沥青的性能通常采用哪几种方法？

35. 简述石油沥青延度度验的试验条件及注意事项。

36. 简述沥青黏附性的测定方法。

第五章

沥青混合料职业技能考核部分

一、单选题

1. 在沥青混合料中，细集料是指粒径小于（　　）的天然砂、人工砂及石屑。

A. 5 mm　　B. 2.36 mm　　C. 4.75 mm　　D. 2.5 mm

2. 下列哪种沥青混合料具有较高的粘聚力，同时具有较大内摩阻角。（　　）

A. AC　　B. OGFC　　C. SMA　　D. AM

3. 某地夏季炎热、冬季温暖且雨量较为充沛，则该地气候分区可能是（　　）。

A. 1－4－1　　B. 1－1－2　　C. 2－4－2　　D. 1－4－2

4. 沥青混凝土中掺入矿粉，其主要作用是（　　）。

A. 增加沥青混合料的密实度　　B. 改善混合料和易性

C. 强化沥青活性　　D. 提高沥青与矿料的粘附性

5. 高温时，由于沥青混合料（　　），引起塑性变形过大（塑性变形为不可恢复变形，随着时间产生累积），使路面产生波浪、车辙、壅包与推移等高温变形破坏。

A. 抗剪强度不足　　B. 抗压强度不足　　C. 抗拉强度不足　　D. 抗弯强度不足

6. 马歇尔稳定度试验，将沥青混合料制备成规定尺寸的（　　）试件。

A. 正方体　　B. 圆柱状　　C. 长方体　　D. 小梁

7. 沥青混合料路面在低温时产生破坏，主要是由于（　　）。

A. 抗拉强度不足或变形能力较差　　B. 抗剪强度不足

C. 抗压强度不足　　D. 抗弯强度不足

8. 现规范推荐沥青混合料低温抗裂性的评价方法是（　　）。

A. 间接拉伸试验　　B. 直接拉伸试验

C. 低温蠕变弯曲试验　　D. 马歇尔稳定度试验

9. 沥青碎石混合料可能不包括（　　）。

A. 粗集料　　B. 细集料　　C. 填料　　D. 沥青

10. 沥青路面试验路铺筑属于（　　）阶段。

A. 施工准备　　B. 沥青混合料摊铺

C. 沥青混合料压实　　D. 沥青混合料运输

11. 沥青混凝土和沥青碎石的区别是（　　）。

A. 压实后剩余空隙率不同　　B. 矿粉用量不同

C. 集料最大粒径不同　　D. 油石比不同

12. 具有密实—骨架结构的沥青混合料与其他结构的沥青混合料相比，粘聚力 C 和内摩

擦角 φ 的差别为（　　）。

A. C 与 φ 均较大　　B. C 与 φ 均较小

C. C 较大，φ 较小　　D. C 较小，φ 较大

13. 车辙试验检验沥青混合料（　　）性能。

A. 变形　　B. 抗裂　　C. 抗疲劳　　D. 热稳定

14. 大型马歇尔试件两面各击（　　）。

A. 100 次　　B. 125 次　　C. 50 次　　D. 75 次

15. 沥青混合料配合比设计中，沥青含量为以下两个质量比的百分率（　　）。

A. 沥青质量与沥青混合料的质量　　B. 沥青质量与矿料质量

C. 沥青质量与集料质量

16. 在沥青与粗集料的粘附性试验中水煮法试验宜将集料过（　　）筛，水浸法试验宜将集料过（　　）筛。

A. 13.2 ~19 mm；9.5 ~13.2 mm　　B. 9.5 ~13.2 mm；13.2 ~19 mm

C. 13.2 ~16 mm；9.5 ~13.2 mm　　D. 9.5 ~13.2 mm；13.2 ~16 mm

17. 可以测定沥青混合料水稳定性的试验是（　　）。

A. 车辙试验　　B. 沥青混合料保水率试验

C. 浸水马歇尔试验　　D. 马歇尔稳定度试验

18. SMA 的主要优点有（　　）。

A. 抗滑耐磨　　B. 空隙率小　　C. 抗疲劳　　D. 高温抗车辙

E. 低温抗开裂

19. 可以用来检测沥青混合料水稳定性的试验有（　　）。

A. 冻融劈裂试验　　B. 车辙试验

C. 马歇尔稳定度试验　　D. 饱水率试验

20. 我国现行规范采用（　　）等指标来表示沥青混合料的耐久性。

A. 空隙率、饱和度、残留稳定度　　B. 稳定度、流值和马歇尔模数

C. 空隙率、含蜡量和含水量　　D. 针入度

21. 沥青混合料稳定度试验对试件加载速度是（　　）。

A. 10 mm/min　　B. 0.5 mm/min　　C. 1 mm/min　　D. 50 mm/min

22. 沥青混合料稳定度试验温度是（　　）。

A. 50 ℃　　B. 60 ℃　　C. 65 ℃　　D. 80 ℃

23. 随沥青含量增加，沥青混合料试件密度将（　　）。

A. 保持不变　　B. 出现峰值　　C. 减少　　D. 增大

24. 随沥青含量增加，沥青混合料试件饱和度将（　　）。

A. 保持不变　　B. 先出现峰值后出现谷值

C. 减少　　D. 增大

25. 随沥青含量增加，沥青混合料试件空隙率将（　　）。

A. 增加　　B. 出现谷值　　C. 减少　　D. 保持不变

26. 离心分离法测定沥青混合料中沥青含量试验中，应考虑泄漏入抽提液中矿粉的含量，如果忽略该部分矿粉质量，则测得结果较实际值（　　）。

A. 大　B. 小　C. 相同　D. 都对

27. 沥青与集料的粘附性等级评定采用水煮法和水浸法，是按（　）大小来划分等级的，最好为5级，最差为1级。

A. 粘附面积　B. 剥离面积　C. 粘附的沥青层厚度　D. 都不对

28. 沥青路面试验路铺筑属于（　）阶段。

A. 施工准备　B. 沥青混合料摊铺　C. 沥青混合料压实　D. 沥青混合料运输

29. 马歇尔稳定度（MS）是在标准试验条件下，试件破坏时的（　）。

A. 最大应力（kN/mm^2）　B. 最大荷载（kN）

C. 单位变形的荷载（kN/mm）　D. 都不对

30. 沥青混合料用粗集料与细集料的分界粒径尺寸为（　）。

A. 1.18 mm　B. 2.36 mm　C. 4.75 mm　D. 5 mm

31. 车辙试验检验沥青混合料的（　）性能。

A. 变形　B. 抗裂　C. 抗疲劳　D. 热稳定

32. 公路工程中最常用的沥青混合料是（　）。

A. 沥青混合料　B. 冷拌沥青混合料

C. 再生沥青混合料　D. 都不是

33. 沥青混合料中最理想的结构类型是（　）。

A. 悬浮—密实结构　B. 骨架—空隙结构　C. 骨架—密实结构

34. 流值（FL）是在标准试验条件下，试件破坏时的（　）。

A. 最大应力（kN/mm^2）　B. 垂直变形（mm）

C. 最大荷载（kN）　D. 最大压强

35. 沥青混合料的高温稳定性是指混合料在（　）的条件下，经车辆荷载长期重复作用后，不产生车辙和波浪等病害的性能。

A. 60 ℃　B. 100 ℃　C. 135 ℃　D. 68 ℃

36. 按矿质材料的级配类型沥青混合料分为连续级配沥青混合料和（　）沥青混合料。

A. 密级配　B. 开级配　C. 间断级配　D. 都不对

37. 只有当矿料与沥青材料之间产生（　）吸附时，混合料的水稳定性才能得到保证。

A. 物理　B. 化学　C. 不吸附　D. 生物

38. 沥青旋转薄膜加热试验后的沥青性质试验应在（　）内完成。

A. 72 h　B. 90 h　C. 63 h　D. 3 d

39. 对温度日差、年差大的地区宜选用（　）的沥青。

A. 针入度指数大　B. 针入度指数小　C. 针入度大　D. 稠度大

40. 沥青混合料中使用的粉煤灰烧失量应小于（　）。

A. 10%　B. 5%　C. 3%　D. 12%

41. 沥青混合料的粗集料要求洁净、干燥、无风化、无杂质，并且具有足够的强度和耐磨性，形状要接近（　）且要求表面粗糙，有一定的棱角。

A. 圆柱体　B. 棱柱体　C. 正立方体　D. 球体

42. 沥青混合料的试验室配合比设计可分为矿质混合料配合组成设计和（　　）确定两部分。

A. 沥青最佳用量　B. 沥青用量　C. 沥青含量　D. 沥青比例

43. 对于高速公路、一级公路、城市快速路、主干路用沥青混合料，还应通过（　　）试验检验其抗车辙能力。

A. 马歇尔稳定度　B. 车辙　C. 针入度　D. 粘度

44. “自由沥青”过多，沥青混合料的强度会（　　）。

A. 增加　B. 减小　C. 不变　D. 先增后减

45. 沥青路面使用性能分区中第一个数字代表（　　）。

A. 高温分区　B. 低温分区　C. 雨量分区　D. 稳定性分区

46. SMA 混合料中的细集料常常是（　　）。

A. 石屑　B. 天然砂　C. 河砂　D. 机制砂

47. 沥青混合料使用粉煤灰为填料时，其用量不能超过填料总量的（　　）。

A. 30%　B. 70%　C. 50%　D. 10%

48. 标准马歇尔试件的尺寸是（　　）。

A. 直径 101.6 mm ±0.2 mm　B. 直径 100.6 mm ±0.1 mm

C. 高 63.5 mm ±0.3 mm　D. 高 63.5 mm ±0.1 mm

49. 标准马歇尔试验一组试件的数量不少于（　　）个。

A. 6　B. 10　C. 4　D. 2

50. 车辙试件同试模一起，置于达到试验温度的恒温室中保温不少于（　　）h，也不多于（　　）h。

A. 1，10　B. 5，20　C. 6，10　D. 3，10

二、多选题

1. 沥青混合料的技术指标包括有（　　）。

A. 稳定度和流值　B. 残留稳定度

C. 空隙率　D. 饱和度

2. 沥青路面的优点（　　）。

A. 表面抗滑性能好　B. 施工方便

C. 经济耐久性好　D. 便于再生利用

3. 沥青混合料主要由（　　）组成。

A. 沥青　B. 粗集料　C. 细集料　D. 矿粉填料

E. 外加剂成

4. 耐久性是指沥青混合料在使用过程中抵抗环境因素及行车荷载反复作用的能力，它包括沥青混合料的（　　）等综合性质。

A. 抗老化性　B. 抗疲劳性　C. 抗裂性　D. 高温稳定性

5. 马歇尔试验用于测定沥青混合料试件的破荷载和抗变形能力，得到（　　）。

A. 马歇尔稳定度　B. 流值　C. 马歇尔模数　D. 动稳定度

6. 沥青混合料的体积特征参数有（　　）等指标表征。

A. 密度　B. 空隙率　C. 矿料间隙率　D. 饱和度

7. 密级配热拌沥青混合料配合比设计三个阶段（　　）。

A. 基准配合比　　B. 目标配合比设计阶段

C. 生产配合比设计阶段　　D. 生产配合比验证

8. 沥青混合料按其矿料级配组成特点，可形成（　　）结构，分别具有不同强度特征和稳定性。

A. 密实—悬浮结构　　B. 骨架—空隙结构

C. 密实—骨架结构　　D. 悬浮—空隙结构

9. 沥青混合料的组成结构有（　　）两种相互对立的理论。

A. 结构理论　B. 密实理论　C. 表面理论　D. 胶浆理论

10. 沥青混合料的缺点是（　　）。

A. 沥青易老化　　B. 温度敏感性较差

C. 低温易发脆　　D. 噪音大

11. 最常用评价沥青混合料高温稳定性的方法是（　　）

A. 马歇尔试验　　B. 车辙试验

C. 直接拉伸试验　　D. 应力松弛试验

12. 沥青混合料的矿料合成级配曲线宜尽量接近设计级配中值，尤其应使（　　）筛孔的通过量尽量接近设计级配范围的中限。

A. 0.075 mm　B. 2.36 mm　C. 4.75 mm　D. 13.2 mm

13. 沥青混凝土混合料是由（　　）适当比例组成的符合规定级配的矿料，与沥青结合料拌和而制成的符合技术标准的混合料。

A. 粗集料　B. 细集料　C. 填料　D. 水泥

14. 沥青混合料的主要技术指标有（　　）。

A. 高温稳定性　B. 低温抗裂性　C. 耐久性　D. 抗滑性

15. 矿质混合料的最大密度曲线是通过试验提出的一种（　　）。

A. 实际曲线　B. 理论曲线　C. 理想曲线　D. 理论直线

16. 沥青混合料密度测定方法有（　　）等。

A. 表干法　B. 水中重法　C. 蜡封法　D. 体积法

17. 某地夏季炎热，冬季温暖且雨量充沛，则该地气候分区可划分为（　　）。

A. 1—4—1　B. 1—4—2　C. 3—1—1　D. 3—1—2

18. 某地夏季较热，冬季严寒且干旱少雨，则该地气候分区可能是（　　）。

A. 2—1—4　B. 2—1—3　C. 3—2—1　D. 2—3—1

19. 沥青混合料的施工和易性与（　　）有关。

A. 矿料级配　B. 沥青品种　C. 沥青用量　D. 施工环境

20. 沥青混合料路面抗滑性与（　　）有关。

A. 矿料表面性质　B. 矿料级配　C. 沥青用量　D. 沥青品种

三、判断题

1. 沥青混合料的空隙率越大，环境介质对沥青的作用就越强烈，其老化程度也越高。（　　）

2. 沥青粘度增大，沥青混合料粘结力明显增大，内摩阻角稍有增加。（　　）

3. 矿料尺寸近似立方体，粗糙，多棱角，矿料间嵌挤索结能力好，ϕ 较大；采用碱性石料，混合料中矿料间粘结力大，混合料强度高。 ( )

4. 沥青混合料车辙试验，测定温度应控制在 40 ℃ ±1 ℃。 ( )

5. 根据沥青混合料中所用沥青结合料的不同，可分为石油沥青混合料和煤沥青混合料，但煤沥青对环境污染严重，一般工程中很少采用煤沥青混合料。

6. 连续密级配沥青混凝土混合料空隙率较低。 ( )

7. 沥青混合料的空隙率越大，环境介质对沥青的作用就越强烈，其老化程度也越高。 ( )

8. 沥青粘度增大，沥青混合料粘结力明显增大，内摩阻角稍有增加。 ( )

9. 沥青混合料残留稳定度指标是指试件浸水 7h 后的稳定度。 ( )

10. 沥青混合料马歇尔稳定度试验，一组试件的数量最少不得少于 4 个。 ( )

11. 在沥青混合料中，粗集料是指粒径大于 4. 75mm 的碎石、破碎砾石、筛选砾石与矿渣等；在水泥混凝土中，粗集料是指粒径大于 5mm 的碎石、砾石、破碎砾石。 ( )

12. 沥青路面既平整、表面又粗糙，有一定的粗、细纹理构造，能保证车辆高速安全行驶。 ( )

13. 开级配压实空隙率较大，往往对水稳定性不利。当沥青用量不足时，即使是密级配的沥青混合料也会出现水稳定性不好的问题。 ( )

14. 酸性花岗岩集料与沥青的粘附性明显低于碱性集料石灰岩与沥青的粘附性，也明显低于中性集料玄武岩与沥青的粘附性。 ( )

15. 表层的粗集料应粗糙、坚硬、耐磨、抗冲击性好、磨光值小的碎石或破碎石集料。 ( )

16. 路面用沥青混合料如果沥青用量过多，或矿粉质量不好，则容易使混合料结团，不易摊铺。 ( )

17. 沥青混合料在低温下破坏弯拉应变越大，低温柔韧性越好，抗裂性越好。 ( )

18. 随着沥青用量的增加，沥青膜增厚，自由沥青比例增加，在高温条件下，易发生明显的流动变形，从而导致沥青混合料抗高温变形能力降低。 ( )

19. 马歇尔稳定度试验试件成型击实次数根据公路等级、混合料类型、气候条件选择，一般为 100 次或 50 次。 ( )

20. 在我国沥青路面工程中，马歇尔稳定度与流值既是沥青混合料配合比设计主要指标，也是沥青路面施工质量控制的重要实验项目。 ( )

21. 车辙实验是一种模拟车辆轮胎在路面上滚动形成车辙的工程试验方法，试验结果较为直观，与沥青路面车辙深度之间有着较好的相关性。 ( )

22. 沥青混合料高温稳定性的形成主要来源于矿质集料颗粒间的嵌锁作用及沥青的高温黏度。 ( )

23. 连续半开级配沥青混合料特点：空隙率较大，一般采用 10% 左右，粗细集料含量相对密级配要多，填料较少或不加填料。 ( )

24. 间断级配沥青混合料特点：采用间断级配，即矿料级配组成中缺少一个或几个档次而形成的级配，粗集料和填料含量较少，中间集料含量较多。 ( )

25. 沥青混合料的抗剪强度的内因决定于沥青混合料的内摩擦角和粘聚力，其值越大，

抗剪强度越大。（　　）

26. 沥青材料的粘结性对粘聚力的影响：沥青的粘度越大，混合料的粘滞阻力也越大，抵抗剪切变形的能力越强，则混合料的粘聚力就越大。（　　）

27. 矿料颗粒间的联结形式对粘聚力的影响：沥青用量过少，沥青不足以包裹矿粉表面，沥青混合料的粘聚力就差。沥青用量过多，自由沥青过多，混合料的粘聚力开始逐渐降低。（　　）

28. 混合料中矿质骨料的尺寸大，形状近似正方体，有一定的棱角，表面粗糙则内摩擦角较大。（　　）

29. 沥青含量对内摩擦角的影响：沥青含量越少，矿料表面形成的沥青膜越薄，内摩擦角越大。反之亦然。（　　）

30. 沥青碎石中矿料级配有一定要求，但没有沥青混凝土的严格，其中没有或较少使用矿粉，孔隙率较小。（　　）

31. 一般沥青路面均具有良好的受力特性；路面平整、无裂缝或接缝、柔韧舒适、货物损失率低、噪音小等优点。（　　）

32. 矿质混合料的合成级配曲线要求必须符合设计级配范围的要求，不得有过多的犬牙交错。（　　）

33. 矿质混合料的合成级配曲线对于交通量大、轴载重的道路，可以考虑偏向级配范围的上限，而对于中、轻交通量或人行道路等，合成级配宜于偏向级配范围下限。（　　）

34. 沥青混合料，当空隙率较大、沥青膜较薄时水稳定性较差。（　　）

35. 沥路面施工时，若混合料的加热温度过高或过低时，易造成沥青路面的泛油。（　　）

36. 在用表干法测定压实沥青混合料密度试验时，水温不为 25 度时，沥青芯样密度应进行水温修正。（　　）

37. 车辙试验主要是用来评价沥青混合料的低温抗裂性。（　　）

38. 沥青混合料中矿料的有效密度应大于表观密度。（　　）

39. 马歇尔稳定度试验时的温度越高，则稳定度愈大，流值愈小。（　　）

40. 表干法适用于 AC－II 型、ATPB 型较密实吸水率小的沥青混合料试件的毛体积相对密度。（　　）

41. 我国现行国标规定，采用马歇尔稳定度试验来评价沥青混合料的高温稳定性。（　　）

42. 沥青混合料的试验配合比设计可分为矿质混合料组成设计和沥青最佳用量确定两部分。（　　）

43. 沥青混合料试件的高度变化不影响所测流值，仅对稳定度的试验结果有影响。（　　）

44. 沥路面施工时，若混合料的加热温度过高或过低时，易造成沥青路面的泛油。（　　）

45. 沥青混合料中粗集料是指粒径大于 2. 36 mm 的碎石、破碎砾石等。（　　）

46. SMA 沥青用量较高，为防止施工时混合料中沥青偏离，应向混合料中夹入纤维等稳定剂。

47. 沥青混合料用集料筛分应用“干筛法”。 （ ）

48. 车辙试验主要是用来评价沥青混合料的低温抗裂性。 （ ）

49. 为提高高温稳定性，南方地区选用的沥青标号通常要比北方地区适当低一些。 （ ）

50. 在拌制沥青混合料时优先选用碱性岩石。 （ ）

51. 在拌制沥青混合料时优先选用酸性岩石。 （ ）

52. 骨架空隙结构的沥青混合料，其粘聚力 C 和内摩阻角 ϕ 都较大。 （ ）

53. 沥青混合料加入的矿粉应以酸性矿粉为好。 （ ）

54. 沥青混合料空隙率愈小，愈密实，路用性能愈好。 （ ）

55. 沥青混合料中，沥青含量越高，则沥青混合料的稳定度也越高，强度越大。（ ）

56. 选用道路沥青材料时，寒冷地区亦选用针入度较大，延度较大的沥青，炎热地区亦选用针入度较小，软化点较高的沥青。 （ ）

57. 公路工程中最常用的沥青混合料是热拌沥青混合料。 （ ）

58. 沥青混合料抗剪强度取决于粘聚力 C 和内摩阻角 ϕ 的大小。 （ ）

四、问答题

1. 骨架—密实结构组成特点，代表类型，力学性能特点，路用性能特点是什么？
2. 骨架—空隙结构组成特点，代表类型，力学性能特点，路用性能特点是什么？
3. 悬浮—密实结构组成特点，代表类型，力学性能特点，路用性能特点是什么？
4. 矿质骨料和沥青含量如何影响沥青混合料内摩擦角？
5. 沥青和矿料颗粒对沥青混合料粘聚力的影响。
6. 沥青用量对沥青混合料剪切强度的影响。
7. 什么是高温稳定性？简述高温稳定性的意义。
8. 简述沥青用量对高温稳性的影响。
9. 试述我国现行热拌沥青混合料配合组成的设计方法。矿质混合料的组成和沥青最佳用量是如何确定的。
10. 沥青混合料的矿质混合料的合成级配曲线要求。
11. 如何根据气候条件和道路等级、交通性质、路面类型施工方法选择沥青。
12. 环境温度和荷载作用特性对混合料的强度影响。
13. 简述马歇尔稳定度试验特点、试验方法、结果。
14. 简述空隙率大小对沥青混合料性能的影响。
15. 什么是沥青混合料的耐久性？影响因素和控制指标是什么？
16. 沥青混合料的组成结构有哪两种理论。
17. 简述沥青适用性气候的分区原则、分区方法。
18. 确定沥青最佳用量的步骤。
19. 成型马歇尔试件温度控制有什么要求？
20. 确定一个标准马歇尔试件拌合物用量计算方法。
21. 简述马歇尔稳定度试验实验条件。
22. 沥青混合料车辙试验需要哪些基本试验仪具。
23. 简述沥青混合料马歇尔稳定度试验方法。

24. 叙述沥青混合料马歇尔稳定度试件成型过程。
25. 简述沥青混合料车辙试验。
26. 沥青混合料的水稳性检测方法有哪些？
27. 沥青与矿料的粘附性试验方法和适用情况。
28. 简述水煮法判断沥青与矿料的粘附性试验方法。
29. 简述水浸法判断沥青与矿料的粘附性试验方法。
30. 简述表干法测定马歇尔试件毛体积密度验操作过程。
31. 简述蜡封法测定马歇尔试件毛体积密度验操作过程。
32. 简述水中重法测定马歇尔试件表观密度的试验步骤。
33. 简述真空法测定沥青混合料理论密度试验的试验方法。
34. 简述沥青混合料沥青的含量测试方法和适用条件。
35. 某高速公路沥青路面上面层沥青混合料配合比设计。

1. 设计资料

该高速公路沥青路面结构为三层式结构，上面层结构设计厚度4 cm。气候条件：7月份平均最高气温为32 ℃，年极端最低气温为－6.5 ℃，年降雨量为1 500 mm。沥青材料：沥青密度1.025 g/cm³，经检验各项技术性能均符合要求。矿质材料：3档集料的级配组成见表5－1，集料采用石灰石轧制，抗压强度120 MPa，洛杉矶磨耗率12%，粘附性等级5级，表观密度2.70 g/cm³。矿粉采用石灰石磨细石粉，粒度范围符合技术要求，无团粒结块，表观密度2.68 g/cm³。

2. 设计要求

（1）确定沥青混合料类型，并进行矿质混合料配合比设计。

（2）根据沥青混凝土的技术要求，通过对马歇尔试验体积参数和力学指标（见表5－1）分析，确定最佳沥青用量。

表5－1　马歇尔试验体积参数、力学指标测定结果汇总

试件组号	沥青用量/%	理论最大密度/g·cm⁻³	空气中质量/g	水中质量/g	表干质量/g	毛体积密度/g·cm⁻³	空隙率/%	沥青体积百分含量/%	矿料间隙率/%	沥青饱和度/%	稳定度/kN	流值/mm
A_1	4.5	2.514	1 157.3	670.0	1 161.9	2.353	6.4	0.3	16.7	61.7	7.8	2.1
A_2	5.0	2.495	1 177.3	685.4	1 180.5	2.378	4.7	11.6	16.3	71.2	8.6	2.5
A_3	5.5	2.476	1 201.9	704.0	1 206.5	2.392	3.4	12.8	16.2	79.0	8.7	3.2
A_4	6.0	2.458	1 225.7	716.9	1 227.5	2.401	2.3	14.1	16.4	85.8	8.1	3.7
A_5	6.5	2.440	1 250.2	731.5	1 253.3	2.396	1.8	15.2	17.0	89.4	7.0	4.4
技术标准（GB 50092—96）							3～6	—	≥15	70～85	≥7.5	2～4

表5-2 矿料级配与级配范围

材料名称	下列筛孔（mm）的通过百分率/%									
	16.0	13.2	9.5	4.75	2.36	1.18	0.6	0.3	0.15	0.075
集料A	100	93	17	0	—	—	—	—	—	—
集料B	100	100	100	84	14	8	4	0	—	—
集料C	100	100	100	100	92	82	42	21	11	4
集料D	100	100	100	100	100	100	100	100	96	87
AC-13I的级配范围	100	95~100	70~88	46~68	36~53	24~41	18~30	12~22	8~16	4~8
级配范围中值	100	98	79	57	45	33	24	17	12	6

第一章　砂石材料职业技能考核部分习题答案

一、单项选择题

1. A	2. D	3. A	4. D	5. D	6. A	7. A	8. D	9. D	10. A
11. B	12. A	13. A	14. A	15. C	16. C	17. D	18. A	19. D	20. B
21. B	22. B	23. C	24. A	25. A	26. D	27. B	28. A	29. C	30. D
31. C	32. A	33. A	34. C	35. D	36. A	37. B	38. A	39. B	40. D
41. A	42. C	43. A	44. B	45. C	46. D	47. D	48. B	49. C	50. C
51. B	52. B	53. A	54. C	55. A	56. B	57. C	58. D	59. C	60. C
61. C	62. B	63. B	64. D	65. B	66. D	67. D	68. B	69. A	70. B

二、多项选择题

1. ACD	2. BCD	3. ABC	4. AC	5. AB
6. ABC	7. BC	8. AC	9. ABCD	10. AB
11. AD	12. BC	13. ABC	14. AB	15. ABCD
16. ACD	17. ABC	18. ABCD	19. ABC	20. ABCD
21. ABC	22. ABC	23. ABCD	24. ABC	25. ABC
26. ABCD	27. ABC	28. ABCD	29. ABC	30. ABCD
31. ABD	32. BCD	33. CD	34. BC	35. ABC
36. AB	37. ABCD	38. ABC	39. AC	40. AB

三、判断题

1. √	2. √	3. ×	4. ×	5. √	6. ×	7. √	8. ×	9. √	10. ×
11. ×	12. √	13. ×	14. √	15. ×	16. √	17. ×	18. √	19. ×	20. √
21. √	22. √	23. ×	24. √	25. ×	26. √	27. ×	28. √	29. ×	30. √
31. ×	32. √	33. ×	34. √	35. ×	36. √	37. ×	38. ×	39. √	40. ×
41. √	42. √	43. √	44. ×	45. ×	46. √	47. ×	48. √	49. ×	50. √

四、简答题

1. 石料的物理力学性质包括物理常数（如真实密度、毛体积密度和孔隙率）、吸水性（如吸水率、饱水率）和耐候性（耐冻性、坚固性）。

2. 常用的物理常数主要是真实密度、毛体积密度和孔隙率。通过这些指标可以间接预测石料有关物理性质和力学性质。

（1）真实密度。

真实密度是指在规定条件（105 ℃ ±5 ℃下烘干至恒重，温度20 ℃）下，烘干石料矿质实体单位真实体积（不包括开口与闭口孔隙）的质量，计算公式为

$$\rho_t = \frac{m_s}{V_s}$$

式中，ρ_t——石料的真实密度，g/cm^3；

m_s——石料矿质实体的质量，g；

V_s——石料矿质实体的体积，cm^3。

（2）毛体积密度。

毛体积密度是指在规定条件下，烘干石料矿质实体包括孔隙（闭口、开口孔隙）体积在内的单位毛体积的质量，计算公式为

$$\rho_h = \frac{m_s}{V_s + V_h + V_i}$$

式中，ρ_h——石料的毛体积密度，g/cm^3；

m_s——石料矿质实体的质量，g；

V_s——石料矿质实体的体积，cm^3；

V_h——石料矿质实体中闭口孔隙的体积，cm^3；

V_i——石料矿质实体中开口孔隙的体积，cm^3。

（3）孔隙率。

孔隙率是指石料孔隙体积占石料总体积（包括开口孔隙和闭口孔隙体积）的百分率，由公式 $n = \left(1 - \frac{\rho_h}{\rho_t}\right) \times 100\%$ 计算即采用石料的真实密度和毛体积密度计算其孔隙率。

式中，n——石料的孔隙率，%；

ρ_t——石料的真实密度，g/cm^3；

ρ_h——石料的毛体积密度，g/cm^3。

3. 吸水性是指石料吸水能力的大小，这一性质用吸水率和饱水率两种形式表示。前者指常温、常压条件下石料最大吸水质量是干燥试样质量的百分率；而后者是在一定真空条件下石料最大吸水质量是干燥试样质量的百分率。显然后者往往要大于前者。两者可采用下式计算

$$w_x = \frac{m_2 - m_1}{m_1} \times 100\%$$

式中，w_x——石料试样的吸水率或饱水率，%；

m_1——烘至恒重时的试样质量，g；

m_2——吸水（或饱水）至恒重时试样质量，g。

4. 抗冻性是指石料在饱水状态下，能够经受反复冻结和融化而不破坏，并且不严重降低强度的能力。

这一性质优劣的判定采用直接冻融法和硫酸钠法两种方式。分别利用低温时结冰产生的冻胀和硫酸钠从液态离子状态转变为固体结晶状态产生的晶胀来考验石料的抗冻性，而后者的考验程度要比前者更为显著一些。

5. 内因：石料的组成结构（如矿物组成、岩石的结构和构造、裂缝的分布等）；

外因：试验的条件（如试件尺寸和形状、加载速度、试验状态等）。

6. 所谓石料应具备的力学性质是指石料在工程应用中，所表现出的抗压、抗剪、抗弯拉强度的能力，以及抵抗荷载冲击、剪切和摩擦作用的能力。

实践中石料的这一性质常用抗压强度和磨耗率两项指标来表示。以单轴加荷的方法对规

定形状的石料试样以标准方式进行抗压试验所得出的结果即为石料的抗压强度。砂石材料磨耗率是指其抵抗撞击、边缘剪力和摩擦等联合作用的能力。

7. 石料分级的方法首先根据造岩矿物成分含量以及组织结构来确定岩石名称，然后将不同名称的岩石按其物理——力学性质（主要为饱水状态的抗压强度和磨耗率）分为以下四个等级：

1 级——最坚强的岩石；2 级——坚强的岩石；3 级——中等强度岩石；4 级——较软的岩石。

8. ① 高级铺砌用整齐块石；② 路面铺砌用半整齐块石；③ 铺砌用不整齐块石；④ 锥形块石。

9. ① 片石；② 块石；③ 方块石；④ 粗料石；⑤ 细料石；⑥镶面石。

10. 集料是指在混合料中起骨架或填充作用的粒料。

（1）总分类：包括天然砂、人工砂、卵石、碎石，另有工业冶金矿渣。

（2）根据集料形成的过程不同，分为卵石（又称砾石）和碎石。

（3）根据粒径大小的不同，分为粗集料和细集料，水泥混凝土用集料的粗细界限尺寸为4．75 mm，沥青混合料用集料粗细界限尺寸为2．36 mm。大于或等于该尺寸的颗粒为粗集料，余为细集料。

11. 考虑到集料颗粒自身的孔隙和颗粒之间的空隙，集料的密度也有几种不同形式。

（1）表观密度。

（2）毛体积密度、毛体积密度与石料相应密度在概念上相同，仅在实际的密度测定方法上有所区别。集料测定的表干密度又称作饱和面干毛体积密度，它的计算体积与毛体积密度相同，但计算质量为集料颗粒的表干质量（饱和面干状态，包括了吸入开口孔隙中的水），由式$\rho_s=\frac{m_a}{V_s+V_n+V_i}$计算。

式中，ρ_s——集料的表干密度，g/cm^3；

m_a——集料颗粒的表干质量（矿质实体质量与吸入开口孔隙水的质量之和），g；

V_s——集料颗粒矿质实体的体积，cm^3；

V_n、V_i——分别为集料颗料矿质实体中闭口孔隙和开口孔隙的体积，cm^3。

（3）松方密度。

松方密度根据装样方法的不同可为堆积密度、振实密度和捣实密度。该密度是指烘干集料颗粒矿质实体的单位装填体积（包括集料颗粒间空隙体积、集料矿质实体及其闭口、开口孔隙体积）的质量，按式$\rho=\frac{m_s}{V_s+V_n+V_i+V_v}$计算。

式中，ρ——矿质集料的装填密度，g/cm^3；

m_s——集料颗粒矿质实体的质量，g；

V_s——集料颗粒矿质实体的体积，cm^3；

V_n、V_i——分别为集料颗粒矿质实体中闭口孔隙和开口孔隙的体积，cm^3；

V_v——集料颗粒间的空隙体积，cm^3。

（4）空隙率。

空隙率是指集料在某种装填状态下的空隙体积（含开口孔隙）占装填体积的百分率，按式 $n=(1-\frac{\rho}{\rho_a})\times100\%$ 计算。

式中，ρ——集料的装填密度，g/cm^3；

ρ_a——集料的表观密度，g/cm^3。

12.

密度类型	真密度	表观密度	毛体积密度	表干密度	松方密度
定义	石料矿质实体单位真实体积质量	石料矿质实体包括闭口孔隙在内的单位表观体积质量	石料矿质实体包括孔隙（闭口、开口孔隙）体积在内的单位毛体积质量	单位毛体积（包括集料矿质实体体积及全部孔隙体积）的饱和面干密度	指烘干集料颗粒矿质实体的单位装填体积（包括集料颗粒间空隙体积、集料矿质实体及其闭口、开口孔隙体积）的质量
计算公式	$\rho_t=\frac{m_s}{V_s}$	$\rho_a=\frac{m_s}{V_S+V_n}$	$\rho_h=\frac{m_s}{V_s+V_n+V_i}$	$\rho_s=\frac{m_a}{V_s+V_n+V_i}$	$\rho=\frac{m_s}{V_s+V_n+V_i+V_v}$
主要用途	确定石料、水泥及矿粉的密度，计算石料的孔隙率和混合料的配合比	确定粗细集料的密度，用于混合料的配合比的空隙率的计算	计算石料的孔隙率	可用于集料磨耗值计算	计算集料的空隙率

13. 在结构层或混合料中，粗集料起骨架作用，应具备一定的强度、耐磨、抗磨耗和抗冲击性能等，这些性能用压碎值、磨光值、磨耗值和冲击值等指标表示。

（1）压碎值。

压碎值是指按规定的方法测得石料抵抗压碎的能力，也是集料强度的相对指标，用以鉴定集料品质。压碎值是对石料的标准试样在标准条件下进行加荷，测试石料被压碎后，标准筛上筛余质量的百分率。

（2）磨光值。

磨光值是反映石料抵抗轮胎磨光作用能力的指标，它是采用加速磨光机磨光石料，并用摆式磨擦系数测定仪测得的磨光后集料的磨擦系数。用高磨光值的石料来铺筑道路路面表层，可以提高路表的抗滑能力，保障车辆的安全行驶。试验测出的磨光值以 *PSV* 表示，该值越大，表明集料的抗磨光性能越好。

（3）冲击值。

冲击值反映石料抵抗冲击荷载的能力。由于路表集料直接承受车轮荷载的冲击作用，这一指标对道路表层用集料非常重要。试验测出的冲击值以 *LSV* 表示，该值越小，表明集料的抗冲击性能越好。

（4）磨耗值。

磨耗值用于确定石料抵抗表面磨损的能力，适用于对路面抗滑表层所用集料抵抗车轮磨耗值。试验测出的磨耗值以 *AAV* 表示，该值越小，表明集料的抗磨耗能力越好。

14. 级配是集料各级粒径颗粒的分配情况。砂的级配可通过砂的筛分试验确定。

级配有关参数：

（1）分计筛余百分率。分计筛余百分率 a_i 是指某号筛上的筛余质量占试样总质量百分率，按式 $a_i = \frac{m_i}{M} \times 100\%$ 计算。

式中，m——存留在某号筛上的试样质量，g；

M——集料风干试样的总质量，g。

（2）累计筛余百分率。累计筛余百分率 A_i 是指某号筛的分计筛余百分率和大于该号筛的各筛分计筛余百分率之总和，可按式 $A_i = a_1 + a_2 + \cdots\cdots + a_i$ 计算。

式中，$a_1 + a_2 \cdots + a_i$——各筛的分计筛余非分率，%。

（3）通过百分率。通过百分率 ρ_i 是指通过某号筛的试样质量占试样总质量的百分率，即 100 与某号筛累计筛余百分率之差，按式求得 $\rho_i = 100 - A_i$ 计算。

式中，A_i——某号筛累计筛余百分率，%。

15. 粗细不同的粒径按照一定的比例组合搭配在一起，以达到较高的密实程度和最大摩擦力的要求。根据搭配组成的结果，可采用两类级配形式。

（1）连续级配。连续级配是某一矿料在标准套筛中进行筛分后，矿料的颗粒由大到小连续分布，每一级都占有适当的比例。这种由大到小逐级粒径都有，并按比例互相搭配组成的矿质混合料，称为连续级配混合料。

（2）间断级配。在矿质混合料中剔除其中一个或连续几个粒级，形成一种不连续的级配，成为所谓的间断级配。

16. 该理论认为当矿料的颗粒级配曲线愈接近抛物线，则其密度愈大。根据该理论，当矿料的级配曲线为抛物线时，最大密度理想曲线可用颗粒粒径与通过量按公式 $p^2 = kd$ 计算。

式中，p——各级颗粒粒径集料的通过量（%）；

d——矿料各级颗粒粒径（mm）；

k——常数。

当颗粒粒径 d 等于最大粒径 D 时，则通过量 $p = 100\%$，即 $d = D$ 时，$p = 100$，所以，$k = 100^2 \cdot \frac{1}{\mathrm{D}}$，当希望计算任何一级颗粒粒径 d 的通过量 p 时，则计算公式为

$$p = 100\left(\frac{d}{D}\right)^{0.5}$$

式中，d——矿质混合料的最大粒径，mm；

D——矿质混合料的最大粒径，mm；

p——希望计算的某级集料的通过量，%。

17. 泰波认为富勒曲线是一种理想曲线，实际矿料的级配应允许有一定的波动范围应用过程中，所以最大密度曲线公式改为采用 n 次幂的通式来表达这一公式的指数，即 $p = 100\left(\frac{d}{D}\right)^n$，所以当某一矿料的最大粒径、相应的指数确定时，则该矿料在各级上的颗粒数

量就可通过此公式计算得到矿料的级配计算公式的指数通常在0.3~0.6之间。

实际中由于矿料在轧制生产过程中的不均匀性，以及混合料在配制时的波动误差等原因，使所配制的混合料难以与理论级配完全吻合一致。因此，必须允许配料时的合成级配可以在一定的范围内波动，从而提出级配范围的概念。即分别根据两个不同的指数 n_1 和 n_2 所确定的级配结果，以及由各级配所绘制的级配曲线，构成级配范围。实际级配合成操作时，只要得出的合成级配结果位于要求的级配范围之间，则认为该合成级配基本满足设计级配的要求。

18. 计算公式为

$$p = 100(i)^{x-1}$$

式中，P——第 X 级通过百分率（%）；

X——级数，最大粒径 D 时为 $X=1$，粒径按1/2递减，当 $d=D/2$ 时，$X=2$，…；

i——为通过百分率的递减率，最大粒径 D 时为 $P=100\%$；当 $d=D/2$ 时，$P=100\times i$，当 $d=D/4$ 时，$P=100\times i^2\cdots$。

19. 魏矛斯提出的粒子干涉理论，认为颗粒之间的空隙应由次一级颗粒所填充；其所余空隙又为再次一级颗粒所填充，但填隙的颗粒不得大于其间隙的距离，否则大小颗粒粒子之间势必发生干涉现象，为避免干涉，大小粒子之间应按一定比例分配。

20. （1）先计算出各颗粒粒径的对数 $\lg d_i$。

（2）求出各颗粒粒径间的对数间距，即 $\lg d_i—\lg d_{i-1}$（精确到0.01），并计算出各颗粒粒径对数间距的总和，即 $\sum(\lg d_i—\lg d_{i-1})$。

（3）按下式求出各颗粒粒径的间距系数 K，应校核调整使 $\sum K=1.00$。

（4）选定横坐标长度 L，各颗粒粒径间距 $l_i=K\mathrm{L}$。

（5）计算出各颗粒粒径在横坐标上的位置（即距原点的距离）。

（6）根据各颗粒粒径在横坐标上的位置确定横坐标，以通过百分率为纵坐标，即为半对数坐标。

21. 矿料配合比设计就是根据实际工程中现有的各种集料的级配参数（即筛分结果），针对设计要求或技术规范要求，采用一定的方法确定各规格集料在合成矿料中所占有比例的操作过程。

常用的设计方法有：试算法、图解法（修正平衡面积法）。两种方法各有特点，前者操作简便、快捷，但要熟练掌握级配参数的含义，对三种以内的矿料设计较适宜；后者简单易掌握，适合多种矿料操作，但操作稍嫌麻烦。

22. （1）各种集料的筛析结果；

（2）按技术规范（或理论级配）要求矿质混合料的级配范围。

23. 试算法适用于2~3种矿料组成的混合料，是最简单的一种方法。在矿质混合料中，假定混合料中某一级粒径的颗粒仅由几种集料中的一种集料来提供，而其它集料中不含有这一粒径的颗粒，此时这两种集料相应的分计筛余百分率为0。例如设在 i 料级上仅 A 集料在此粒级上存在分计筛余，其它两个集料 B 和 C 的分计筛余全部是0，从而简化计算过程。

24. （1）建立基本计算方程。

设有 A、B、C 三种集料在某一筛孔 i 上的分计筛余百分率分别为 $a_{A(i)}$、$a_{B(i)}$、$a_{C(i)}$，打算配制矿质混合料 M，混合料 M 在相应筛孔上的分计筛余百分率为 $a_{M(i)}$。设 A、B、C 三

种集料在混合料中的比例分别是 X、Y、Z，则得到下面两式

$$X+Y+Z=100 \quad ①$$

$$a_{A(i)}X+a_{B(i)}Y+a_{C(i)}=a_{M(i)} \quad ②$$

（2）根据上述假设①，混合料 M 中某一级料径 i 主要由 A 集料提供，忽略其他集料在此粒径的含量，即可求出 A 料在混合料中的用量比例。

即 $a_{Bi}=a_{Ci}$，代入②式得

$$a_{A(i)}X=a_{M(i)}$$

则 A 集料在混合料中所占的比例为

$$X=\frac{a_{M(i)}}{a_{A(i)}}\times 100$$

（3）同理，按此假设在计算 C 集料在混合料中的比例时，在 j 粒级上其它两个集料 A 和 B 在该粒径上的分计筛余百分率也是 0，则有

$$a_{C(j)}Z=a_{M(j)}$$

即 C 集料在混合料中比例是

$$Z=\frac{a_{M(j)}}{a_{C(j)}}\times 100$$

（4）最后得到 B 集料在混合料中的比例

$$Y=100-X-Z$$

（5）校核调整。

对以上计算得到的各集料的比例即配合比进行验算，如得到的合成级配不在所要求的级配范围，应调整初步配合比重新验算，直到满足级配要求为止。如经数次调整仍不能达到要求，可掺加单粒级集料或调换其他集料。

25.（1）绘制级配曲线图。

1）对所使用的各集料进行筛分，并计算出各自的通过量百分率。明确设计级配要求的级配范围，并计算出该要求级配范围的中值。

2）根据级配范围中值，确定相应的横坐标的位置。

（2）确定各种集料的用量比例。

将参与级配合成的各集料的通过量绘制在框图中，用折线的形式连成级配曲线。假设以四种集料进行级配合成为例。根据框图中相邻两条曲线的关系（分为重叠关系、相接关系、分离关系），确定各集料在混合料中的掺配比例。

可以说，框图中相邻集料级配曲线的关系只可能是这三种情况，但实际操作过程中以第一种关系即重叠关系为最常见。

（3）合成级配的计算与校核。

根据图解过程求得的各集料用量比例，计算出合成级配的结果。当合成级配超出级配范围时，说明图解法得到的比例不很合适，所以要调整各集料的用量，直到满足设计级配的要求为止。如经数次调整仍不能达到要求，可掺加单粒级集料或调换其他集料。

五、计算题

1. 解：

筛孔尺寸/mm	4.75	2.36	1.18	0.6	0.3	0.15	底盘
存留量/g	5	15	50	105	135	155	35
分计筛余/%	1	3	10	21	27	31	7
累计筛余/%	1	4	14	35	62	93	100
通过百分率/%	99	96	86	65	38	7	0

计算细度模数

$$M_X = \frac{(A_{0.15} + A_{0.3} + A_{0.6} + A_{1.18} + A_{2.36}) - 5A_{4.75}}{100 - A_{4.75}} = \frac{93 + 62 + 35 + 14 + 4 - 5 \times 1}{100 - 1}$$

$= 2.05$

所以此砂为细砂

2. 解：(1) 先将矿质混合料要求级配范围的通过百分率换算为分计筛余百分率，计算结果见下表，并设碎石、砂、矿粉的配合比为 X、Y、Z。

(2) 由表 1－3 可知，碎石中 4.75 mm 粒径含量占优势，假设混合料中 4.75 mm 的粒径全部由碎石提供，$a_{B(4.75)} = a_{c(i)} = 0$，可得碎石在矿质混合料中的用量比例：

$$X = \frac{a_{M(4.75)}}{a_{A(4.75)}} \times 100\% = \frac{28.5}{65} \times 100\% = 44\%$$

筛孔尺寸 d_i/mm	碎石分计筛余 $a_{A(i)}$/%	砂分计筛余 $a_{B(i)}$/%	矿粉分计筛余 $a_{C(i)}$/%	要求级配范围通过率的中值 $P_{(i)}$/%	要求级配范围累计筛余中值 $A_{(i)}$/%	要求级配范围分计筛余中值 $a_{(i)}$/%
9.5	0.6	—	—	—	—	—
4.75	65.0	—	—	71.5	28.5	28.5
2.36	22.5	11.5	—	51.5	48.5	19.0
1.18	11.6	23.9	—	41.5	58.5	10.0
0.6	0.3	22.4	—	33.5	66.5	8.0
0.3	—	35.8	—	25.0	75.0	8.5
0.15	—	3.9	5.5	21.0	79.0	4.0
0.075	—	1.5	3.5	15	85.0	3.5
<0.075	—	1.0	87.8	—	100.0	15

(3) 同理，由上表可知，矿分中 <0.075 mm 粒径颗粒占优势，忽略碎石和砂中此粒径颗粒的含量，即 $a_{A(<0.075)} = a_{B(<0.075)} = 0$，可得矿粉在矿质混合料中的用量比例

$$Z = \frac{a_{M(<0.075)}}{a_{C(<0.075)}} \times 100\% = \frac{15}{85} \times 100\% = 18\%$$

(4) 可得砂的用量比例为

$$Y = 100 - (X + Z) = 28\%$$

(5) 校核。

以试算所得配合比，按下表进行校核。

筛孔尺寸 d_i/mm	碎石			砂			矿粉			矿质混合料			
	原来级配分计筛余/%	用量比例 X	占混合料百分比/%	原来级配分计筛余/%	用量比例 Y	占混合料百分比/%	原来级配分计筛余/%	用量比例 Z	占混合料百分比/%	分计筛余	累计筛余	通过率	级配范围通过率
9.5	0.6	44	0.3	—	38	—	—	18	—	0.3	0.3	99.7	100
4.75	65.0		28.6	—		—	—		—	28.6	28.9	77.1	65～78
2.36	22.5		9.9	11.5		4.3	—		—	14.2	43.1	56.9	40～63
1.18	11.6		5.1	23.9		9.1	—		—	14.2	57.3	42.7	30～53
0.6	0.3		0.1	22.4		8.5	—		—	8.6	65.9	34.1	22～45
0.3	—		—	35.8		13.6	—		—	13.	79.5	20.5	15～35
0.15	—		—	3.9		1.5	5.5		1.0	2.5	82	18	12～30
0.075	—		—	1.5		0.6	3.5		1.2	1.8	83.8	16.2	10～20
<0.075	—		—	1.0		0.4	87.8		15.8	16.2	100	—	—
校核	Σ＝100		Σ＝44	Σ＝100		Σ＝38	Σ＝100		Σ＝18	Σ＝100			

根据校核结果符合级配范围要求。

3. 解：(1) 绘制级配曲线图，如下图所示。

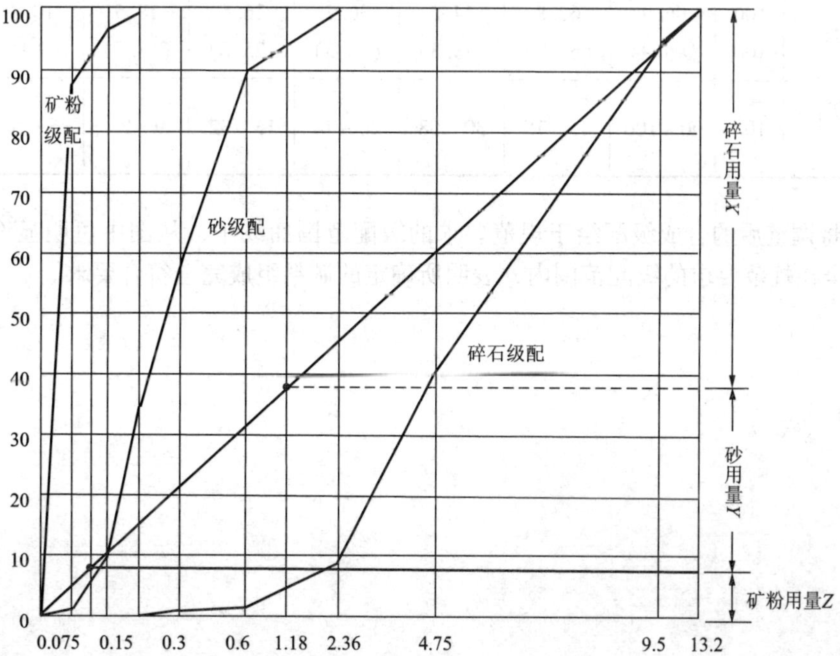

（2）在碎石和砂级配曲线相重叠部分作垂线 AA'（即使得 $a=a'$），垂线 AA' 与对角线 OO' 相交于点 M，再通过点 M，再通过点 M 作一水平线与纵坐标交于 P 点，OP 线段的几何长度 $X=62\%$ 就是碎石的用量比例。

同理，求出砂的用量比例为 30%，矿粉用量为 8%。

（3）按图解所得各集料的用量比例进行校核，见表下表。

从表中可以看出，按碎石：砂：矿粉 = 62%：30%：8% 计算结果合格，合成级配中 $P_{0.075}=7.3\%$，略大于级配范围中值但在级配范围内，可不进行调整。如进行调整结果见（4）。

（4）调整。经调试，采用碎石：砂：矿粉 = 63%：30%：7%，合格。

材料名称		筛孔尺寸 d_i/mm								
		13.2	9.5	4.75	2.36	1.18	0.6	0.3	0.15	0.075
		通过率/%								
原材料级配	碎石 100%	100	95	40	10	2	1	0	0	0
	砂 100%	100	100	100	100	90	60	35	10	1
	矿粉 100%	100	100	100	100	100	100	100	97	88
各种集料在混合料中的级配	碎石 62%（63%）	62（63）	58.9（59.9）	24.8（25.2）	6.2（6.3）	1.2（1.3）	0.6（0.6）	0（0）	0（0）	0（0）
	砂 30%（30%）	30（30）	30（30）	30（30）	30（30）	27.0（27.0）	18.0（18.0）	10.5（10.5）	3.0（3.0）	0.3（0.3）
	矿粉 8%（7%）	8（7）	8（7）	8（7）	8（7）	8（7）	8（7）	8（7）	7.8（6.8）	7.0（6.2）
合成级配		100（100）	96.9（96.9）	62.8（62.2）	44.2（43.3）	36.2（35.3）	26.6（25.6）	18.5（17.5）	10.8（9.8）	7.3（6.5）
规范要求级配范围		100	90～100	45～75	30～58	20～44	13～32	9～23	6～16	4～8

（5）将调整后的合成级配绘于规范要求的级配范围曲线中，从图中可明显看出合成级配曲线完全在规范要求的级配范围内，表明所确定的矿料组成完全符合要求。

第二章　石灰、水泥和稳定土职业技能考核部分习题答案

一、单项选择题

1. C	2. C	3. A	4. B	5. A	6. C	7. D	8. C	9. B	10. B
11. C	12. C	13. B	14. CB	15. AC	16. A	17. BD	18. B	19. C	20. C
21. B	22. C	23. A	24. A	25. C	26. D	27. C	28. D	29. C	30. BC
31. B	32. AA	33. A	34. D	35. B	36. D	37. B	38. D	39. C	40. A
41. B	42. A	43. B	44. D	45. C	46. C	47. D	48. A	49. B	50. A
51. A	52. B	53. A	54. C	55. D	56. A	57. D	58. BA	59. A	60. BD

二、多项选择题

1. CD	2. AC	3. ABCD	4. ABCD	5. ABC
6. AD	7. BC	8. BAC	9. ABCD	10. AB
11. BC	12. AD	13. BC	14. B D	15. AC
16. AB	17. CD	18. CD	19. A B	20. ABD
21. BCD	22. BC	23. ABC	24. ABD	25. ABCD
26. ACD	27. AC	28. ABCD	29. ACD	30. AB

三、判断题（对的打“√”，错的打“×”）

1. √	2. ×	3. ×	4. ×	5. √	6. ×	7. ×	8. ×	9. √	10. √
11. √	12. √	13. ×	14. √	15. √	16. ×	17. √	18. √	19. ×	20. ×
21. √	22. √	23. √	24. ×	25. ×	26. ×	27. √	28. ×	29. ×	30. √
31. √	32. ×	33. √	34. ×	35. ×	36. ×	37. √	38 √	39 ×	40. √
41. √	42. √	43 ×	44. √	45. ×	46. √	47. ×	48. √	49. ×	50. √
51. ×	52. √	53. ×	54. √	55. √	56. ×	57. ×	58. √	59. ×	60. √

四、问答题

1. 答：气硬性胶凝材料只能在空气中硬化，保持或继续提高强度（如石灰、石膏、菱苦土和水玻璃等）。水硬性胶凝材料则不仅能在空气中硬化，而且能更好地在水中硬化，且可在水中或适宜的环境中保持并继续提高强度，各种水泥都属于水硬性胶凝材料。

2. 答：生石灰在使用前一般都需加水消解，这一过程称为“消化”或“熟化”。消化后的石灰称为“消石灰”或“熟石灰”。其化学反应式如下：

$CaO + H_2O \rightarrow Ca(OH)_2 + 64.9kJ/mol$。　此反应为放热反应，消化过程体积增大 1 ~ 2.5 倍。在石灰的消解期间应严格控制加水量和加水速度，对消解速度快、活性大的石灰，消解时加水要快，水量要足，并加速搅拌，避免已消解的石灰颗粒包围于未消化颗粒周围，使内部石灰不易消解。对消解速度慢的石灰，则应采用相反措施，使生石灰充分消解，尽量减少未消化颗粒含量。石灰在消化时，为了消除“过火石灰”的危害，可在消化后“陈伏”半月左右再使用。石灰浆在陈伏期间，在其表面应有一层水分，使之与空气隔绝，以防止

碳化。

3. 答：石灰的硬化过程包括：

（1）结晶作用：石灰浆在干燥过程中游离水逐渐蒸发，或被周围砌体吸收，氢氧化钙从饱和溶液中结晶析出，固体颗粒互相靠拢粘紧，强度也随之提高。其反应如下：

$$Ca(OH)_2 + nH_2O \xrightarrow{\text{晶化}} Ca(OH)_2 \cdot nH_2O$$

（2）碳化作用：氢氧化钙与空气中的二氧化碳作用生成碳酸钙晶体。石灰碳化作用只在有水条件下才能进行，其反应如下：

$$Ca(OH)_2 + CO_2 + H_2O \xrightarrow{\text{碳化}} CaCO_3 + (n+1)H_2O$$

以上说明石灰的硬化是同时进行的两种作用形成，即表层以碳化作用为主，内部则以结晶作用为主。

4. 答：石灰在烧制过程中由于煅烧温度过高、时间过长而使石灰表面出现裂缝或玻璃状的外壳，体积收缩明显，颜色呈灰黑色，块体密度大，消化缓慢，这种石灰称“过火石灰”。“过火石灰”使用时则消解缓慢，甚至用于建筑结构物中仍能继续消化，以致引起体积膨胀，导致表面剥落或产生裂缝等破坏现象，故危害极大。

5. 答：因为纯石灰浆硬化时易发生收缩开裂，所以工程上常配制成石灰砂浆使用。掺入砂子后，在浆体中能构成坚强的骨架以减少收缩，并易使内部水分蒸发，并有利于外部 CO_2 进入石灰浆内部，加速硬化。

6. 答：石灰的生产过程是将主要成分为碳酸钙和碳酸镁的岩石经高温煅烧（加热至900℃以上），逸出 CO_2 气体，得到白色或灰白色的块状材料即为生石灰，其主要化学成分为氧化钙（CaO）和氧化镁（MgO）。化学反应如下：

$$CaCO_3 \xrightarrow{\text{大于 }900} CaO + CO_2 \uparrow$$

7. 答：为了消除“过火石灰”的危害，可在石灰消化后“陈伏”半月左右再使用。石灰浆在陈伏期间，在其表面应有一层水分，使之与空气隔绝，以防止碳化。

8. 答：石灰中产生粘结性的有效成分是活性氧化钙和氧化镁。它们的含量是评价石灰质量的主要指标，其含量愈多，活性愈高，质量也愈好。

有效氧化钙和氧化镁含量的测定方法，按我国现行行业标准规定，有效氧化钙含量用中和滴定法测定，氧化镁含量用络合滴定法测定。

9. 答：硅酸盐水泥熟料主要矿物有：硅酸三钙、硅酸二钙、铝酸三钙、铁铝酸四钙。

（1）硅酸三钙：水化速度较快，水化热高；且早期强度高，28 天强度可达一年强度的 70% ~80%。

（2）硅酸二钙：水化速度较慢，水化热很低，其早期强度较低而后期强度高。耐化学侵蚀性和干缩性较好。

（3）铝酸三钙：水化速度最快，水化热最高。耐化学侵蚀性差，干缩性大。

（4）铁铝酸四钙：水化速度较快，水化热较高。强度较低，但对水泥抗折强度起重要作用。耐化学侵蚀性好，干缩性小。

10. 答：在水泥熟料中加入质量 3% 左右的石膏，目的是调节水泥的凝结速度，但当加入的石膏过量后，水泥的强度和抗冻性等性能变坏，严重时会使水泥石开裂，这主要是由于石膏在水泥石硬化后，与水泥的水化产物——水化铝酸钙继续作用，产生水化硫铝酸钙结晶而引起体积膨胀的缘故，所以要加入适量的石膏。

11. 答：硅酸盐水泥的生产过程如下：

(1) 把几种原材料按适当比例配合在磨机中磨成生料。

(2) 将制备好的生料入窑进行煅烧，至1 450 ℃左右生成以硅酸钙为主要成分的硅酸盐水泥“熟料”。

(3) 为调节水泥的凝结速度，在烧成的熟料中加入质量3%左右的石膏共同磨细，即为硅酸盐水泥。

因此，硅酸盐水泥生产工艺概括起来为“两磨一烧”。

12. 答：水泥加水拌和后成为可塑的水泥浆，逐渐变稠失去流动性和可塑性而未具有强度的过程，称为水泥的“凝结”；随后产生强度逐渐发展成为坚硬的人造石的过程称为水泥的“硬化”。水泥的凝结和硬化是一个连续而复杂的物理、化学变化过程。这些变化过程可归结为两个方面：一是水化反应，水泥加水后颗粒表面的矿物成分很快与水发生水化和水解作用，产生新的水化物。二是水泥硬化物化过程，从物态变化可以分为初始反应期、诱导期、凝结期、硬化期四个阶段来描述。各阶段是交错进行不能截然分开的。

13. 答：水泥的凝结时间分为初凝时间和终凝时间。我国行业标准规定；初凝状态是指试针自由沉入标准稠度的水泥净浆，试针沉至距底板4 mm ±1 mm时的稠度状态。水泥全部加入水中至初凝状态所经历的时间为初凝时间，用“min”计；终凝状态是指试针沉入试体0.5 mm，即环形附件开始不能在试体上留下痕迹时的稠度状态。由水泥全部加入水中至终凝状态所经历的时间为终凝时间，用“min”计。

水泥的凝结时间对道桥施工有重要意义。初凝时间太短，将影响混凝土拌和料的运输和浇灌；终凝时间过长，则影响混凝土工程的施工进度。我国现行国标规定，硅酸盐水泥初凝不得早于45 min，终凝不得迟于6.5 h。普通硅酸盐水泥初凝不得早于45 min，终凝不得迟于10 h。

14. 答：体积安定性是反映水泥浆在凝结、硬化过程中，体积膨胀变形的均匀程度。各种水泥在凝结硬化过程中，如果产生不均匀变形或变形太大，使构件产生膨胀裂缝，影响工程质量，就是水泥体积安定性不良。

影响体积安定性的因素主要为：熟料中氧化镁含量；水泥中三氧化硫含量。

按行业标准规定：检验水泥体积安定性的标准法为雷氏法，以试饼法为代用法，有矛盾时以标准法为准。

15. 答：在水泥熟料中，常含有少量未与其它矿物结合的游离氧化镁，这种多余的氧化镁是高温时形成的方镁石，它水化为氢氧化镁速度很慢，常在水泥硬化以后才开始水化，产生体积膨胀，可导致水泥石结构产生裂缝甚至破坏。

水泥中的三氧化硫主要是在生产时为调节凝结时间加入石膏而产生的。石膏超过一定限量后，水泥性能会变坏，甚至引起硬化后水泥石体积膨胀，导致结构物破坏。因此它们是引起水泥安定性不良的原因之一。

16. 答：我国行业标准规定：水泥净浆标准稠度的标准测定方法为试杆法，是以标准稠度试杆沉入净浆，并距离底板（6 ±1） mm的水泥净浆稠度为“标准稠度”，其拌和用水量为该水泥标准稠度用水量（P），按水泥质量的百分比计；以调整水量法和不变水量法两种方法中的任一种为代用法。采用调整水量法，拌合水量按经验确定加水量，以试锥下沉深度

(28 ±2) mm 时的净浆为标准稠度净浆。其拌和水量为该水泥的标准稠度用水量（P），按水泥质量的百分比计。如下沉深度超出范围需另称试样，调整水量，重新试验，直到达到(28 ±2) mm 时为止。采用不变水量法，拌合水量为 142.5 ml，根据测得的试锥下沉深度 S（mm）按 $P = 33.4 - 0.185S$ 计算标准稠度用水量 P（%），也可从仪器上对应标尺读出。如发生争议时，以调整水量法为准。

17. 答：按《水泥胶砂强度检验方法（ISO 法）》规定用水泥胶砂强度法作为水泥强度的标准检验方法。以 1∶3 的水泥和中国 ISO 标准砂，按规定的水灰比为 0.5，用标准制作方法，制成 40 mm×40 mm×160 mm 的标准试件，达到规定龄期（3 d，28 d）时，测其抗折强度和抗压强度。按国家标准《硅酸盐水泥、普通硅酸盐水泥》（GB 175—99）、《矿渣硅酸盐水泥、火山灰质硅酸盐水泥及粉煤灰硅酸盐水泥》（GB 1344—99）、《复合硅酸盐水泥》（GB 12958—99）规定的最低强度值来评定其所属强度等级。在规定各龄期的抗压强度和抗折强度均符合某一强度等级的最低强度值要求时，以 28 d 抗压强度值（MPa）来划分水泥强度等级。

18. 答：抗折强度的评定：以一组三个棱柱体抗折强度结果的平均值作为试验结果。当三个强度值中有超出平均值 ±10% 时，应剔除后再取平均值作为抗折强度试验结果。

抗压强度的评定：以一组三个棱柱体上得到的六个抗压强度测定值的算术平均值作为试验结果。如六个测定值中有一个超出六个平均值的 ±10%，就应剔除这个结果，而以剩下五个的平均数为结果，如果五个测定值中再有超过它们平均数 ±10% 的，则此值结果作废。

19. 答：为提高水泥早期强度，我国现行标准将水泥分为普通型和早强型（或称 R 型）两个型号。早强型水泥 3 d 的抗压强度较同强度等级的普通型强度提高 10% ~24%；早强型水泥的 3 d 抗压强度可达 28 d 抗压强度的 50%，水泥混凝土路面用水泥，在供应条件允许时，应尽量优先选用早强型水泥，以缩短混凝土养护时间，提早通车。

20、答：我国现行标准《硅酸盐水泥、普通硅酸盐水泥》（GB 175—99）规定；凡氧化镁、三氧化硫、初凝时间、安定性中的任一项不符合标准规定，均为废品，废品水泥在工程中严禁使用。凡细度、终凝时间、不溶物和烧失量中的任一项不符合标准规定，或混合材料掺加量超过最大限量，或强度低于规定指标时，称为不合格品。水泥包装标志中水泥品种、强度等级、生产者名称和出厂编号不全的也属不合格品。所有上述指标全部达到规范要求的水泥，可判定为合格品。

21. 答：水泥石的腐蚀原因有：

（1）溶析性侵蚀：指硬化后混凝土中的水泥水化产物被淡水溶解而带走。

（2）硫酸盐的侵蚀：易溶的硫酸盐类与水泥石中的氢氧化钙反应生成石膏，且石膏与水泥中的水化铝酸钙作用，生成水化硫铝酸钙（即钙矾石），其体积可增大 1.5 倍，水泥石产生很大的内应力，使混凝土结构的强度降低和破坏。

（3）镁盐侵蚀：在海水、地下水或矿泉水中，常含有较多的镁盐，其与水泥石中的氢氧化钙反应生成无胶结能力、极易溶于水的氯化钙，或生成二水石膏导致水泥石结构破坏。

（4）碳酸侵蚀：在工业污水或地下水中常溶解有较多的二氧化碳（CO_2），与水泥石中的氢氧化钙作用生成不溶于水的碳酸钙，碳酸钙再与水中的碳酸作用生成易溶于水的碳酸氢钙，其可溶性使水泥石的强度下降。

水泥石腐蚀的防止：

① 根据腐蚀环境特点，合理选用水泥品种。② 提高水泥石的密实度。③ 敷设耐蚀保护层。

22. 答：矿渣水泥的水化过程首先是熟料的水化，矿渣活性组分的水化要在熟料水化产物 Ca（OH）$_2$ 的激发下进行。矿渣水泥中熟料含量减少，其中 C_3S 、C_3A 的减少，使水泥水化和凝结速度变慢，而矿渣中的 SiO_2、Al_2O_3 与 Ca（OH）$_2$ 在常温下 化合反应缓慢，因此强度增长速度较缓慢。到后期随着水化硅酸钙凝胶数量的增多，28 天以后的强度将超过强度等级相同的硅酸盐水泥。矿渣掺入量越多，早期强度越低，后期强度增长率越大。此外，矿渣水泥的水化反应对温度敏感，提高养护温度、湿度，有利于强度发展。若采用蒸汽养护，强度增长较普通水泥快，且后期强度仍能很好地增长。

23. 答：活性混合材料是磨成细粉掺入水泥后，其成分能与水泥中的矿物成分起化学反应，生成具有胶凝能力的水化产物，且既能在水中又能在空气中硬化的混合材料。

非活性混合材料是指经磨细后加入水泥中不具有或只具有微弱的化学活性，在水泥水化中基本上不参加化学反应，仅起提高产量调节水泥强度等级，节约水泥熟料的作用，因此又称为填充性混合材料。

24. 答：特性如下：

（1）抗软水及硫酸盐腐蚀的能力较强。

（2）水化热低。

（3）早期强度低，后期强度高。

（4）耐热性较强。

（5）干缩性较大，并有泌水现象。

适用范围：

（1）一般地上、地下和水中混凝土工程。

（2）有抗硫酸盐侵蚀要求的工程。

（3）大体积混凝土工程。

（4）有耐热性要求的工程。

（5）有蒸汽养护的结构。

25. 答：性能：

（1）早期强度低，后期强度高。

（2）具有良好的抗渗性、耐水性及一定的抗腐蚀能力。

（3）保水性差。

（4）具有较低的水化热。

（5）干缩性较大，抗冻性差。

适用范围：

（1）一般地下和水中混凝土工程和有抗渗要求的混凝土工程。

（2）有抗硫酸盐侵蚀要求的工程。

（3）大体积混凝土工程。

（4）有蒸汽养护结构。

26. 答：性能：

（1）早期强度低，后期强度高。

(2) 干缩小、抗渗性较好，抗裂性较强。

(3) 水化热小。

(4) 抗硫酸盐腐蚀能力强。

(5) 抗冻性差。

(6) 抗碳化能力差。

适用范围：

(1) 一般地下和水中混凝土工程和有抗渗要求的混凝土工程。

(2) 有抗硫酸盐侵蚀要求的工程。

(3) 大体积混凝土工程。

(4) 有蒸汽养护结构。

27. 答：以适当成分的生料烧至部分熔融，所得以硅酸钙为主要成分和较多量的铁铝酸钙的硅酸盐水泥熟料称为道路硅酸盐水泥熟料。由道路硅酸盐水泥熟料、0～10%活性混合材料和适量石膏磨细制成的水硬性胶凝材料，称为道路硅酸盐水泥（简称道路水泥）。

技术性质：抗折强度高，耐磨性好，干缩性小，抗冲击性好，抗冻性和抗硫酸性较好。

28. 答：稳定土是在粉碎的或原来松散的土（包括各种粗、中、细粒土）中，掺入足量的石灰、水泥、工业废渣、沥青及其它材料后，经拌和、压实及养生后，得到的一种材料。特点：后期强度较高，整体性和水稳定性较好，耐磨性差，较大的抗变形能力。

29. 答：强度形成原理：

(1) 离子交换作用稳定剂中高价阳离子在一定的条件下替换土中某些低价金属离子的作用。

(2) 碳酸化作用：消解石灰或水泥水化产物 $Ca(OH)_2$ 吸附空气中的 CO_2 气体，生成碳酸钙的过程。

(3) 结晶作用：当土中 $Ca(OH)_2$ 浓度达到一定值时形成晶体。

(4) 火山灰反应：活性 SiO_2 和 Al_2O_3 在 $Ca(OH)_2$ 激发下产生的化学反应，生成类似硅酸盐水泥水化产物—水化硅酸钙和水化铝酸钙的过程。

(5) 硬凝反应：水泥水化生成胶结性很强的各种物质将松散的颗粒胶结成整体材料。

(6) 吸附作用：某些稳定剂加入土中后能吸附于土颗粒表面，增加粘结性。

30. 答：(1) 土质。

(2) 稳定剂品种及用量。

(3) 含水量。

(4) 密实度。

(5) 施工时间长短的影响。

(6) 养生条件。

31. 答：(1) 土类。细土含量多，塑性指数大的土，水稳定性，抗冰冻能力差。

(2) 稳定剂种类及剂量。石灰粉煤灰粒料和水泥粒料的水稳性最好。由液体沥青稳定的土（包括砂土）水稳性较差。当稳定剂剂量不足时，胶结作用弱，透水性大，强度达不到要求，其稳定性也差。

(3) 密实度。密实度大时，透水能力降低，水稳定性增强。

(4) 龄期。由于某些稳定剂如水泥、石灰或二灰的强度形成需要一定的时间，因此这类稳定土其水稳定性随龄期的增长而增大。

32. 答：(1) 原材料试验。

(2) 拟定混合料配合比。

① 选定不同的石灰（或水泥）剂量，制备同一种土样的混合料试件若干个。

② 通过击实试验确定混合料的最佳含水量和最大干密度。

③ 按最佳含水量和计算得的干密度制备试件进行强度试验。

(3) 试件的强度试验：试件在规定温度下保湿养生 6d，浸水 1 d 后，进行无侧限抗压强度试验。

(4) 根据试验结果及规范的强度标准，选定合适的水泥或石灰剂量。工地实际采用的石灰（或水泥）剂量应按室内确定的剂量多 0.5% ~1.0%，二灰土多 2% ~3%。

33. 答：凡以硅酸盐水泥熟料和适量石膏磨细制成，以 3 天抗压强度表示强度等级的水硬性胶凝材料称为快硬硅酸盐水泥（简称快硬水泥）。

快硬硅酸盐水泥中的主要矿物成分为硅酸三钙、铝酸三钙。

快硬硅酸盐水泥具有早期强度增进率高的特点，其 3 天抗压强度可达到强度等级，后期强度仍有一定增长；缺点是干缩率较大，容易吸湿降低温度，贮存期超过一个月，须重新检验。

34. 答：铝酸盐水泥的特性：

(1) 早期强度增长快，强度高，主要用于紧急抢修和早期强度要求高的工程、冬季施工的工程。

(2) 具有较高的抵抗矿物水和硫酸盐的侵蚀性，也具有较高的耐热性，适用于处于海水或其它侵蚀介质作用的重要工程，以及制作耐热混凝土、制造膨胀水泥等。

在使用铝酸盐水泥时，应避免与硅酸盐水泥混合使用，否则会造成水泥石的强度降低。

35. 答：当水泥用于钢筋混凝土中时，由于其膨胀性能，使钢筋受到较大的拉应力，而混凝土则受到相应的压应力。当外界因素使混凝土结构产生拉应力时，就可被预先具有的压应力抵消或降低。这种靠水泥自身水化产生膨胀来张拉钢筋达到的预应力称为自应力。混凝土中所产生的压应力数值即为自应力值。

四、计算题

1. 解：利用公式 $R_C = P/A$ 将该试件的抗压破坏荷载（kN）换算为抗压强度（MPa），则该组试件的试验结果如下：

编号	抗折强度/MPa	抗压破坏荷载/kN	抗压强度/MPa
1	7.8	57.5、58.4	35.9、36.5
2	6.8	58.8、57.7	36.8、36.1
3	7.4	56.8、60.2	35.5、37.6

该组试件抗折强度的平均值是 7.3 MPa，这三个试件的抗折强度均未超过平均值的 ±10%，所以该组试件抗折强度的结果是 7.3 MPa。

该组试件抗压强度的平均值是 36.4 MPa，每个试件的抗压强度均未超过平均值的 ±10%，所以该组试件抗压强度的结果是 36.4 MPa。

2. 解：该组试件抗折强度的平均值是 (3.9 +3.6 +3.5)/3 =3.7 MPa。

这三个试件的抗折强度均未超过平均值的 ±10%，所以该组试件抗折强度的结果是3.7 MPa。

该组试件抗压强度的平均值(16.1 +18.6 +16.5 +17.2 +16.1 +16.1)/6 =16.77 MPa，其中数据 18.6 Mpa 超过了平均值 16.77 Mpa 的 10%，则该数据剔除，其余 5 个测定值的平均值是(16.1 +16.5 +17.2 +16.1 +16.1)/5 =16.4 MPa，且这五个测定值都没有超过它们平均值的 ±10%，所以该组试件的抗压强度的结果是 16.4 MPa。

3. 解：(1) 该水泥 3 d 抗折强度的平均值为：(4.0 +4.1 +4.1)/3 =4.07 MPa

3 d 抗压强度的平均值为：(24.5 +25.2 +25.6 +24.7 +24.7 +24.1)/6 =24.8 MPa

该水泥 28 d 抗折强度的平均值为：(7.4 +8.0 +7.6)/3 =7.67 MPa

28 d 抗压强度的平均值为：(55.7 +56.2 +56.1 +55.2 +54.8 +54.1)/6 =55.35 MPa

所有数据均未超过其平均值的 ±10%，则该水泥 3d 抗折强度为 4.07Mpa，抗压强度为24.8 MPa；28d 抗折强度为 7.67 MPa，抗压强度为 55.35 MPa。

(2) 规范规定：52.5 的硅酸盐水泥 3 d 的抗折强度为 4.0 MPa，抗压强度为 23.0 MPa；28 d 的抗折强度为 7.0 MPa，抗压强度为 52.5 MPa。

以上试验数据符合 52.5 的硅酸盐水泥的要求，所以该硅酸盐水泥的强度等级为 52.5。

4.

编号	抗折强度/MPa	抗压强度/MPa
1	6.55	42、44
2	6.46	44.8、45.2
3	6.51	42.4、43.2

解：该水泥 28 d 抗折强度的平均值为：(6.55 +6.46 +6.51)/3 =6.51 MPa

28 d 抗压强度的平均值为：(42 +44 +44.8 +45.2 +42.4 +43.2)/6 =43.6 MPa

所有数据均未超过其平均值的 ±10%，则该水泥 28 d 抗折强度为 6.51 Mpa，抗压强度为43.6 MPa。

(2) 规范规定：42.5 的普通硅酸盐水泥 28 d 的抗折强度为 6.5 MPa，抗压强度为42.5 MPa。

以上试验数据符合 42.5 的普通硅酸盐水泥的要求，所以该普通水泥的强度等级仍为 42.5。

第三章　水泥混凝土和砂浆职业技能考核部分习题答案

一、单项选择题

1. C　2. A　3. D　4. D　5. B　6. C　7. A　8. B　9. B　10. A
11. B　12. C　13. C　14. D　15. C　16. B　17. D　18. D　19. B　20. B
21. D　22. C　23. B　24. A　25. B　26. A　27. A　28. D　29. B　30. B
31. C　32. C　33. B　34. D　35. C　36. D　37. D　38. C　39. C　40. A
41. B　42. A　43. B　44. B　45. C　46. A　47. C　48. A　49. A　50. C
51. B　52. A　53. B　54. B　55. C　56. D　57. B　58. D　59. D　60. A
61. C　62. D　63. A　64. A　65. A　66. C　67. A　68. D　69. B　70. B
71. D　72. A　73. C　74. C　75. A　76. C　77. B　78. D　79. A　80. A
81. D　82. D　83. D　84. B　85. C　86. A　87. A　88. C　89. D　90. B
91. C　92. B　93. A　94. D　95. A　96. B　97. D　98. A　99. C　100. B
101. A　102. B　103. C　104. B　105. C　106. C　107. A

二、多项选择题

1. ABCE　2. BCDE　3. ABCD　4. ABCD　5. ABC
6. BC　7. BCDE　8. BCD　9. ADE　10. ABC
11. ABCD　12. ABC　13. ABCD　14. ABCD　15. ABCD
16. ACDE　17. AB　18. AC　19. AD　20. ABE
21. ABC　22. ABCD　23. AB　24. ABCE　25. ABCD
26. ABCD　27. ABCD　28. AC　29. ABCD　30. ABC
31. ABCD　32. ACD　33. ADE　34. ABCD　35. BCDE
36. ABCD　37. ABD　38. AC　39. ADE　40. BCDE
41. AC　42. BD　43. ABCD　44. ABCD　45. BD
46. CD

三、判断题

1. ×　2. √　3. ×　4. ×　5. ×　6. √　7. √　8. √　9. ×　10. √
11. √　12. √　13. ×　14. √　15. √　16. ×　17. √　18. ×　19. √　20. √
21. ×　22. √　23. ×　24. √　25. √　26. √　27. √　28. √　29. ×　30. ×
31. √　32. √　33. √　34. ×　35. √　36. √　37. √　38. √　39. ×　40. √
41. √　42. ×　43. ×　44. ×　45. √　46. ×　47. √　48. ×　49. ×　50. ×
51. ×　52. ×　53. √　54. ×　55. ×　56. ×　57. √　58. ×　59. √　60. ×
61. ×　62. √　63. √　64. √

四、问答题

1. 答：流动性是指混凝土拌合物在自重或机械振捣作用下，能产生流动，并均匀密实地填满模板的性能。测定方法为坍落度试验和维勃稠度试验。

2. 答：计算“初步配合比”、提出“基准配合比”、确定“试验室配合比”、换算“施工配合比”。

3. 答：混凝土应用的基本要求是：

（1）要满足结构安全和施工不同阶段所需要的强度要求。

（2）要满足混凝土搅拌、浇筑、成型过程所需要的工作性要求。

（3）要满足设计和使用环境所需要的耐久性要求。

（4）要满足节约水泥，降低成本的经济性要求。

简单的说，就是要满足强度、工作性、耐久性和经济性的要求，这些要求也是混凝土配合比设计的基本目标。

4. 答：水、水泥、砂（细骨料）、石子（粗骨料）是普通混凝土的四种基本组成材料。水和水泥形成水泥浆，在混凝土中赋予拌合混凝土以流动性；粘接粗、细骨料形成整体；填充骨料的间隙，提高密实度。砂和石子构成混凝土的骨架，有效抵抗水泥浆的干缩；砂石颗粒逐级填充，形成理想的密实状态，节约水泥浆的用量。

5. 答：水泥的选用，主要考虑的是水泥的品种和强度等级。

水泥的品种应根据工程的特点和所处的环境气候条件，特别是应针对工程竣工后可能遇到的环境影响因素进行分析，并考虑当地水泥的供应情况作出选择。

6. 答：按砂的生成过程特点，可将砂分为天然砂和人工砂。

天然砂根据产地特征，分为河砂、湖砂、山砂和海砂。河砂、湖砂材质最好，其洁净、无风化、颗粒表面圆滑。山砂风化较严重，含泥较多，含有机杂质和轻物质也较多，质量最差。海砂中常含有贝壳等杂质，所含氯盐、硫酸盐、镁盐会引起水泥的腐蚀，故材质较河砂为次。

人工砂是经除土处理的机制砂和混合砂的统称。机制砂是由机械破碎、筛分而得的岩石颗粒，但不包括软质岩、风化岩石的颗粒。混合砂是由机制砂和天然砂混合而成的砂。

7. 答：混凝土对砂的基本要求：

（1）砂的颗粒的总表面积要小，即砂尽可能粗。

在混凝土中，水泥浆是通过骨料颗粒表面来实现有效粘结的，骨料的总表面积越小，水泥越节约。

（2）砂的颗粒级配良好。

颗粒级配是指粒径大小不同的砂相互搭配的情况。砂颗粒间大小搭配合理，达到逐级填充，减小空隙率，以实现尽可能高的密实度。可见用级配良好的砂配制混凝土，不仅空隙率小节约水泥，而且因水泥的用量减小，水泥石含量少，混凝土的密实度提高，从而强度和耐久性得以加强。

8. 答：混凝土对粗骨料的基本要求是颗粒的总表面积要和颗粒大小搭配要合理，以达到水泥的节约和逐级填充形成最大的密实度。

这两项要求分别用最大粒径和颗粒级配表示。

9. 答：拌合用水所含物质对混凝土、钢筋混凝土和预应力混凝土不应影响混凝土的工作性及凝结；有碍于混凝土强度发展；降低混凝土的耐久性，加快钢筋腐蚀及导致预应力钢筋脆断；污染混凝土表面。

符合国家标准的生活用水（自来水、河水、江水、湖水）可直接拌制各种混凝土。海水只可用于拌制素混凝土。地表水和地下水首次使用前应按规定进行检测，有关指标值在限值内才可作为拌合用水。

10. 答：工作性又称和易性，是指混凝土拌合物在一定的施工条件和环境下，是否易于各种施工工序的操作，以获得均匀密实混凝土的性能。

工作性在搅拌时体现为各种组成材料易于均匀混合，均匀卸出；在运输过程中体现为拌合物不离析，稀稠程度不变化；在浇筑过程中体现为易于浇筑、振实、流满模板；在硬化过程中体现为能保证水泥水化以及水泥石和骨料的良好粘结。可见混凝土的工作性应是一项综合性质。

目前普遍认为，它应包括流动性、粘聚性、保水性三个方面的技术要求。

11. 答：(1) 流动性。

流动性是指混凝土拌合物在本身自重或机械振捣作用下产生流动，能均匀密实流满模板的性能，它反映了拌合混凝土的稀稠程度及充满模板的能力。

(2) 粘聚性。

粘聚性是指混凝土拌合物的各种组成材料在施工过程中具有一定的粘聚力，能保持成分的均匀性，在运输、浇筑、振捣、养护过程中不发生离析、分层现象。它反映了混凝土拌合物的均匀性。

(3) 保水性。

保水性是指混凝土拌合物在施工过程中具有一定的保持水分的能力，不产生严重泌水的性能。保水性也可理解为水泥、砂、石子与水之间的粘聚性。保水性差的混凝土，会造成水的泌出，影响水泥的水化；会使混凝土表层疏松，同时泌水通道会形成混凝土的连通孔隙而降低其耐久性。它反映了混凝土拌合物的稳定性。

12. 答：(1) 混凝土拌合物的工作性常用的测定法有坍落度试验法和维勃稠度两种。

(2) 坍落度试验法一般仅适用骨料最大粒径不大于 40 mm，坍落度值不小于 10 mm 的混凝土拌合物流动性的测定。维勃稠度测定法主要适用于干硬性的混凝土，

(3) 由坍落度的大小可将混凝土拌合物分为干硬性混凝土（$S<10$ mm）、塑性混凝土（$S-10-90$ mm）、流动性混凝土（$S=100-150$ mm）和大流动性混凝土（$S\geqslant160$ mm）四类。

13. 答：通过坍落度试验法测定混凝土拌合物的流动性、粘聚性和保水性。

坍落度是流动性（亦称稠度）的指标，坍落度值越大，流动性越大。

在测定坍落度的同时，观察确定粘聚性。用捣棒侧击混凝土拌合物的侧面，如其逐渐下沉，表示粘聚性良好；若混凝土拌合物发生坍塌，部分崩裂，或出现离析，则表示粘聚性不好。

保水性以在混凝土拌合物中稀浆析出的程度来评定。坍落度筒提起后如有较多稀浆自底部析出，部分混凝土因失浆而骨料外露，则表示保水性不好。若坍落度筒提起后无稀浆或仅有少数稀浆自底部析出，则表示保水性好。

14. 答：水灰比即每立方米混凝土中水和水泥质量之比，用 W/C 表示，水灰比的大小，代表水泥浆的稀稠程度。

15. 答：合理砂率的定义：

（1）在用水量和水灰比（即水泥浆量）一定的前提下，能使混凝土拌合物获得最大流动性，且能保持良好粘聚性及保水性的砂率，称其为合理砂率。

（2）在流动性不变的前提下，所需水泥浆总体积为最小的砂率称其为合理砂率。

合理砂率的选择，除根据流动性及水泥用量的原则来考虑外，还要根据所用材料及施工条件对混凝土拌合物的粘聚性和保水性的要求而确定。如砂的细度模数较小，则应采用较小的砂率；水灰比较小，应采用较小的砂率；流动性要求较大，应采用较大砂率等。

16. 答：改善混凝土拌合物工作性的措施：

（1）在水灰比不变的前提下，适当增加水泥浆的用量。

（2）通过试验，采用合理砂率。

（3）改善砂、石料的级配，一般情况下尽可能采用连续级配。

（4）调整砂、石料的粒径，如为加大流动性可加大粒径，若欲提高粘聚性和保水性可减小骨料的粒径。

（5）掺加外加剂。采用减水剂、引气剂、缓凝剂都可有效地改善混凝土拌合物的工作性。

（6）根据具体环境条件，尽可能缩小新拌混凝土的运输时间。若不允许，可掺缓凝剂、流变剂，减少坍落度损失。

17. 答：普通混凝土受压破坏特点：水泥石与粗骨料的结合面由于水泥浆的泌水及水泥石的干缩存在着早期微裂缝，随着所加外荷载的逐渐加大，这些微裂缝逐渐加大、发展，并迅速进入水泥石，最终造成混凝土的整体贯通开裂。

18. 答：影响混凝土强度的因素主要有水泥强度和水灰比，养护条件，龄期和施工质量。

19. 答：提高混凝土强度的措施主要有以下各点：

（1）采用高强度等级的水泥。

提高水泥的强度等级可有效提高混凝土的强度，但由于水泥强度等级的增加受到原料、生产工艺的制约，故单纯靠提高水泥强度来达到提高混凝土强度的目的，往往是不现实的，也是不经济的。

（2）降低水灰比。

这是提高混凝土强度的有效措施。降低混凝土拌合物的水灰比，可降低硬化混凝土的孔隙率，明显增加水泥与骨料间的粘结力，使强度提高。但降低水灰比，会使混凝土拌合物的工作性下降。因此必须有相应的技术措施配合，如采用机械强力振捣、掺加提高工作性的外加剂等。

（3）湿热养护

除采用蒸气养护、蒸压养护、冬季骨料预热等技术措施外，还可利用蓄存水泥本身的水化热来提高强度的增长速度。

（4）龄期调整。

如前所述，混凝土随着龄期的延续，强度会持续上升。实践证明，混凝土的龄期在3～6个月时，强度较28 d会提高25～50%。工程某些部位的混凝土如在6个月后才能满载使用，则该部位的强度等级可适当降低，以节约水泥。但具体应用时，应得到设计、管理单位的批准。

(5) 改进施工工艺。

如采用机械搅拌和强力振捣，都可使混凝土拌合物在低水灰比的情况下更加均匀、密实地浇筑，从而获得更高的强度。近年来，国外研制的高速搅拌法、二次投料搅拌法及高频振捣法等新的施工工艺在国内的工程中应用，都取得了较好的效果。

(6) 掺加外加剂。

掺加外加剂是提高混凝土强度的有效方法之一，减水剂和早强剂都对混凝土的强度发展起到明显的作用。

20. 答：混凝土的耐久性主要由抗渗性、抗冻性、抗腐蚀性、抗碳化性及抗碱骨料反应等性能综合评定。

21. 答：抗渗性是指混凝土抵抗压力水渗透的性能。是采用低水灰比的干硬性混凝土，同时加强振捣和养护，以提高密实度，减少渗水通道的形成。混凝土的抗渗性除与水灰比关系密切外，还与水泥品种、骨料的级配、养护条件、采用外加剂的种类等因素有关。

22. 答：混凝土的碳化是指空气中的二氧化碳及水通过混凝土的裂隙与水泥石中的氢氧化钙反应生成碳酸钙，从而使混凝土的碱度降低的过程。

提高其抗碳化能力的措施：提高保护层的厚度；低水灰比的混凝土孔隙率低，二氧化碳不易侵入。

23. 答：产生碱骨料反应的原因一是水泥中碱（Na_2O 或 K_2O）的含量较高；二是骨料中含有活性氧化硅成分；三是存在水分的作用。是选用低碱度水泥（含碱量 $<0.6\%$）；在水泥中掺活性混合材料以吸取水泥中钠、钾离子；掺加引气剂，释放碱 - 硅酸凝胶的膨胀压力。

24. 答：在混凝土中加入的除胶凝材料、粗细骨料和水以外的，掺量不大于胶凝材料质量的5%，能按要求明显改善混凝土性能的材料，称为混凝土外加剂。

混凝土外加剂按其主要功能可分为四类

(1) 改善混凝土拌合物流变性的外加剂。如减水剂、引气剂、塑化剂等。

(2) 调节混凝土凝结时间、硬化性能的外加剂。如缓凝剂、早强剂、速凝剂等。

(3) 改善混凝土耐久性的外加剂。如引气剂、阻锈剂、防水剂等。

(4) 改善混凝土其他性能的外加剂。如膨胀剂、发泡剂、泵送剂、着色剂等。

25. 答：减水剂是指在保持混凝土拌合物流动性的条件下，能减少拌合水量的外加剂。按其减水作用的大小，可分为普通减水剂和高效减水剂两类

根据使用目的的不同，减水剂有以下几方面的作用效果

(1) 增大流动性。在原配合比不变，即水、水灰比、强度均不变的条件下，增加混凝土拌合物的流动性。

(2) 提高强度。在保持流动性及水泥用量的条件下，可减少拌合用水，使水灰比下降，从而提高混凝土的强度。

(3) 节约水泥。在保持强度不变，即水灰比不变以及流动性不变的条件下，可减少拌合用水，从而使水泥用量减少，达到保证强度而节约水泥的目的。

(4) 改善其他性质。掺加减水剂还可改善混凝土拌合物的粘聚性、保水性；提高硬化混凝土的密实度，改善耐久性；降低、延缓混凝土的水化热等。

26. 答：混凝土的耐久性要求主要应根据工程特点、环境条件而定。工程上主要应从材

料的质量、配合比设计、施工质量控制等多方面采取措施给以保证。具体的有以下几点。

(1) 选择合适品种的水泥

(2) 控制混凝土的最大水灰比和最小水泥用量。

(3) 选用质量良好的骨料，并注意颗粒级配的改善。

(4) 掺加外加剂

(5) 严格控制混凝土施工质量，保证混凝土的均匀、密实。

27. 答：混凝土的配合比一般有两种表示方法，一单位用量表示法，是用1 m^3混凝土中水泥、水、粗骨料、粗骨料的实际用量（kg），按顺序表达；另一种相对用量表示法，是以水泥的质量为1，砂、石依次以相对质量比及水灰比表达。

28. 答：混凝土的配合比设计是一个计算、试配、调整的复杂过程，大致可分为初步计算配合比、基准配合比、实验室配合比、施工配合比四个设计阶段。

初步配合比主要是依据设计的基本条件，参照理论和大量试验提供的参数进行计算，得到基本满足强度和耐久性要求的配合比；基准配合比是在初步计算配合比的基础上，通过实配、检测，进行工作性的调整，对配合比进行修正；实验室配合比是通过对水灰比的微量调整，在满足设计强度的前提下，确定一水泥用量最少的方案，从而进一步调整配合比；而施工配合比是考虑实际砂、石的含水对配合比的影响，对配合比最后的修正，是实际应用的配合比。总之，配合比设计的过程是一逐步满足混凝土的强度、工作性、耐久性、节约水泥等设计目标的过程。

29. 答：混凝土配合比设计中的三个基本参数是：水灰比，即水和水泥之间的比例；砂率，即砂和石子间的比例；单位用水量，即骨料与水泥浆之间的比例。这三个基本参数一旦确定，混凝土的配合比也就确定了。

水灰比的确定主要取决于混凝土的强度和耐久性。从强度角度看，水灰比应小些，水灰比可根据混凝土的强度公式来确定。从耐久性角度看，水灰比小些，水泥用量多些，混凝土的密实度就高，耐久性则优良，这可通过控制最大水灰比和最小水泥用量的来满足。由强度和耐久性分别决定的水灰比往往是不同的，此时应取较小值。但当强度和耐久性都已满足的前提下，水灰比应取较大值，以获得较高的流动性。

砂率主要应从满足工作性和节约水泥两个方面考虑。在水灰比和水泥用量（即水泥浆量）不变的前提下，砂率应取坍落度最大，而粘聚性和保水性又好的砂率即合理砂率，这可由表初步决定，经试拌调整而定。在工作性满足的情况下，砂率尽可能取小值以达到节约水泥的目的。

单位用水量在水灰比和水泥用量不变的情况下，实际反映的是水泥浆量与骨料用量之间的比例关系。水泥浆量要满足包裹粗、细骨料表面并保持足够流动性的要求，但用水量过大，会降低混凝土的耐久性。水灰比在0.40～0.80范围内时，根据粗骨料的品种、最大粒径，单位用水量可通过表确定。

30. 答：混凝土初步配合比的计算：

(1) 混凝土配制强度的确定：

(2) 确定水灰比 W/C

(3) 确定用水量 m_{wo}

(4) 确定水泥用量 m_{co}

（5）确定砂率

（6）计算砂、石用量 m_{so}、m_{go}

31. 答：混凝土的搅拌量可按表选取。当采用机械搅拌时，其搅拌不应小于搅拌机额定搅拌量的1/4。

骨料最大粒径（mm）	拌合物数量（L）
31.5 及以下	15
40	25

当试拌得出的拌合物坍落度比要求值小时，应在水灰比不变前提下，增加用水量（同时增加水泥用量）；当比要求的坍落度值大时，应在砂率不变的前提下，增加砂、石用量；当粘聚性、保水性差时，可适当加大砂率。

32. 答：实验室配合比在基准配合比的基础上作强度试验时，应采用三个不同的配合比，其中一个为基准配合比中的水灰比，另外两个较基准配合比的水灰比分别增加和减少0.05。其用水量应与基准配合比的用水量相同，砂率可分别增加和减少1%。

33. 答：混凝土生产的质量控制包括：原材料的质量控制，配合比设计的质量控制，混凝土生产施工工艺的质量控制。

34. （1）内在因素：混凝土的组成和配比。骨料的刚度越大，体积比越大，徐变就越小；水灰比越小，徐变也越小。

（2）环境影响：养护条件和使用条件。受荷前养护的温湿度越高，徐变就越小；受荷后构件所处的环境温度越高，相对湿度越小，徐变就越大。

（3）应力条件：初应力水平 σ_{ci}/f_c 和加荷时混凝土的龄期 t_0，它们是影响徐变的主要因素。

35. 答：砂子标准筛分曲线图中的1区砂属于粗砂范畴，2区砂由中砂和一部分偏粗的细砂组成，3区在砂系细砂和一部分偏细的中砂组成。3个区以外的砂说明其级配不合格，不适用于配制混凝土。配制混凝土最好选用不粗不细的2区砂。这样可使混凝土在适中的砂率下具有较好的工作性，粘聚性适中、保水性好，易于插捣成型，而硬化后的混凝土更致密均匀。

36. 答：混凝土的强度等级按混凝土的"立方体抗压强度标准值"来确定，而立方体抗压强度标准值是指用标准方法测定的抗压强度总体分布中的一个值，具有95%的强度保证率。强度等级的表示方法是用符号"c"和"立方体抗压强度标准值"两项内容表示。我国现行规范规定，普通混凝土划分为c7.5、c10、c15、c20、c25、c30、c35、c45、c50、c55、c60等12个强度等级。

37. 答：混凝土弹性模量和强度一样，受其组成相的孔隙率影响，混凝土强度越高，弹性模量也越高。在组成相中，首先是粗集料，当混凝土中高弹性模量的粗集料含量越多，混凝土的弹性模量越高。其次是水泥浆体的弹性模量取决于孔隙率。控制水泥浆体的孔隙率的因素，如水灰比、含气量、水化程度等均与弹性模量有关。此外，养护条件也对混凝土的弹性模量有所影响。最后，弹性模量与测试条件同样有关。

38. 答：混凝土抗冻性的指标是混凝土的抗冻标号d。d200表示当混凝土的相对动弹性模量降低至不小于或等于60%，或质量损失达到5%时，混凝土所能承受的冻融循环次数是200次。

39. 答：水泥混凝土中水泥的碱与某些活性集料发生化学反应，引起混凝土产生开裂、膨胀甚至破坏，这种化学反应称为“碱—集料反应”。其发生反应的必要条件是：① 水泥中的碱含量过高；② 集料含碱活性物质；③ 有水存在。

防止措施是：① 控制水泥中的碱含量；② 选择不具备碱活性的集料；③ 混凝土保持干燥使。

40. 答：使用混凝土减水剂主要有以下技术经济效益：

(1) 在保证混凝土工作性和水泥用量不变的情况下，可以减少用水量，提高混凝土强度，特别是高效减水剂可大幅度减少用水量，制备早强、高强混凝土；

(2) 在保持混凝土用水量和水泥用量不变的情况下，可以增大混凝土的流动性，若采用高效减水剂可制备大流动性混凝土；

(3) 在保证混凝土工作性和强度不变的情况下，可节省水泥用量。

41. 答：用于吸水基面的砂浆，其强度主要取决于水泥强度和水泥用量，与水灰比无关；而用于不吸水密实基底的砂浆强度服从水灰比定则，主要受水泥强度和水灰比控制。

42. 答：采用高强度等级水泥配制低强度等级混凝土时，只需少量的水泥或较大的水灰比就可满足强度要求，但却满足不了施工要求的良好的和易性，使施工困难，并且硬化后的耐久性较差。因而不宜用高强度等级水泥配制低强度等级的混凝土。

用低强度等级水泥配制高强度等级的混凝土时，一是很难达到要求的强度，二是需采用很小的水灰比或者水泥用量很大，因而硬化后混凝土的干缩变形和徐变变形大，对混凝土结构不利，易于干裂。同时由于水泥用量大，水化放热量也大，对大体积或较大体积的工程也极为不利。此外经济上也不合理。所以不宜用低强度等级水泥配制高强度等级的混凝土。

43. 答：混凝土拌合物的流动性以坍落度或维勃稠度作为指标。坍落度适用于流动性较大的混凝土拌合物，维勃稠度适用于干硬的混凝土拌合物。

工程中选择混凝土拌合物的坍落度，主要依据构件截面尺寸大小、配筋疏密和施工捣实方法等来确定。当截面尺寸较小或钢筋较密，或采用人工插捣时，坍落度可选择大些。反之，如构件截面尺寸较大，钢筋较疏，或采用振动器振捣时，坍落度可选择小些。

44. 答：现场浇灌混凝土时，施工人员向混凝土拌合物中加水，虽然增加了用水量，提高了流动性，但是将使混凝土拌合物的粘聚性和保水性降低。特别是因水灰比（w/c）增大，增加了混凝土内部的毛细孔隙的含量，因而会降低混凝土的强度和耐久性，并增大混凝土的变形，造成质量事故。故现场浇灌混凝土时，必须严禁施工人员随意向混凝土拌合物中加水。

45. 答：(2)、(4)、(5) 可行，而 (1)、(3) 不可行。

(1) 加水，增大混凝土的水灰比，降低混凝土的强度和耐久性；

(2) 减少集浆比，有助于改善混凝土的工作性但增加须适量，不能过多，以免造成流浆；

(3) 氯比钙是早强剂，对改善混凝土的工作性没有作用；

(4) 掺加减水剂可保持混凝土水灰比不变的同时，显著提高工作性；

(5) 在施工手段上改善，也有一定效果。

46. 答案：

(1) 模板内侧刨光并刷脱模剂。内模一次支齐，外模随浇筑随安装，且达到坚固、严密不漏浆。

（2）选用微膨胀混凝土，强度等级大于壁板一级，其膨胀率选用万分之三到万分之五。

（3）在常温季节，壁板缝混凝土在每天壁板缝最宽时浇筑。

（4）采用机械振捣并人工插捣辅助，有助于壁板侧面结合良好而不过振。

（5）采用连续浇水养生，养生期不少于 7 天。

47. 答案：

1. 上述措施中，除第三项外，均不正确。

（1）增加混凝土的和易性，有利于混凝土浇筑是有必要的，可选用其他可靠的办法。加大水泥用量会增加水化热，混凝土体内外温差大，易产生裂缝。

（2）混凝土的扩散度应控制在一定的指标范围，不可过度加大。用加大坍落度的办法，既增加了水泥用量，也增加了用水量（为保持水灰比不变）。其带来的副作用是增加了水化热，也加剧了混凝土的干缩，导致温度裂缝和干缩裂缝。

（3）为避免混凝土结构物内外温差过大，应降低混凝土的入模温度，以减少温度裂缝。

2. 防止混凝土构筑物裂缝的控制措施：

（1）严格控制混凝土原材料质量：砂和碎石要连续级配，含泥量不能超过规范要求。水泥宜为质量稳定的普通硅酸盐水泥。外加剂和掺合料必须性能可靠，有利于降低混凝土凝固过程中的水化热。

（2）混凝土配合比设计方面，在满足配合比设计规范和混凝土技术指标前提下，宜适当减少水泥和水的用量，降低水灰比；通过使用外加剂改善混凝土性能，降低水化热峰值。

（3）合理设置后浇带：对于大型排水混凝土构筑物，合理地设置后浇带有利于控制施工期间的较大温差与收缩应力，减少裂缝。后浇带设置时，要遵循“数量适当，位置合理”的原则。

（4）控制入模坍落度，做好浇筑振动工作：在满足混凝土运输和布放要求前提下，要尽可能减少入模坍落度，混凝土入模后，要及时振动，并做到既不漏振，也不过振。重点部位还要做好二次振动工作。

（5）避免混凝土结构内外温差过大：首先，降低混凝土的入模温度，且不应大于 25 ℃，使混凝土凝固时其内部在较低的温度起升点升温，从而避免混凝土内部温度过高。其次，采取延长拆模时间和外保温等措施，使内外温差在一定范围之内。通过减少混凝土结构内外温差，减少温度裂缝。

（6）对于地下工程，拆模后及时回填土控制早期、中期开裂。

48. 答案：

1. 大体积混凝土，由于水泥的水化热，致使混凝土体内产生很高的温度，但又不易散发，导致混凝土体内部与表面产生很大的温差。当温差超过一定临界值时，会使混凝土体产生裂缝，降低混凝土的强度，从而影响结构物的质量；

2. 上述措施均不妥当。

（1）用热水拌和混凝土固然可以提高入模温度，但是，对于大体积混凝土是要求降低入模温度。即便是冬季，也应控制在入模时不冻结为度。因为自身水化热足以能够保证混凝土不遭冻害。

（2）增加和易性，可以通过其他无副作用的手段。此时，非但不应增加水泥用量，还应在保证混凝土强度等级的前提下，减少水泥用量，以控制水化热。

(3) 52.5 级硅酸盐水泥属于累积最终放热量高的水泥，会增加水化热；应使用水化热低的大坝水泥、矿渣水泥、粉煤灰水泥或低强度水泥。

3. 大体积混凝土浇筑的质量控制要点：

(1) 合理分层分块，控制其每次浇筑的几何尺寸，加快混凝土散热速度。

(2) 控制水化热。

(3) 降低混凝土入仓温度。

(4) 控制混凝土体的内外温差。

大体积混凝土浇筑的质量控制措施：

(1) 减小浇筑层厚度（不宜超过 2 m），分块浇筑时，各分块平均面积不宜小于 50 m^2。

(2) 优先选用水化热较低的水泥。

(3) 在保证混凝土强度等级的前提下，减少水泥用量。

(4) 冷却骨料，或加入冰块。

(5) 按规定在混凝土中适量埋入石块。

(6) 在混凝土中埋设冷却水管，通水冷却。

(7) 混凝土浇筑安排在一天中气温较低时进行。

(8) 采取温控措施，加强测温工作，并实施监控。

(9) 区别不同的环境、条件，对已浇筑的混凝土分别采取浇水、覆盖、积水等相应的养护方法。

五、计算题

1. 解：水泥用量 $m_c = 310$ kg

砂用量 $m_s = 682 \times (1 + 3\%) = 702$ kg

碎石用量 $m_g = 1\,333 \times (1 + 1\%) = 1\,346$ kg

水用量 $m_w = 155 - (682 \times 3\% + 1\,333 \times 1\%) = 121$ kg

施工配合比为 $m_c : m_w : m_s : m_g = 310 : 121 : 702 : 1\,346$

2. 解：$m_{wo} = 180$ kg

$$m_{co} = \frac{m_{co}}{\left(\frac{w}{c}\right)} = \frac{180}{0.5} = 360\ \text{kg}$$

$$\begin{cases} m_{co} + m_{wo} + m_{so} + m_{go} = m_{cp} \\ \dfrac{m_{so}}{m_{so} + m_{go}} \times 100 = \beta_s \end{cases} \Rightarrow \begin{cases} 360 + 180 + m_{so} + m_{go} = 2\,400 \\ \dfrac{m_{so}}{m_{so} + m_{go}} \times 100 = 32 \end{cases} \Rightarrow$$

$m_{so} = 0.32 \times (2\,400 - 360 - 180) = 595$ kg

$m_{go} = 2\,400 - 360 - 180 - 595 = 1\,265$ kg

3. 解：

① $f_{CU} = f_{CUK} + 1.645\sigma = 29.05$ MPa　　$W/C = 0.63$

② $f_{CU} = f_{CUK} + 1.645\sigma = 24.94$ MPa　　$W/C = 0.71$

③ 当用水量 180 L 时，水泥用量分别为 285.71 kg 和 254.24 kg，可节约水泥 31.47 kg。

4. 解：

① 1 m^3 混凝土各项材料用量：$m_{Cj}=300$ kg；$m_{Wj}=180$kg；$m_{Sj}=660$ kg；$m_{gj}=1\ 260$ kg。

② 施工配合比：$M_C'=300$ kg；$M_s'=686.4$ kg；$M_g'=1\ 272.6$ kg；$M_W=141$ kg。

5. 解：

1 m^3 混凝土各项材料用量：$m_c=302$ kg；$m_S=634$ kg；$m_g=1\ 298$ kg；$m_w=163$ kg。

6. 解：

$f_{Ce}=\gamma_c f_{Ceb}=59.32$ MPa

$f_{CU0}=36.94$ MPa

$f_{CUk}=f_{CUo}-1.645\sigma=28<30$ MPa，不满足要求。

7. 解：

$f_{CU}=f_{CUK}+1.645\sigma=32.23$ MPa

$W/C=0.635<0.65$；　　$m_W=185$ kg；　　$m_C=291.3>200$ kg

解得：$m_W=185$ kg；$m_C=291.3$ kg；$m_g=1\ 243.5$ kg；$m_S=640.61$ kg

8. 解：

$f_{CU0}=f_{CUK}+1.645\sigma=28.2$ MPa

$f_{Ce}=\gamma_c f_{Ceb}=48$ MPa　　　　$W/C=0.64<0.65$（表）取 0.64

查表得用水量：$M_{W0}=160$ kg；则水泥用量：$M_{c0}=250<260$（表）取 260 kg

查表取砂率 35%。

用体积法求得：$m_{W0}=160$ kg；$m_{C0}=260$ kg；$m_{g0}=1\ 294.3$ kg；$m_{S0}=696.3$ kg

9. $f_{mh}=f_m+0.645\sigma=5.81$ MPa

$$f_C=kf_c^b=32.5\text{ MPa}$$

水泥用量：$Q_C=206$ kg >200 kg

石灰膏用量（稠度换算后）：$Q_d=144\times0.97=140$ kg

砂子用量：$Q_S=1\ 450\times$（1+2%）=1 479 kg

用水量：（查表 $Q_{W0}=300$ kg，扣除砂中含水）$Q_W=300-$（1 450×2%）=271 kg

砂浆的配合比：$Q_C:Q_d:Q_s:Q_W=206:140:1\ 479:271-1:0.68:7.18:1.32$

10. 解：

(1) 设 1 m^3 混凝土中水泥用量为 C，则砂 $S=2.1\ C$，石 $C=4\ C$，水 $W=0.59$ C

$$C+W+S+G=\text{poh}$$

解得：$C=318$ kg

则：$S=2.1\ C=2.1\times318=668$ kg $G=4\ C=4\times318=1\ 272$ kg

$W=0.59\ C=0.59\times318=188$ kg

(2) 拌制此混凝土 100 m^3 需要水泥：$318\times100=31\ 800$ kg

砂：$668\times100/1\ 480=45\ m^3$

石：$1\ 272\times100/1\ 550=82\ m^3$

11. 答案：

混凝土的基准配合比为 1:1.94:3.92，$W/C=0.58$。

1 m^3 混凝土中其他材料的用量 $W=186\ kg/m^3$，$S=621\ kg/m^3$，$G=1\ 254\ kg/m^3$。

12. 答案：

（1）因为 $C: S: G: W = 1: 2.2: 4.2: 0.6$，以由 $C + 0.6C + 2.2C + 4.2C = 2\ 380$ 得 $C = 298\ kg/m^3$，同时得 $S = 656\ kg/m^3$，$G = 1\ 252\ kg/m^3$，$W = 179\ kg/m^3$。

（2）施工配比为 $C: S: G: W = 298: 679: 1\ 265: 143 = 1: 2.28: 4.24: 0.48$

13. 解：

当水泥用量 $m_C = 3.1$ kg 时。

砂子的质量 $m_S = 6.24\ kg/(1 - 4\%) = 6.5$ kg

石子的质量 $m_G = 12.8\ kg/(1 - 1\%) = 13$ kg

水的质量 $m_W = 1.86 - (6.5 - 6.24) - (13 - 12.8) = 1.4$ kg

$M = \sum m = 3.1 + 6.5 + 13 + 1.4 = 24$

$\rho_0 = 2\ 400\ kg/m^3$；则 1 m^3 的混凝土的质量为 2 400 kg，则 1 m^3 混凝土各材料的用量为：

水泥用量 $C = 2\ 400\ kg \times 3.1/24 = 310$ kg

水用量 $W = 2\ 400\ kg \times 1.4/24 = 140$ kg

砂子用量 $S = 2\ 400\ kg \times 6.5/24 = 650$ kg

石子用量 $G = 2\ 400\ kg \times 13/24 = 130$ kg

$C: W: S: G = 310: 140: 650: 130$

14. 解：

水泥用量为 286 kg，由比例得砂：652 kg，碎石：1 278 kg

除去含水得量，得到实际砂：652/0.97 = 672 kg 碎石：1 278/0.99 = 1 291 kg

砂子和石中总含水量：672 × 0.03 + 1 291 × 0.01 = 33 kg

根据水灰比为 0.64 得，总水量为 286 × 0.64 = 183 kg

所以需要加水 183 − 33 = 150 kg

最终得配合比为：水 150 kg；水泥 286 kg；砂 672 kg；碎石 1 291 kg。

15. 解：

水灰比 = 148/336 = 0.44，根据公式得到配置的混凝土强度为

$$f_{cu.o} = Af_{ce}(C/W - B) = 0.46 \times 1.13 \times 52.5 \times (336/148 - 0.07) = 60\ MPa$$

明显满足 C30 要求。

16. 解：

解：水的用量：

$$W_0 = 0.66 \times 50 - 2.17 \times 50 \times 3\% - 4.14 \times 50 \times 1\% = 27.7\ kg$$

砂的用量：

$$S = (1 + 3\%) \times 2.17 \times 50 = 111.8\ kg$$

石子的用量：

$$G = (1 + 1\%) \times 4.14 \times 50 = 209.1\ kg$$

17. 答案：水：175 kg，水泥：292 kg，砂：642 kg，石：1 285 kg

18. 答案：水：47.5 kg，水泥：100 kg，砂：202 kg，卵石：367 kg

19.

答案：（1）算初步配合比；$m_{co}: m_{wo}: m_{so}: m_{go} = 289: 165: 679: 1\ 262$

（2）基准配合比；$m_{ca}:m_{wa}:m_{sa}:m_{ga}=303:173:668:1\ 240$

20. 某框架结构工程现浇钢筋混凝土梁，混凝土设计强度等级为 c30，施工要求混凝土拥落度为 30 ~ 50 mm，根据施工单位历史资料统计，混凝土强度标准差 $\sigma=5$ MPa。可供应以下原材料。

水泥：P. O42.5 普通硅酸盐水泥，水泥密度为 $\rho_c=3.10\ g/cm^3$，水泥的富余系数为 1.08。

中砂：级配合格，砂子表观密度 $\rho_{os}=2.60\ g/cm^3$。

石子：5 ~ 30 mm 碎石，级配合格，石子表观密度 $\rho_{og}=2.65\ g/cm^3$。

设计要求：

（1）混凝土计算配合比。

（2）若经试配混凝土的工作性和强度等均符合要求，无需作调整。又知现场砂子含水率为 3%，石子含水率为 1%，试计算混凝土施工配合比。

解：（1）求混凝土计算配合比。

1）确定混凝土配制强度 $f_{cu,o}$。

$$f_{cu,o}=f_{cu,k}+1.645\sigma=30+1.645\times 5=38.2\ \text{MPa}$$

2）确定水灰比（W/C）。

$$f_{ce}=\gamma_c\times f_{ce,k}=1.08\times 42.5=45.9\ \text{MPa}$$

$W/C=0.53$

因为框架结构混凝土梁处于干燥环境，查表得容许最大水灰比为 0.65，所以可确定水灰比为 0.53。

3）确定用水量 m_{wo}。

对于最大粒径为 30 mm 的碎石混凝土，当所需拥落度为 30 ~ 50 mm 时，查表得：1 m^3 混凝土的用水量可选用 185 kg。

4）计算水泥用量 m_{co}。

$$m_{co}=m_{w0}/(W/C)=185/0.53=349\ kg/m^3$$

查表，对于干燥环境的钢筋混凝土，最小水泥用量为 260 kg/m^3，取 $m_{co}=349\ kg/m^3$。

5）确定砂率 β_s。

对于采用最大粒径为 40 mm 的碎石，当水灰比为 0.53 时，查表得砂率值可选取 32% ~ 37%，取 $\beta_s=35\%$。

6）计算砂、石用量 m_{so}、m_{go}。

用体积法计算，得：$m_{so}=641$ kg，$m_{go}=1\ 192$ kg。

7）该混凝土计算配合比为：水泥∶砂∶石子 = 1∶1.84∶3.42，$W/C=0.53$。

（2）确定施工配合比。

现场砂子含水率为 3%，石子含水率为 1%，则施工配合比为

水泥　$m_c=m_{co}=349$ kg

砂　$m_s=m_{so}(1+3\%)=641\times(1+3\%)=660$ kg

石子　$m_g=m_{go}(1+1\%)=1\ 192\times(1+1\%)=1\ 204$ kg

水　$m_w=m_{wo}-m_{so}\times 3\%-m\omega\times 1\%=185-641\times 3\%-1\ 192\times 1\%=154$ kg

第四章　沥青材料职业技能考核部分习题答案

一、单项选择题

1. C　2. B　3. B　4. D　5. A　6. C　7. D　8. D　9. B　10. D
11. C　12. C　13. A　14. C　15. B　16. A　17. B　18. A　19. A　20. B
21. B　22. D　23. A　24. B　25. C　26. A　27. D　28. D　29. A　30. B

二、多项选择题

1. BC　2. AD　3. BD　4. BD　5. ABC
6. BCD　7. ABCE　8. ABCD　9. ABC　10. ABD
11. ACE　12. ACDE　13. ABC　14. ABCD　15. ABC
16. BCE　17. ACD　18. ACE　19. BD　20. ACD
21. ABE　22. ACE　23. CD　24. CE　25. ABC

三、判断题

1. ×　2. √　3. ×　4. √　5. ×　6. √　7. ×　8. ×　9. ×　10. ×
11. √　12. √　13. ×　14. ×　15. √　16. √　17. √　18. ×　19. ×　20. √
21. ×　22. ×　23. √　24. √　25. √

四、问答题

1. 答：沥青材料由于产源和加工方法不同，故品种繁多，现将常见的沥青材料分类如下：

- 沥青材料
  - 地沥青
    - 石油沥青
      - 液体石油沥青
      - 粘稠石油沥青
    - 天然沥青
  - 焦油沥青
    - 煤沥青
      - 软煤沥青
      - 硬煤沥青
    - 木沥青
    - 页岩沥青
    - 泥炭沥青等

2. 答：石油沥青的主要技术性质有：粘滞性、塑性、温度稳定性、加热稳定性、安全性、溶解度、含水量、非常规的其它性能等。

3. 答：粘稠沥青的三大技术指标及其单位是：

（1）针入度，单位是以 1/10 mm。

（2）延度，单位以长度（cm）表示。

（3）软化点，单位是温度（℃）表示。

4. 答：温度稳定性应用软化点与脆点指标来评定。温度稳定性直接受温度影响，外界温度高，沥青变软，外界温度底，沥青变稠变脆，实际应用时，总希望沥青有较高的软化点和较低的脆点。

5. 答：在高温时会使沥青容易发软，导致沥青路面的高温稳定性降低，出现车辙。同样，在低温时会使沥青变得脆硬，导致路面低温抗裂性降低，出现裂缝。此外，蜡会使沥青与石料粘附性降低，在水分的作用下，会使路面石子与沥青产生剥落现象，造成路面破坏；更严重的是，含蜡沥青会使沥青路面的抗滑性降低，影响路面的行车安全性。对于沥青含蜡量的限制，由于世界各国测定方法不同，所以限值也不一致，我国现行规范《道路石油沥青技术要求》（JTGF 30—2004）对沥青含蜡量有明确规定。

6. 答：沥青在自然因素（热、氧化、光和水）的作用下，产生“不可逆”的化学变化，导致路用性能劣化，通常称之为“老化”。表现为饱和分变化甚少，芳香分明显转变为胶质（速度较慢），而胶质又转变为沥青质（速度较快），由于芳香分转变为胶质，不足以补偿胶质转变为沥青质，所以最终是胶质显著减少，而沥青质显著增加。

7. 答：沥青的胶体结构与其路用性能有密切的关系。为工程使用方便，通常采用针入度指数法。该法是根据沥青的针入度指数 PI 值来确定。

$PI < -2$ 为溶胶结构 、 $PI > +2$ 为凝胶结构 、 $-2 < PI < +2$ 为溶凝胶结构。

8. 答：沥青“老化”后沥青的化学组分转化，从而导致沥青粘滞度增加，软化点升高，粘结力下降，脆性增大，塑性减小，路用性能逐渐变坏。

9. 答：溶胶型向凝胶型转变过程中（胶团逐渐增大），稠度增大，其针入度变小，延度降低，软化点升高。

10. 答：沥青中沥青质是分散相，饱和分和芳香分是分散介质，但沥青质不能直接分散在饱和分和芳香分中。而胶质作为一种“胶溶剂”，沥青吸附了胶质形成胶团而后分散于芳香分和饱和分中。这样的胶体结构单元即为胶团。

11. 答：道路石油沥青的化学组分与路用性能的关系如下：

一般认为，油分使沥青具有流动性；树脂使沥青具有塑性，树脂中含有少量的酸性树脂（即地沥青酸和地沥青酸酐），是一种表面活性物质，能增强沥青与矿质材料表面的粘附性；沥青质能提高沥青的粘结性和热稳定性。

12. 答：① 乳化剂在沥青水系统的界面上的吸附作用，降低了界面张力。这种作用可以抵制颗粒合并。

② 颗粒表面均带有相同电荷，使颗粒间互相排斥，达到分散颗粒的作用。

③ 水膜形成，它可以机械阻碍颗粒的聚集。

13. 答：利用沥青在不同的溶剂里的选择性溶解和对吸附剂的选择性吸附作用，将沥青分成几个化学成分与物理性质相似而具有特征的部分，称为化学组分

14. 答：自然因素是指空气，阳光，气温降水等，沥青在自然因素的作用下，其分子会发牛氧化和聚合的作用，使沥青的组分发生的转移，其转移大致为：油质—树脂—沥青质。由于沥青的组分发生变化，使沥青的粘滞度增加，软化点升高，粘结力下降，脆性增大，塑性感小，导致沥青技术性质变坏。

15. 答：道路石油沥青的标号是根据针入度划分的，共有 7 个标号，即 160 号、130 号、110 号、90 号、70 号、50 号、30 号．标号从高到低，其针入度与延度由大到小，软化点由低到高。

16. 答：因为煤沥青中的酸、碱物均属表面活性物质，相当于石油沥青中的沥青酸与酸

酐；且含量较多，所以煤沥青的表面活性比石油沥青高，与石料的粘结力也较好。

17. 答：沥青材料在使用、运输与保管工作时应合理组织。一方面要防止沥青材料的技术性质变坏，另一方面要注意安全。运输时必须有包装、存放地点，尽量远离建筑物，注意防火并防止杂质和水混入，降低沥青质量，不同标号的沥青存放时注意分标号堆放，以免混乱，在贮运、使用过程中，要防止沥青中毒和烫伤。

18. 答：乳化沥青洒布于路面上遇到集料时，立即产生分裂，在集料表面形成一层连续的黑色薄膜，与热拌沥青一样组成高强度的路面，其分裂原理主要有以下三个作用：

1）蒸发作用——沥青洒布在路上，随即产生蒸发作用，其结果是乳液中水分蒸发。沥青微滴在集料表面上凝结形成一层连续的黑色薄膜。

2）乳液与集料的吸附作用：乳化沥青中的沥青微滴表面均带电荷。当它与带相反电荷的骨料相遇时，由于产生离子吸附，使骨料表面迅速牢固地形成一层沥青薄膜，其中水分立即排除，而且这一反应过程不受气温、温度和风速等因素的影响，故能形成高强度的路面。

3）吸附作用：沥青乳液与干燥集料作用时，由于集料的毛细作用，使沥青乳液很快凝结。

19. 答：因为沥青成分中含有一定的盐的成分。这种盐极易溶于水，当沥青遇水时，水与盐很快作用，形成水溶盐，使沥青含有水份，盐分越多，水作用时间越长，含水量越大。由于沥青中含有一定的水分，在加热过程中水分形成泡沫。并随温度升高体积增大，易发生溢锅现象，不仅造成材料损失，还可引起火灾。

20. 答：加热稳定性是指沥青在过热或长时间加热过程中，会发生轻馏分挥发、氧化、裂化、聚合等一系列物理及化学变化，使沥青化学组分及性质相应地发生变化，这种性质称之为加热稳定性。

沥青加热稳定性常用沥青试样加热至一定温度和时间后，试样的重量损失，以及加热前后针入度变化来表示。现行规范规定：160。5 h 的加热损失率不大于 1.0%。加热后针入度与原针入度比值不小于 60%。

21. 答：石油沥青胶体结构的类型有溶胶型、凝胶型、溶凝型三种类型。溶胶型沥青的特点：胶体结构中沥青质少，饱和烃与芳香烃较多，树脂较多，具有良好的粘结性、塑性、流动性及开裂后的自愈能力，但温度稳定性差，高温流淌。凝胶型沥青的特点：抗温性和弹性较好，具有触变现象，但粘结性及开裂后的自愈能力较差。

溶凝胶型沥青的特点：粘结性和感温性较好，是道路建筑中较理想的结构沥青。

22. 答：因石油沥青在加热或长时间加热过程中，会发生部分轻质油分挥发，使一部分油质脂，树脂变为沥青质，沥青质转变为沥青碳。所以使沥青软化点提高，脆性增大，塑性减小，粘结力降低，这种沥青用于工程上而产生剥落，抗冻性差，所以为防止沥青在加热过程中性质的改变。我国《沥青路面施工技术规范》中规定出各种沥青加热温度及加热时间。

23. 答：目前沥青外加剂主要有：① 橡胶类外加剂，它可使沥青软化点提高，粘附性增强，在零度以下仍具有一定柔性，并且能提高抗弯、抗磨、抗滑能力。② 树脂类外加剂，能提高沥青的抗氧化性，增加粘结力。③ 抗剥落剂，提高了沥青与酸性及湿料的粘附力。

24. 答：① 煤沥青的温度稳定性差。

② 煤沥青的塑性较差。

③ 煤沥青的气候稳定性差。

④ 煤沥青有霉，有臭。

⑤ 煤沥青与矿质材料的表面粘附性能好。

25. 答：乳化沥青是沥青（石油沥青、煤沥青），经机械作用分裂为细微颗粒，分散在含有表面活性物质的水介质中，形成水包油型的乳浊液。

特点：① 稠度小，具有良好的流动性，可在常温下冷态施工，操作简便，节省热能。② 可在潮湿基层上使用，能直接与湿集料拌和，粘结力不减低。③ 无毒、无嗅、不燃、减少环境污染、安全生产。④ 降低成本。⑤ 稳定性差，贮存期一般不宜超过六个月，过长宜分层，凝聚。⑥ 成型期较长，最初要控制车辆行驶速度。

26. 答：表征粘稠石油沥青的粘滞性指标是针入度，以 1/10 表示。常用试验条件为温度 25 ℃，荷载 100 g，时间 5 s。

27. 答：三大指标有：针入度、延度、软化点。其中：针入度表示沥青的粘滞性；延度表示沥青的塑性，软化点表示沥青的感温性。

28. 答：① 乳化剂在沥青——水系统的界面上的吸附作用，降低了界面张力，这种作用可以抵制颗粒的合并。

② 颗粒表面均带有相同的电荷，使颗粒间相互排斥，达到分散颗粒的作用。

③ 水膜形成，可以机械地阻碍颗粒的聚集。

29. 答：是将 3.2 mm 厚度的试样在规定温度条件下，经规定时间加热，测定试验前后沥青质量和性质变化的试验。

该法是将 50 克沥青试样装入盛样皿（内径 140 mm，深 9.5 ~ 10 mm）内，使沥青成为厚约 3.2 mm 的薄膜，沥青薄膜在 163℃ 的标准薄膜加热烘箱中加热 5 h 后，取出冷却，测定其质量损失，并按规定的方法测定残留物的针入度、延度等技术指标。

30. 答：煤沥青的组分有：① 游离碳，使煤沥青的粘滞度增加，热稳定性提高；② 固态树脂，增加煤沥青的粘滞度；③ 可溶性树脂，使煤沥青具有塑性；④ 油分，使煤沥青有流动性。

31. 答：沥青材料在使用时必须加热，当加热至一定温度时，沥青材料中挥发的油分蒸汽与周围空气组成混合气体，此混合气体遇火焰则发生闪火。若继续加热，油分蒸汽的饱和度增加，由于此种蒸汽与空气组成的混合气体遇火焰极易燃烧，而引起溶油车间发生火灾或导致沥青烧坏的损失，为此必须测定沥青的闪点和燃点。

闪点是指加热沥青挥发出可燃气体与空气组成混合气体在规定条件下与火接触，产生闪光时的沥青温度（℃）。燃点指沥青加热产生的混合气体与火接触能持续燃烧 5 s 以上时的沥青温度。闪燃点温度相差 10 ℃左右。

32. 答：该法是测定试样受热时，在规定温度范围内蒸出的馏分含量，以占试样体积百分率表示。除非特殊需要，各馏分蒸馏的标准切换温度为 225 ℃、316 ℃、360 ℃。通过此试验可了解液体沥青含各温度范围内轻质挥发油的数量，并可根据残留物的性质测定预估液体沥青在道路路面中的性质。

33. 答：按加工方法不同，可分为直馏沥青、蒸馏沥青、氧化沥青、裂化沥青。

34. 答：通常采用氧化法，外加剂法，掺配法。

35. 答：（1）试验条件。

① 件形状尺寸：8 字形试样，中心断面为 1 cm^2；② 温度：试验温度为 25 ℃或 15 ℃；

③ 拉伸速度：非经注明为 5 cm/min。

（2）注意事项。

① 隔离剂要调配适当，确保侧模及玻璃板不粘沥青，隔离剂不能涂得太多，以免挤占试样体积；② 当室温同试验温度相差太大时，为保证试样中心断面尺寸，试样应先恒温后铲平；③ 铲平时铲刀不能过热，也不能用力过大，以免试样老化或底面受拉变形；④ 当试样出现上浮或下沉时，应调整水的密度，重新试验；⑤ 确保水面不受扰动。

36. 答：测定方法：

（1）将集料过 13.2 mm、19 mm 的筛，取存留在 13.2 筛上的颗粒 5 粒，用水洗干净，在 105 ℃的烘箱中烘干，并保持其中。

（2）浸煮结束后，将集料从水中取出，观察集料颗粒表面沥青膜剥落程度。

（3）将石油沥青加热至 130 ~150 ℃，将待测集料试样浸入沥青 45 s，使沥青全部裹覆集料表面，在室温下冷却 15 min，并且评定其黏附等级。

（4）将裹覆沥青的集料用系绳悬挂，放人微沸的水中浸煮 3 min。

（5）同样试样平行试验 5 个颗粒，由两名有经验的试验员分别评定后，取平均等级作为试验结果。

第五章　沥青混合料职业技能考核部分习题答案

一、单选题

1. B　2. C　3. D　4. D　5. A　6. B　7. A　8. C　9. C　10. A
11. A　12. A　13. D　14. D　15. A　16. A　17. C　18. B　19. A　20. A
21. D　22. B　23. B　24. D　25. C　26. A　27. B　28. A　29. B　30. B
31. D　32. A　33. C　34. B　35. A　36. C　37. B　38. A　39. A　40. D
41. C　42. A　43. B　44. B　45. A　46. D　47. C　48. A　49. C　50. B

二、多选题

1. ABCD　2. ABCD　3. ABCDE　4. AB　5. ABC
6. BCD　7. BCD　8. ABC　9. CD　10. ABC
11. AB　12. ABC　13. ABC　14. ABCD　15. BC
16. ABCD　17. AB　18. AB　19. ABCD　20. ABCD

三、判断题

1. √　2. √　3. √　4. ×　5. √　6. √　7. √　8. √　9. ×　10. √
11. ×　12. √　13. √　14. √　15. ×　16. √　17. √　18. √　19. ×　20. √
21. √　22. √　23. √　24. ×　25. √　26. √　27. √　28. √　29. √　30. ×
31. √　32. √　33. ×　34. √　35. ×　36. √　37. ×　38. √　39. ×　40. ×
41. √　42. √　43. ×　44. ×　45. √　6. √　47. ×　48. ×　49. √　50. √
51. ×　52. ×　53. ×　54. ×　55. ×　56. √　57. √　58. √

四、问答题

1. 答：其结构组成特点：采用间断级配，粗、细集料含量较高，中间料含量很少，使得粗集料能形成骨架，细集料和沥青胶浆又能充分填充骨架间的空隙，形成骨架—密实结构。

代表类型：沥青玛蹄脂碎石混合料 SMA。

力学性能特点：粗集料的骨架作用，内摩阻力 ϕ 值较大；小颗粒与沥青胶浆含量充分，粘结力 C 值也较大，综合力学性能较优。

路用性能特点：该类混合料高低温性能均较好，具有较强的疲劳耐久特性；但间断级配在施工拌合过程中易产生离析现象，施工质量难以保证，使得混合料很难形成骨架—密实结构。随着施工技术的发展，这类结构得以普遍使用，但一定防止混合料拌合生产、运输和摊铺等施工过程中防止混合料产生离析。

2. 答：该结构组成的基本特点：采用连续开级配，粗集料含量高，彼此相互接触形成骨架；但细集料含量很少，不能充分填充粗集料的空隙，形成所谓的骨架—空隙结构。

代表类型：沥青碎石 AM 和开级配磨耗层沥青混合料 OGFC 等。

力学特点：大颗粒形成骨架，内摩阻力 ϕ 值较大；小颗粒与沥青胶浆含量不充分，粘结力 C 值较低。

路用性能特点：粗集料的骨架作用，使之高温稳定性好；由于细集料含量少，空隙未能充分填充，耐水害、抗疲劳和耐久性能较差，所以一般要求采用高粘稠沥青，以防止沥青老化和剥落。

3. 答：该结构组成的基本特点：采用连续级配，矿料颗粒连续存在，而且细集料含量较多，将较大颗粒挤开，使大颗粒不能形成骨架，而较小颗粒与沥青胶浆比较充分，将空隙填充密实，使大颗粒悬浮于较小颗粒与沥青胶浆之间，形成悬浮—密实结构。

代表类型：按照连续密级配原理设计的 AC 型沥青混合料是典型的这种悬浮密实结构。

力学特点：大颗粒未形成骨架，内摩阻力 ϕ 值较小；小颗粒与沥青胶浆含量充分，粘结力 C 值较大。

路用性能特点：由于压实后密实度大，该类混合料水稳定性、低温抗裂性和耐久性较好；但其高温性能对沥青的品质依赖性较大，由于沥青粘度降低，往往导致混合料高温稳定性变差。

4. 答：(1) 矿质骨料对内摩擦角的影响：矿质骨料的尺寸大，形状近似正方体，有一定的棱角，表面粗糙则内摩擦角较大。

(2) 沥青含量对内摩擦角的影响：沥青含量越少，矿料表面形成的沥青膜越薄，内摩擦角越大。反之亦然。

5. 答：(1) 沥青材料的粘结性对粘聚力的影响：沥青的黏度越大，混合料的粘滞阻力也越大，抵抗剪切变形的能力越强，则混合料的粘聚力就越大。

(2) 矿料颗粒间的联结形式对粘聚力的影响：沥青用量过少，沥青不足以包裹矿粉表面，沥青混合料的粘聚力就差。沥青用量过多，自由沥青过多，混合料的粘聚力开始逐渐降低。

6. 答：沥青与矿料之比是影响沥青混合料剪切强度的重要因素。当沥青用量过小时，沥青不足以形成结构沥青薄膜来粘结矿料颗粒，难以形成足够的粘聚力。随着沥青用量增加，粘聚力增加。但超过一定的值后，在矿料间形成自由沥青量增多，粘聚力随沥青用量增加而降低。另外，沥青在混合料中除起粘结剂的作用外，还起润滑剂的作用，沥青用量增加，混合料的内摩擦角下降。

7. 定义：高温稳定性是指沥青混合料在高温条件下，能够抵抗车辆荷载的反复作用，不发生显著永久变形，保证路面平整度的特性。

提出高温稳定性的意义：高温条件下或长时间承受荷载作用混合料会产生显著的变形，其中不能恢复的部分成为永久变形，这种特性是导致沥青路面产生车辙、波浪及壅包等病害的主要原因。在交通量大，重车比例高和经常变速路段的沥青路面上，车辙是最严重、最有危害的破坏形式之一。

8. 随着沥青用量的增加，沥青膜增厚，自由沥青比例增加，在高温条件下，易发生明显的流动变形，从而导致沥青混合料抗高温变形能力降低。随着沥青膜厚度的增加，车辙深度随之增加。

9. 答：(1) 矿质混合料的组成设计。

1) 沥青混合料类型和矿料级配得确定。

2) 矿质混合料配合比计算。

3）调整配合比。

（2）沥青混合料马歇尔试验。

1）制备试样。

① 按确定的矿质混合料配合比，计算各种规格集料的用量。

② 根据经验估计一个适宜的沥青用量（或油石比）。以估计的沥青用量为中值，按0.5%间隔变化，取五个不同的沥青用量，拌制沥青混合料，并按规定的击实次数成型马歇尔试件。

2）测定试件的物理力学指标

（3）最佳沥青用量的确定

1）确定最佳沥青用量的初始值 OAC_1。

2）确定沥青最佳用量的初始值 OAC_2。

3）根据 OAC_1 及 OAC_2 综合确定最佳沥青用量。

（4）沥青混合料的性能检验。

1）沥青混合料的水稳定性检验。

2）沥青混合料的高温稳定性检验。

3）沥青混合料低温抗裂性检验。

10. 答：（1）必须符合设计级配范围的要求，不得有过多的犬牙交错。当经过反复调整仍有两个以上的筛孔超出设计级配范围时，必须对原材料进行调整或更换原材料重新设计。

（2）合成级配曲线宜尽量接近设计级配中值，尤其应使 0.075 mm、2.36 mm、4.75 mm 等筛孔的通过量尽量接近设计级配范围的中限。对于交通量大、轴载重的道路，合成级配可以考虑偏向级配范围的下限，而对于中、轻交通量或人行道路等，合成级配宜于偏向级配范围上限。

11. 黏度较大的粘稠沥青混合料具有较高的力学强度和稳定性，但粘度过高，则混合料的低温变形能力较差，路面易开裂。反之粘度较低的沥青的混合料在低温时变形能力较好，但在高温时往往会产生较大的高温变形。

在夏季温度高或高温持续时间长的地区，对于重载交通路段、高速公路更实行渠化交通的路段、山区及丘陵区上坡路段、服务区、停车场等行车速度慢的路段，应采用黏度高的沥青；而在冬季寒冷地区，则宜采用稠度低、低温延度大的沥青。对于日温差、年温差较大的地区还应考虑选择针入度指数较大、感温性较低的沥青。对于交通量小、公路等级低的路段可选用稠度略小的沥青。

12. 答：温度升高，沥青黏度降低，混合料的粘结力也下降，矿料间的约束减小使得矿料间的内摩阻力也降低，从而混合料整体强度都下降。

荷载作用体现在荷载作用时间或变形速率上，一般沥青黏度随变形速率增加而增加，混合料的内摩阻力随变形速率则变化较小。

13. 马歇尔试验最大特点设备简单、操作方便，现在已被世界上许多国家所采用。

马歇尔试验用于测定沥青混合料试件的破荷载和抗变形能力，得到马歇尔稳定度、流值和马歇尔模数。

将沥青混合料制备成规定尺寸的圆柱状试件，试验室将试件横向置于两个半圆形压模中，使试件受到一定的侧限。在规定温度和加荷速度下，对试件施加压力，记录试件所受压力与变形曲线。主要力学指标为马歇尔稳定度和流值，稳定度是指试件受压至破坏时承受的最大荷载，以千牛计，流值是达到最大破坏荷载时产生的垂直变形，以 0.1 mm 计。

14.（1）影响沥青混合料的耐久性能，空隙率小，抗疲劳、抗老化性能增强；

（2）影响沥青混合料的高温性能，过小的空隙率，使自由沥青膨胀空间不足，高温稳定性能减弱；

（3）影响沥青混合料的水稳性能，空隙率在 8% ~15% 时，水易进入，且以毛细水状态存在，易产生动水压力，造成水损坏；

（4）影响下面层次混合料的性能，空隙率大时，渗入下层，损坏基层。

15. 答：指在长期的荷载作用和自然因素影响下，保持正常使用状态而不出现剥落和松散等损坏的能力。

影响因素：沥青的化学性质、矿料的矿物成分、混合料的组成结构、混合料的空隙率

控制指标：空隙率、饱和度（沥青填隙率）、残留稳定度。

16. 沥青混合料的组成结构有下列两种互相对立的理论。

（1）表面理论，沥青混合料是由粗集料、细集料和填料经人工组配成密实的级配矿质骨架，此矿质骨架由稠度较稀的沥青混合料分布其表面，而将它们胶结成为一个具有强度的整体。这种理论认识可图解如下：

- 沥青混合料
  - 矿质骨架
    - 粗集料
    - 细集料
    - 填　料
  - 结合料——沥　青

（2）胶浆理论，认为沥青混合料是一种多级空间网状结构的分散系。它是以粗集料为分散相而分散在沥青砂浆的介质中的一种粗分散系；同样，砂浆是以细集料为分散相而分散在沥青胶浆介质中的一种细分散系；而胶浆又是以填料为分散相而分散在高稠度的沥青介质中的一种微分散系。这种理论认识可图解如下：

- 沥青混合料（粗分散系）
  - 分散相——粗集料
  - 分散介质——砂浆（细分散系）
    - 分散相——细集料
    - 分散介质——沥青
    - 胶结物（微分散系）
      - 分散相——填料
      - 分散介质——沥青

17.（1）采用工程所在地 30 年内最热月份平均最高气温的平均值，作为流动变形的气候因子，并作为气候分区的一级指标，划分为 3 个区。

（2）采用工程所在地 30 年内极端最低气温，作为裂缝产生的气候因子，并作为气候分区的二级指标，划分为 4 个区。

（3）采用工程所在地 30 年内降雨量的平均值，作为水损影响的气候因子，并作为气候分区的三级指标，划分为 4 个区。

18.（1）制备试样。

1）按确定的矿质混合料配合比计算各种矿质材料的用量。

2）根据相关材料推荐的沥青用量范围（或经验的沥青用量范围），估计适宜的沥青用量（或油石比）。

（2）测定物理、力学指标。

以估计沥青用量为中值，以 0.5% 间隔上下变化沥青用量制备马歇尔试件不少于 5 组。

然后在规定的试验温度及试验时间内用马歇示仪测定稳定度和流值，同时计算空隙率、饱和度及矿料间隙率。

（3）马歇尔试验结果分析。

1）绘制沥青用量与物理力学指标关系图，以沥青用量为横坐标，以视密度、空隙率、饱和度、稳定度、流值为纵坐标。将试验结果绘制成沥青用量与各项指标的关系曲线。

2）求取相应于稳定度最大值的沥青用量 a_1、相应于密度最大的沥青用量 a_2，以及相应规定空隙率范围中值的沥青用量 a_3，相应于沥青饱和度范围中值的沥青用量 a_4，求取四者平均值作为最佳沥青用量的初始值 OAC_1。

3）求出各项指标符合沥青混合料技术标准的沥青用量范围 OAC_{min}—OAC_{max}，其中值为 OAC_2。

4）根据 OAC1 和 OAC2 综合确定沥青最佳用量（OAC），按最佳沥青用量的初始值 OAC_1 在图中求取相应的各项指标值，检查其是否符合规定的马歇尔设计配合比技术指标。同时检验 VMA 是否符合要求，如能符合时，由 OAC_1 及 OAC_2 综合决定最佳沥青用量 OAC。如不能符合，应调整级配厘新进行配合比设计马歇尔试验，直至各项指标均能符合要求为止。

5）根据气候条件和交通特性调整最佳沥青用量。由 OAC_1 和 OAC_2 综合决定最佳沥青用量 OAC 时，还应根据实践经验和道路等级、气候条件考虑所属情况进行调整。

① 对热区道路以及车辆渠化交通的高速公路、一级公路、城市快速路、主干路，预计有可能造成较大车辙的情况时，可以在中限值 OAC_2 与下限 OAC_{min} 范围内决定；但一般不宜小于中限值 OAC_2 的 0.5%。

② 对寒区道路以及一般道路，最佳沥青用量可以在中限值 OAC_2 与上限值 OAC_{max} 范围内决定，但一般不宜大于中限值 OAC_2 的 0.3%。

19.（1）普通沥青混合料拌和温度：130 ~ 160 ℃；改性沥青混合料拌和温度 160 ~ 175 ℃；掺加纤维时，提高 10 ℃左右。针入度小的沥青取高值，大的取低值。

（2）普通沥青混合料压实温度：120 ~ 150 ℃；改性沥青混合料拌和温度 140 ~ 170 ℃；掺加纤维时，提高 10 ℃左右。针入度小的沥青取高值，大的取低值。

（3）集料加热温度，采用石油沥青时 163 ℃，采用改性沥青时 180 ℃。

（4）成型过程中，应将其余拌好的混合料在烘箱内保温。

（5）击实前，应检查混合料中心温度是否满足压实温度要求。

加热及拌和、击实温度符合要求，且避免局部过热；不必干拌，避免轧碎集料；严禁人工炒拌法制作试件，现场取回试样，不得在明火或电炉加热。

20. 标准马歇尔试件约 1 200 g；已知沥青混合料的密度时，根据试件的标准尺寸计算并乘以 1.03 得到混合料数量；用已击实得到的试件高度调整材料用量。

21. 恒温水浴（60 ℃）中，小型马歇尔试件保温 30 ~ 40 min，大型马歇尔试件保温 45 ~ 60 min。然后取出试件，在马歇尔稳定度仪上测马歇尔稳定度和流值。

22. 1）车辙试验机；

2）恒温室：能保持恒温室温度（60 ±1）℃；

3）台秤：称量 15 kg，分度值不大于 5 g。

23.（1）制备符合要求的马歇尔试件，一组试件的数量最少不得少于 4 个。

（2）用卡尺量测试件的直径及高度，如试件尺寸不符合要求（63.5 mm ± 1.3 mm 或 95.3 mm ±2.5 mm）或两侧高度差大于 2 mm 时，此试件应作废。

（3）将恒温水槽调节至要求的试验温度，对粘稠石油沥青为 60 ℃ ±1 ℃。

（4）将试件置于已达规定温度的恒温水槽中保温，保温时间对标准马歇尔试件需 30 ~ 40 min，对大型马歇尔试件需 45 ~60 min。试件之间应有间隔，底下应垫起 5 cm 以上。

（5）将马歇尔试验仪的上下压头放入水槽或烘箱中达到同样温度，然后取出擦试干净内面。再将试件取出置于下压头上，盖上上压头，然后装在加载设备上。

（6）启动加载设备，使试件承受荷载，加载速度为（50 ±5）mm/min。当试验荷载达到最大值的瞬间，取下流值计，同时读取压力环中百分表读数及流值计的流值读数。百分表读数对应的压力环标定曲线上的荷载值即为试样的稳定度，以 KN 计。

24.（1）将拌好的沥青混合料均匀称取一个试件所需的用量（约 1 200 g，当一次拌和几个试件时，宜将其倒入经预热的金属盘上，用小铲拌和均匀分成几份，分别取用。

（2）从烘箱中取出预热的试模及套筒，用沾有少许黄油的棉纱擦试套筒、底座及击实锤底面，将试模装在底座上（也可垫一张圆形的吸油性小的纸）。按四分法从四个方面用小铲将混合料铲入试模中，用插刀沿周边插捣 15 次，中间 10 次。插捣后将沥青混合料表面整平成凸弧面。

（3）插入温度计，至混合料中心附近，检查混合料温度。

（4）待混合料温度符合要求的压实温度后，将试模连同底座一起放在击实台上固定（也可在装好的混合料上垫一张吸油性小的圆纸），再将装有击实及导向棒的压实头插入试模中，开启马达（或人工）将击实锤从 457 mm 的高度自由落下击实规定的次数（75.50 或 35 次）。

（5）试件击实一面后，取下套筒：将试模掉头，装上套筒，然后以同样的方式和次数击实另一面。

（6）试件击实结束后，如上下面垫有圆纸，应立即用镊子取掉，用卡尺量取试件离试模上口的高度，并由此计算试件高度。如高度不符合要求时，试件应作废，并按下式调整试件的混合料数量，使高度符合（63.5 ±1.3）mm 的要求。

（7）卸去套筒和底座，将装有试件的试模横向放置、冷却至室温后，置脱膜机上脱出试件将试件仔细置于干燥洁净的平面上，在室温下静置（12 h 以上）供试验用。

25.（1）测定试验轮压强应符合（0.7 ±0.05）MPa，将试件装于原试模中。

（2）将试件连同试模一起，置于达到试验温度（60 ±1）℃的恒温室中，保温不少于 5 h，也不得多于 24 h。在试件的试验轮不行走的部位上，粘贴两个热电偶温度计，控制试件温度稳定在（60 ±0.5）℃。

（3）将试件连同试模置于车辙试验机的试件台上；试验轮在试件的中央部位，其行走方向须与试件碾压方向一致。开动车辙变形自动记录仪，然后启动试验机，使试验轮往返行走，时间约 1 h 最大变形达到 25 mm 为止。试验时，记录仪自动记录变形曲线及试件温度。

（4）结果计算。

1）从曲线上读取 45 min（t_1）及 60 min（t_2）时的车辙变形 d_1 及 d_2，精确至

0.01 mm。如变形过大，在未到60 min变形已达25 mm时，则以达到25 mm（t_2）时的时间为t_2，将其前15 min为t_1，此时的变形量为d_1。

2）计算沥青混合料试件的动稳定度。

（5）报告：同一沥青混合料或同一路段的路面，至少平行试验3个试件。变异系数小于20%时，取其平均值作为试验结果。变异系数大于20%时应分析原因，并追加试验。

26. 通常采用的方法分为两大类：第一类是沥青与矿料的粘附性试验；主要是用于判断沥青与粗集料（不包含矿粉）的粘附性，属于这类的试验方法有水煮法和静态浸水法；第二类是沥青混合料的水稳性试验，这类试验方法适用于级配矿料与适量沥青拌和成混合料、制成试样后，测定沥青混合料在水的作用下力学性质发生变化的程度，这类方法与沥青在路面中的使用状态较为接近。测试方法有浸水马歇尔试验、真空饱水马歇尔试验以及冻融劈裂试验。

27. （1）水煮法适用于大于13.2 mm粗集料的试验方法。

（2）水浸法适用于小于13.2 mm粗集料的试验方法。

28. （1）准备工作。

1）将集料用13.2 mm、19 mm过筛，取粒径13.2～19 mm，形状接近立方体的规则集料5个，用洁净水洗净，置温度为（105±5）℃的烘箱中烘干，然后放在干燥器中备用。

2）将大烧杯中盛水，并置加热炉的石棉网上煮沸。

（2）试验步骤。

1）将集料逐个用细线在中部系牢，再置于105 ℃±5 ℃烘箱内1 h。准备沥青试样。

2）逐个取出加热的矿料颗粒用线提起，浸入预先加热的沥青（石油沥青130～150 ℃、煤沥青100～110 ℃）试样中45 s后，轻轻拿出，使集料颗粒完全为沥青膜所裹覆。

3）将裹覆沥青的集料颗粒悬挂于试验架上，下面垫一张废纸，使多余的沥青流掉，并在室温下冷却15 min。

4）待集料颗粒冷却后，逐个用线提起，浸入盛有煮沸水的大烧杯中央，调整加热炉，使烧杯中的水保持微沸状态，但不允许有沸开的泡沫。

5）浸煮3 min后，将集料从水中取出，观察矿料颗粒上沥青膜的剥落程度，评定其粘附性等级。

29. （1）准备工作。

1）将集料用9.5 mm、13.2 mm过筛，取粒径9.5～13.2 mm，形状规则的集料200 g用洁净水洗净，并置温度为105 ℃±5 ℃的烘箱烘干，然后放在干燥器中备用。

2）准备沥青试样功口热至与矿料的拌和温度。

3）将煮沸过的热水注入恒温水浴中，维持80 ℃±1 ℃恒温。

（2）试验步骤。

1）按四分法称取集料颗粒（9.5～13.2 mm）100 g置搪瓷盘中，连同搪瓷盘一起放入已升温至沥青拌和温度以上5 ℃的烘箱中持续加热1 h。

2）按每100 g矿料加入沥青（5.5±0.2）g的比例称取沥青，准确至0.1 g。放入小型拌中，一起置入同一烘箱中加热15 min。

3）将搪瓷盘中的集料倒入拌和容器的沥青中后，从烘箱中取出拌和容器，立即用金属铲均匀拌和1～1.5 min，使集料完全被沥青膜裹覆，然后，立即将裹有沥青的集料取20个，用小铲移至玻璃板上摊开，并置室温下冷却 1 h。

4）将放有集料的玻璃板浸入温度为（80±2）℃的恒温水槽中：保持 30 min，并将剥离及浮于水面的沥青，用纸片捞出。

5）由水中小心取出玻璃板，浸入水槽内的冷水中，仔细观察裹覆集料的沥青薄膜的剥落情况。

6）由剥离面积百分率评定沥青与集料粘附性的等级。

30. 表干法适用于测定吸水率不大于 2% 的各种沥青混合料试件

（1）选择量程适宜的浸水天平或电子称。

（2）称取干燥试件的空中质量（m_a）。

（3）挂上网篮，浸入溢流水箱中，将天平调平，把试件置于网篮中浸水约 3~5 min，称取水中质量（m_w）。（若天平读数不能很快达到稳定，说明试件吸水较严重，应改用蜡封法测定）。

（4）从水中取出试件，用拧干湿毛巾轻轻擦去试件的表面水（不得吸走空隙内的水），称取试件的表干质量（m_f）。

（5）对于路上钻取的非干燥试件可先取水中质量（m_w），然后用电风扇将试件吹干至恒重，再称取空中质量（m_a）。

（6）计算　试件毛体积密度 $= m_a \times \rho/(m_f - m_w)$。

31. 蜡封法适用于测定吸水率大于 2% 的各种沥青混合料试件

（1）选择适宜的浸水天平或电子称。

（2）称取干燥试件的空中质量（m_a），如为钻芯法取得非干燥试件，应用电风扇吹干 12 h 以上至恒重。

（3）将试件置于 4~5 ℃的冰箱中，不少于 30 min。

（4）将石蜡熔化至其熔点上 5~6 ℃。

（5）从冰箱中取出试件立即进行封蜡，常温下放置 30 min，称取封蜡试件的空中质量 m_p。

（6）浸入溢流水箱中约 1 min 读取水中质量 m_c。

（7）按规程有关公式计算。

32.（1）选择适宜的浸水天平或电子称。

（2）称取干燥试件的空中质量（m_a）。

（3）挂上网篮，浸入溢流水箱中调节水位，将天平调平或复零，把试件置于网篮中浸水约 3~5 min，称取水中质量（m_w）。（若天平读数不能很快达到稳定，说明试件吸水较严重，应改用表干法或蜡封法测定）。

（4）对于路上钻取的非干燥试件可先取水中质量（m_w），然后用电风扇将试件吹干至恒重，再称取空中质量（m_a）。

（5）计算。试件表观密度 $= m_a \times \rho/(m_a - m_w)$。

33.（1）采用适当加热、掰散等方式将混合料试样团块分散，不能破碎集料。

（2）称负压容器水中质量 m1，将规定数量混合料装入负压容器内，称重得到试样净质量 ma。

（3）将混合器料全部浸没在负压容器中约 25 ℃的水中。

（4）启动真空泵，使真空度达97.3 kPa 持续15 min ±2 min。

（5）强烈振荡负压容器，除去剩余气泡，每隔2分晃动若干次，直至不见气泡为止。

（6）将负压容器浸入25 ℃的恒温水槽中约10 min，称负压容器和沥青混合料水中质量 m_2

（7）计算。理论最大相对密度 $=\dfrac{m_a}{m_a-(m_1-m_2)}$

34.（1）射线法：适用于热拌热铺沥青混合料路面施工时的沥青用量检测使用，以快速评定拌和厂产品质量。

（2）离心分离法：本方法适用于热拌热铺沥青混合料路面施工时的沥青用量检测）以评定拌和厂产品质量。此法也适用于旧路调查时检测沥青混合料的沥青用量，用此法抽提的沥青溶液可用于回收沥青，以评定沥青的老化性质。

（3）回流式抽提仪法：适用于沥青路面施工的沥青用量检测使用，以评定施工质量，也适用于旧路调查中检测沥青路面的沥青用量。但对煤沥青路面，需有煤沥青的游离碳含量的原始测定数据。

（4）脂肪抽提器法方法适用于热拌热铺沥青混合料路面施工时的沥青用量检测，以评定拌和厂产品质量，此法也适用于旧路调查时检测沥青混合料的沥青用量。

某高速公路沥青路面上面层沥青混合料配合比设计

1. 设计资料

该高速公路沥青路面结构为三层式结构，上面层结构设计厚度4 cm。气候条件：7月份平均最高气温为32 ℃，年极端最低气温为 -6.5 ℃，年降雨量为1 500 mm。沥青材料：沥青密度1.025 g/cm^3，经检验各项技术性能均符合要求。矿质材料：3档集料的级配组成见下表，集料采用石灰石轧制，抗压强度120 MPa，洛杉矶磨耗率12%，粘附性等级5级，表观密度2.70 g/cm^3。矿粉采用石灰石磨细石粉，粒度范围符合技术要求，无团粒结块，表观密度2.68 g/cm^3。

2. 设计要求

（1）确定沥青混合料类型，并进行矿质混合料配合比设计；（2）根据沥青混凝土的技术要求，通过对马歇尔试验体积参数和力学指标（见表5-1）分析，确定最佳沥青用量。

表5-1　马歇尔试验体积参数-力学指标测定结果汇总

试件组号	沥青用量/%	理论最大密度/g·cm^{-3}	空气中质量/g	水中质量/g	表干质量/g	毛体积密度/g·cm^{-3}	空隙率/%	沥青体积百分含量/%	矿料间隙率/%	沥青饱和度/%	稳定度/kN	流值
A_1	4.5	2.514	1 157.3	670.0	1 161.9	2.353	6.4	0.3	16.7	61.7	7.8	2.1
A_2	5.0	2.495	1 177.3	685.4	1 180.5	2.378	4.7	11.6	16.3	71.2	8.6	2.5
A_3	5.5	2.476	1 201.9	704.0	1 206.5	2.392	3.4	12.8	16.2	79.0	8.7	3.2
A_4	6.0	2.458	1 225.7	716.9	1 227.5	2.401	2.3	14.1	16.4	85.8	8.1	3.7
A_5	6.5	2.440	1 250.2	731.5	1 253.3	2.396	1.8	15.2	17.0	89.4	7.0	4.4
技术标准（GB 50092—96）							3~6	—	≥15	70~85	≥7.5	2~4

解：（1）矿质混合料配合比设计。

1）确定沥青混合料类型以及矿质混合料的级配范围

根据设计资料，所铺筑道路为高速公路，沥青路面为上面层，结构层厚度为 4 cm。选择 AC－13I 型沥青混合料，相应的设计级配范围查表 5－2 确定，设计级配范围和中值见表 5－2。

表 5－2　矿料级配与级配范围

材料名称	下列筛孔（mm）的通过百分率/%									
	16.0	13.2	9.5	4.75	2.36	1.18	0.6	0.3	0.15	0.075
集料 A	100	93	17	0	—	—	—			
集料 B	100	100	100	84	14	8	4	0	—	—
集料 C	100	100	100	100	92	82	42	21	11	4
集料 D	100	100	100	100	100	100	100	100	96	87
AC－13I 的级配范围	100	95～100	70～88	46～68	36～53	24～41	18～30	12～22	8～16	4～8
级配范围中值	100	98	79	57	45	33	24	17	12	6

2）采用图解法进行矿质混合料配合比设计（图 5－1）

步骤 1：绘制图解法用图。

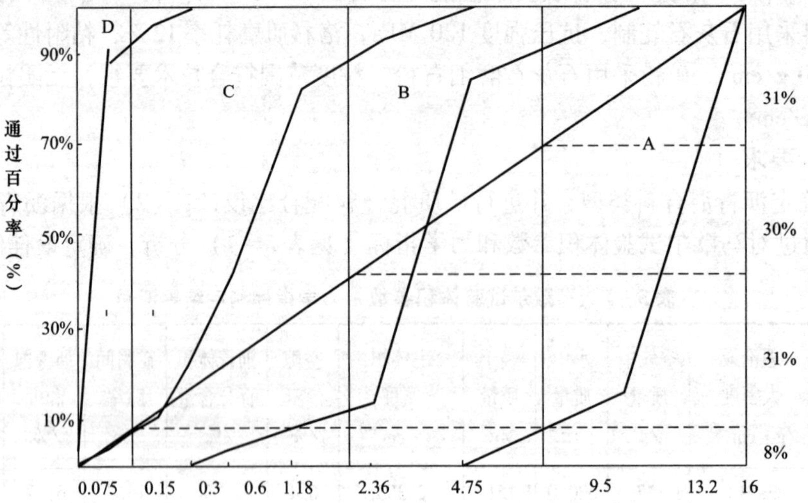

步骤 2：确定各种集料用量。

A：集料 B：集料 C：矿粉 D＝31%：30%：31%：8%

步骤 3：配合比校核与调整

按照集料 A：集料 B：集料 C：矿粉 D＝31%：30%：31%：8% 的比例，计算矿质混合料的合成级配，结果见下表。由表 5－3 可以看出，合成级配在筛孔 0.075 mm 的通过百分率为

8.2%，超出了设计级配范围（4%～8%）的要求，需要对集料比例进行调整。通过试算，采用减少集料 B、增加集料 C 并减少矿粉 D 用量的方法来调整配合比。

经调整后的配合比为：集料 A: 集料 B: 集料 C: 矿粉 D = 31% : 26% : 37% : 6%。调整后，矿质混合料的合成级配下表中括号内的数值，可以看出，合成级配曲线完全在设计要求的级配范围之内，并且接近中值。因此，本例题配合比设计结果为：碎石用量 $X=31\%$，石屑用量 $Y=26\%$，砂的用量 $Z=37\%$，矿粉用量 $W=6\%$。

表 5-3 矿质混合料合成级配校核计算用表

材料名称		下列筛孔（mm）的通过百分率/%									
		16.0	13.2	9.5	4.75	2.36	1.18	0.6	0.2	0.15	0.075
各种矿料在混合料中的级配	A 集料 31% （31%）	31.0 (31.0)	28.8 (28.8)	5.3 (5.3)	0 (0)						
	B 集料 30% （26%）	30.0 (26.0)	20.0 (26.0)	30.0 (26.0)	25.2 (21.8)	4.2 (3.6)	2.4 (2.1)	1.2 (1.0)	0 (0)		
	C 集料 31% （37%）	31.0 (37.0)	31.0 (37.0)	31.0 (37.0)	31.0 (37.0)	28.5 (34.0)	25.4 (30.3)	13.0 (15.5)	6.5 (7.8)	3.4 (4.1)	1.2 (1.5)
	D 矿粉 8% （6%）	8.0 (6.0)	8.0 (6.0)	8.0 (6.0)	8.0 (6.0)	8.0 (6.0)	8.0 (6.0)	8.0 (6.0)	8.0 (6.0)	7.9 (5.8)	7.0 (5.2)
矿质混合料的合成级配		100 (100)	97.8 (97.8)	74.3 (74.3)	64.2 (64.2)	40.7 (43.6)	35.8 (38.4)	22.2 (22.6)	14.5 (13.8)	11.3 (99)	8.2 (6.7)
设计级配范围		100	95～100	70～88	48～68	36～53	24～41	18～30	12～22	8～16	4～8

（2）沥青混合料马歇尔试验。

1）绘制沥青混合料物理－力学指标与沥青用量的关系图。

根据表 5-2 的数据，绘制沥青用量与毛体积密度、空隙率、沥青饱和度、马歇尔稳定度和流值等指标的关系曲线图。

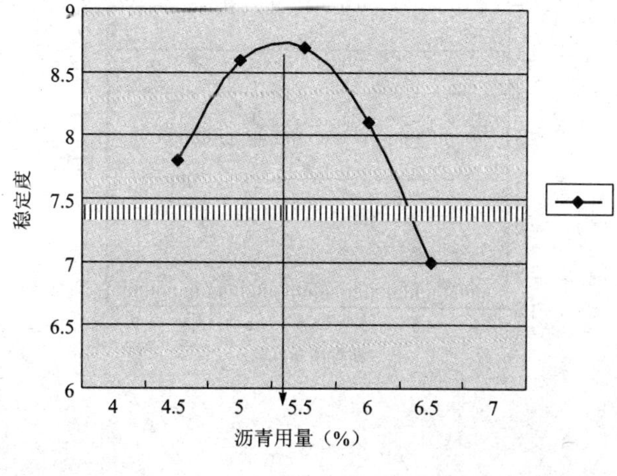

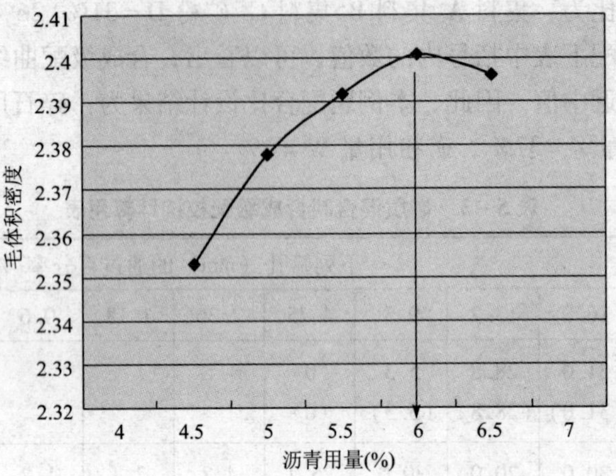
毛体积密度
2.41
2.4
2.39
2.38
2.37
2.36
2.35
2.34
2.33
2.32
4
4.5
5
5.5
6
6.5
7
沥青用量(%)

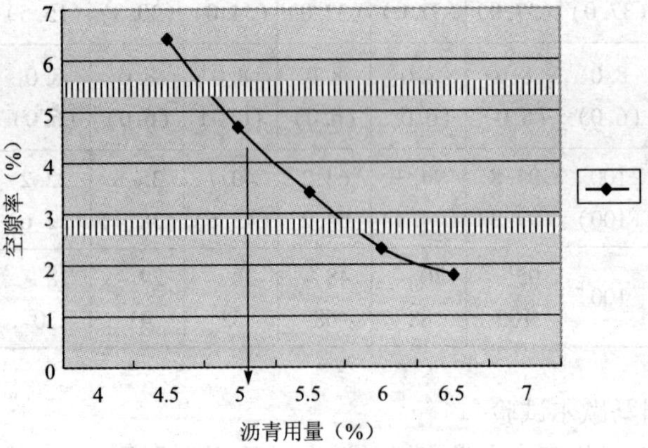
空隙率（%）
7
6
5
4
3
2
1
0
4
4.5
5
5.5
6
6.5
7
沥青用量（%）

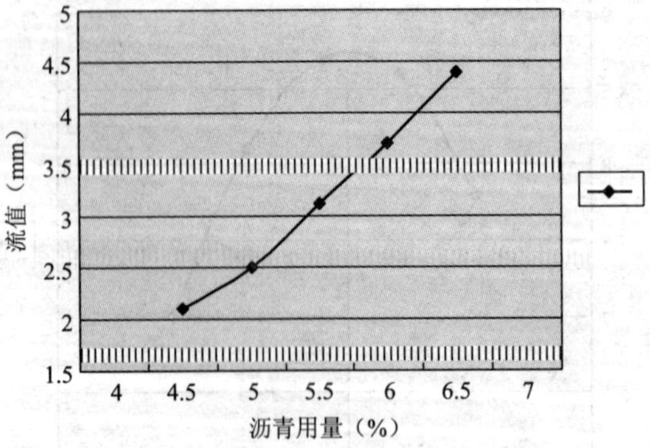
流值（mm）
5
4.5
4
3.5
3
2.5
2
1.5
4
4.5
5
5.5
6
6.5
7
沥青用量（%）

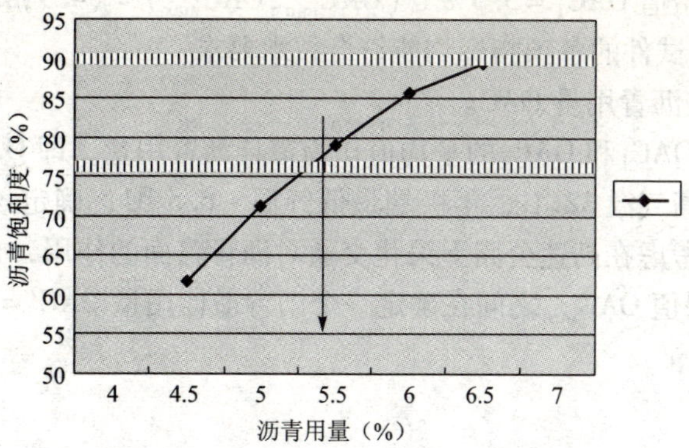

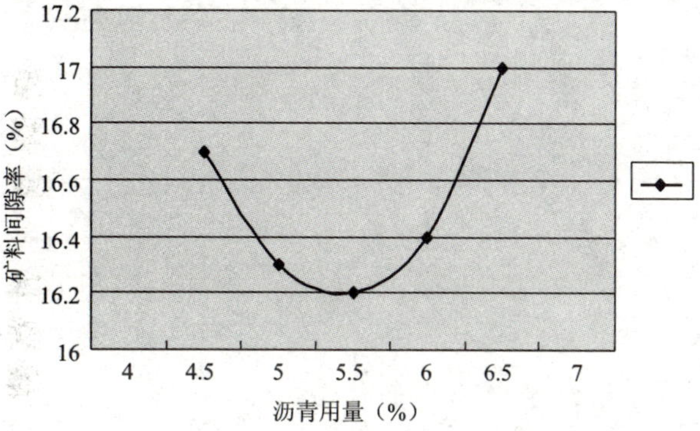

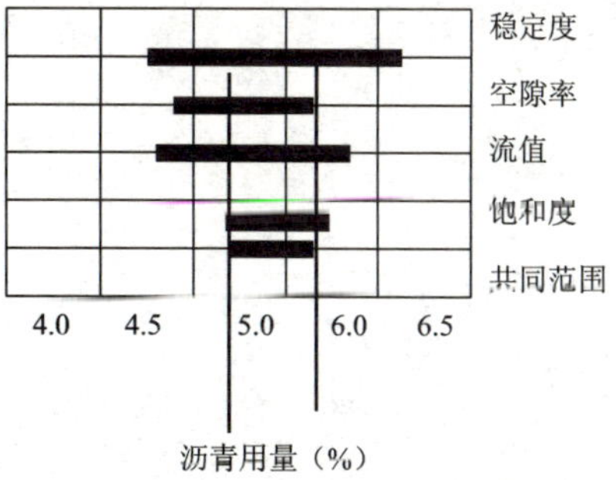

（3）最佳沥青用量确定。

1）确定最佳沥青初始用量 OAC_1。

与马歇尔稳定最大值对应的沥青用量 $a_1 = 5.4\%$，对应于密度最大值的沥青用量 $a_2 = 6.0\%$，对应于规定空隙率范围中值的沥青用量 $a_3 = 5.1\%$，对应于规定沥青饱和度范围中值的沥青用量 $a_4 = 5.4$，将 a_1、a_2、a_3、a_4得到最佳沥青初始值：

$$OAC_1 = (5.4\% + 6.0\% + 5.1\% + 5.4\%)/4 = 5.5\%$$

2）确定最佳沥青初始用量 OAC_2。

确定各项指标均符合沥青混合料技术标准要求的沥青用量范围，$OAC_{min} = 4.9\%$，$OAC_{max} = 5.7\%$，得：

$$OAC_2 = (4.9\% + 5.7\%)/2 = 5.3\%$$

沥青最佳用量初始值 $OAC_1=5.5\% \in (OAC_{min}, OAC_{max})=(4.9, 5.7)$，即当沥青用量为5.5%时，沥青混合料试件的各项指标均能符合技术要求。

3）综合确定最佳沥青用量 OAC。

一般条件下，以 OAC_1 和 OAC_2 的平均值作为最佳沥青用量，即 $OAC=5.4\%$。

当地7月平均最高气温32 ℃，年极端最低气温 -6.5 ℃，确定该沥青路面的气候分区属于夏炎热冬温区，考虑在高速公路上渠化交通对沥青路面的作用，预计可能出现车辙，故在中限值 OAC_2 与下限值 OAC_{min} 之间在确定一个沥青最佳用量 $OAC'=5.1\%$。

初级公路工程试验工理论知识试卷及答案

初级公路工程试验工理论知识试卷（A卷）

一、每空1分（共20分）

1. 水泥颗粒越细，凝结硬化速度越________，早期强度________。

2. 细集料的粗细程度可以用________和________来表示。

3. 划分石料等级的主要指标是________________含量。

4. 击实试验的目的在于求得________和________。

5. 磨耗率是指石料抵抗________、________和________等综合作用的性能。

6. 测定水泥凝结时间是以________用水量制成的水泥净浆，从________起至试针沉入净浆，距底板（4±1）mm时所需时间为________时间，至试针沉入试体0.5 mm时所需的时间为________时间。

7. 若水泥砼混合料坍落度不满足要求，应保持________不变，适当增加或减少________的用量。

8. 按用途分类，砂浆可分为________和________。

9. 沥青与矿料之间的吸附作用有________与________。

二、选择题（每题1分，共20分）

1. 配制水泥砼时，一般情况下水泥标号为砼强度等级的（　　）倍。

A. 1.5　　B. 2　　C. 1　　D. 1.5~2.0

2. 用比重瓶法测定水泥的比重值，其计算公式该采用哪个（　　）。

A. $r=P/(V_2-V_1)$　　B. $r=P/(V_1-V_2)$

C. $r=P/V_1$　　D. $r=PV$

3. 评定水泥砼抗压、抗折强度的试件应以标准养护（　　）为准。

A. 3 d　　B. 7 d　　C. 14 d　　D. 28 d

4. 水泥砼的质量，一般以（　　）来评定。

A. 强度　　B. 抗压强度　　C. 抗弯拉强度　　D. 抗劈裂强度

5. 硅酸盐水泥的矿物成分组成的主要特性中，反应速度最快的是（　　）

A. C_3A　　B. C_2S　　C. C_3S　　D. C_4AF

6. 沥青砼路面的压实度规定值应为（　　）。

A. ≥98%　　B. ≥95%　　C. ≥93%　　D. ≥90%

7. 级配砾石用作基层时，集料压碎值应满足中交通道路不大于（　　）。

A. 30%　　B. 35%　　C. 40%　　D. 50%

8. 砂级配中第二级配区的砂一定是（　　）。

A. 粗砂　　B. 中砂　　C. 细砂　　D. 较粗砂

9. 在25 ℃时，当石油沥青的针入度大于200时，称为（　　）。

A. 粘稠沥青　　B. 渣油　　C. 液体沥青　　D. 稀释沥青

10. 土样500 g，经筛分后，0.5 mm筛的筛余量为100 g，则其分计筛余百分率为（　　）。

A. 20%　　B. 80%　　C. 5%　　D. 40%

11. 根据规范规定，普通水泥的初凝时间（　　）。

A. 不大于45 min　　B. 45 min　　C. 不早于45 min　　D. 没有规定

12. 在水泥标号相同情况下，水灰比愈小，则水泥石的强度（　　）。

A. 愈大　　B. 愈小　　C. 升高　　D. 降低

13. 软土的天然含水量一般大于（　　）。

A. 塑限　　B. 液性指数　　C. 液限　　D. 塑性指数

14. 水泥砼抗压强度试验中，试件标准尺寸为150 mm×150 mm×150 mm，则其骨料的最大粒径为（　　）。

A. 30 mm　　B. 40 mm　　C. 50 mm　　D. 60 mm

15. 测定沥青针入度时，规定试验温度为（　　）。

A. 25 ℃　　B. 15 ℃　　C. 30 ℃　　D. 60 ℃

16. 硅酸盐水泥的矿物成分组成中，放热量最大的是（　　）。

A. C_2S　　B. C_3S　　C. C_3A　　D. C_4AF

17. 划分粗粒土的粒径界限是（　　）mm。

A. 60～200　　B. 60～0.074　　C. 0.074～0.02　　D. 0.02～0.05

18. 测定石料密度试验中，如采用100 ml的比重瓶，则应称取的试样质量应为（　　）。

A. 10 g　　B. 15 g　　C. 50 g　　D. 100 g

19. 下列不属于石油沥青技术指标的是（　　）。

A. 粘滞度　　B. 针入度　　C. 稠度　　D. 延度

20. 测定水泥标准稠度时，用标准试杆沉入净浆，并距离底板（　　）的水泥净浆稠度为标准稠度。

A. 28 mm　　B. 26 mm　　C. （6±1）mm　　D. （6±2）mm

三、判断题（每题1分，共20分）正确者在括号内打"√"，错误者打"×"。

1. 石料的饱水抗压系数愈大，抗冻性愈差。（　　）
2. 粘稠石油沥青的针入度越大，软化点越高，延度越大。（　　）
3. 钢材的伸长率越大，说明其抗拉性能越好。（　　）
4. 水泥砼流动性大，说明其和易性好。（　　）
5. 水泥颗粒越细，比表面积越大，水化越快，强度越高。（　　）
6. 土的最佳含水量是指最干燥状态所对应的含水量。（　　）
7. 进行砂浆抗压强度试验的目的是确定砂浆标号。（　　）
8. 集料的表观密度试验中采用的试样应是现场取用的有天然含水量的试样。（　　）
9. 沥青混合料中，宜采用碱性矿质材料。（　　）
10. 砂的3个级配区的划分是以4.75 mm为控制粒径。（　　）
11. 水泥砼配合比设计时，选用水泥标号越高越好。（　　）

12. 针入度指数的大小表征沥青的感温性和胶体结构类型。 ( )

13. 在25 ℃时，当石油沥青的针入度大于200 ℃时，称为液体沥青。 ( )

14. 石料的抗压强度是以标准试件在干燥状态下单轴受压时的极限抗压强度表示的。 ( )

15. 在硅酸盐水泥中，C_2S 支配水泥的早期强度。 ( )

16. 毛细水在砂土中上升高度最大。 ( )

17. 水泥标号是由标准试件28 d极限抗压强度确定的。 ( )

18. 对水泥砼的耐久性主要从最小水灰比和最大水泥用量控制。 ( )

19. 水泥砼和易性好，说明其流动性好。 ( )

20. 选用道路沥青材料是，寒冷地区宜选用针入度较大，延度较大的沥青，较热地区宜选用针入度较小，软化点高的沥青。 ( )

四、问答题（30分）

1. 砂的颗粒级配通过什么方法测定？如何测定？

2. 硅酸盐水泥的物理性质有哪些？

3. 水泥混凝土和易性的主要因素有哪些？

4. 沥青的胶体结构有哪3种类型？各有何特点？

5. 简述硅酸盐水泥的主要矿物成分及其特性。

五、计算题（10分）

已知材料密度为2.7 g/cm^3，浸水饱和状态下的毛体积密度为2 462 kg/m^3，经烘干至恒重，知道质量损失100 kg/m^3，试求此材料干燥状态下的毛体积密度和孔隙率。

初级公路工程试验工知识试卷（A卷）标准答案

一、填空题

1. 快　高

2. 细度模数　平均粒径

3. 有效 CaO + MgO

4. 最大干密度　最佳含水量

5. 撞击　剪切　摩擦

6. 标准稠度　加水拌和　初凝　终凝

7. 水灰比　水泥浆

8. 砌筑砂浆　抹面砂浆

9. 物理吸附　化学吸附

二、选择题

1. D　2. A　3. D　4. B　5. A　6. A　7. C　8. B　9. C　10. A

11. C　12. A　13. C　14. B　15. A　16. C　17. B　18. B　19. C　20. C

三、判断题

1. √　2. √　3. ×　4. ×　5. √　6. ×　7. √　8. ×　9. √　10. ×

11. ×　12. √　13. √　14. ×　15. ×　16. ×　17. ×　18. ×　19. √　20. √

四、问答题

1. 答：砂的颗粒级配通过砂的筛析试验确定。砂的筛析试验是将砂烘干到恒量，取500 g用一套标准筛（孔径10、5、2.5、1.25、0.63、0.315、0.16 mm）进行筛分，称出存留在各筛上的筛余量，然后按下述公式计算有关参数。

分计筛余百分率：$\alpha_i = m_i/M \times 100\%$

累计筛余百分率：$A_i = \alpha_1 + \alpha_2 + \alpha_3 \cdots + \alpha_i$，通过百分率：$P_i = 100 - A_i$

2. 答：普通水泥的技术性质有：细度；标准稠度用水量；凝结时间；体积安定性；强度。

3. 答：加水量；骨料形状、颗粒级配；砂率；水泥品种；水泥浆数量与水灰比；外加剂；温度与搅拌时间。

4. 答：石油沥青有胶体结构的类型有溶胶型、凝胶型、溶凝胶型3种。

溶胶型沥青：胶体结构中沥青质少，饱和烃与芳香烃，树脂较多，具有良好的粘结性、塑性、流动性及开裂后的自愈能力，但温度稳定性差，高温流淌。

凝胶型沥青：抗温性和弹性较好，具有触变现象，但粘结性及开裂后的自愈能力差

溶凝胶型沥青：粘结性和感温性较好，是道路建筑中较理想的结构沥青。

解：1）干密度：2 462 − 100 = 2 362 kg/m^3 = 2.362 g/cm^3

2）空隙率：$n = (1 - \rho_n/\rho_t) \times 100\% = (1 - 2.362/2.7) \times 100\% = 13\%$

所以干密度为2.362 g/cm^3，空隙率为13%。

初级公路工程试验工理论知识试卷（B卷）

一、填空题（每空1分，共20分）

1. 划分石灰等级的主要指标是________含量。

2. 水泥标准稠度用水量的测定方法有________与________，其中以________法为准。

3. 砂的物理性质主要包括________、________、________和________。

4. 石油沥青的温度稳定性以________与________表示。

5. 水泥胶砂强度试验目的是确定________，其方法是将水泥与标准砂按________的比例，制成标准试件，在符合要求条件下，以________天的抗压强度来评定水泥的________。

6. 砂中所含水的质量，以占________的百分数表示。

7. 如果水泥混凝土混合料的坍落度愈大，则流动性________，若工作度愈大，则流动性________。

8. 试验测得两组混凝土抗压强度测定值为：

A. 24.2 MPa　23.4 MPa　25.3 MPa　　　B. 16.1 MPa　22.3 MPa　22.0 MPa

则A组抗压强度为________，B组抗压强度为________。

9. 沥青的粘滞性对于粘稠沥青用________表示。

二、选择题（每题1分，共20分）

1. 测定沥青针入度时，规定试验温度为（　　）℃。

A. 25　　　B. 15　　　C. 30　　　D. 40

2. 硅酸盐水泥的矿物组成中，放热量最大的是（　　）。

A. C_2S　　B. C_3S　　C. C_3A　　D. C_4AF

3. 划分粗粒土的粒径界限是（　　）mm。

A. 60 ~ 200　　B. 60 ~ 0.074　　C. 0.074 ~ 0.02　　D. 2 ~ 0.05

4. 测定水泥标准稠度用水量时，用试锥下沉的深度来衡量，其标准下沉深度为（　　）。

A. 28 mm　　B. 26 mm　　C. （20 ± 2） mm　　D. （28 ± 2） mm

5. 钢材的各项指标中，用伸长率来表示的性能是（　　）。

A. 抗拉性能　　B. 塑性　　C. 冲击韧性　　D. 冷弯性能

6. 做水泥细度试验时，首先应通过的方孔筛的孔径为（　　）。

A. 10 mm　　B. 1.0 mm　　C. 0.9 mm　　D. 0.08 mm

7. 下列试验仪器中用于砂的密度试验的仪器是（　　）。

A. 环球仪　　B. 容量筒　　C. 坍落筒　　D. 容积升

8. 土的密度（容重）所要求的土样必须是（　　）。

A. 原状土　　B. 扰动土　　C. 松散状土　　D. 干硬状土

9. 土的最佳含水量是指（　　）。

A. 饱和时所具备的含水量　　B. 坚硬土块所对应的含水量

C. 干燥状态所对应的含水量　　D. 最大密实状态所对应的含水量

10. 某砂样经筛分试验后，4.75 mm 筛上的筛余为 9.2%，2.36 mm 筛上的筛余为 17.8%，则 2.36 mm 筛上的通过百分率为（　　）。

A. 17.8%　　B. 27.0%　　C. 73.0%　　D. 82.2%

11. 影响混凝土强度的主要因素是（　　）。

A. 用水量　　B. 水泥用量　　C. 砂率　　D. 水灰比

12. 按沥青混合料密度分，开级配沥青混凝十残留剩余空隙率为（　　）。

A. 1% ~5%　　B. 小于 6%　　C. 6% ~10%　　D. 大于 10%

13. 石油沥青的组分中，使沥青具有粘结性和塑性的组分是（　　）。

A. 油分　　B. 树脂　　C. 沥青质　　D. 石蜡

14. 下列试验项目中，哪一个是公路路基施工中必须进行的试验项目是（　　）。

A. 含水量和压实度试验　　B. 土的直剪试验

C. 回弹模量试验　　D. 空隙度试验

15. 水泥混凝土混合物坍落度越大，说明混合物（　　）越大。

A. 塑性　　B. 流动性　　C. 粘聚性　　D. 保水性

16. 测定细集料的表观密度时，称取试样的质量应为（　　）g。

A. 50　　B. 100　　C. 300　　D. 500

17. 钢筋拉伸试验时，开动试验机，连续均匀的以（　　）速度施加荷载。

A. 5 MPa/s　　B. 10 MPa/s　　C. 15 MPa/s　　D. 40 MPa/s

18. 软化点是反映沥青（　　）的一个指标，用环球仪测定。

A. 粘滞性　　B. 流动性　　C. 感温性　　D. 塑性

19. 某混凝土中水灰比为 0.52，已知用水量为 188 kg/m³，则水泥用量（　　）kg/m³。

A. 362　　B. 188　　C. 97.8　　D. 52

20. 测得沥青混合料中矿料重为 m_1，沥青为 m_2，则此沥青混合料中沥青含量为

(　　) ×100%。

A. m_1/m_2　　　　B. $m_2/(m_1+m_2)$

C. m_2/m_1　　　　D. $(m_2-m_1)/(m_1+m_2)$

三、判断题（正确打√，错误打×，每题1分，共20分）

1. 煤沥青的温度敏感性比石油沥青强。(　　)
2. 石料的磨耗度通常用磨耗率表示。(　　)
3. 石灰未消化残渣含量是测定石灰的有效成分。(　　)
4. 计算水泥的标准稠度用水量是为了试验强度和凝结时间。(　　)
5. 一个良好的集料级配，要求空隙率最小，总表面积也不大。(　　)
6. 粒度分析的筛分法适用于分析大于0.074 mm的分干土样。(　　)
7. 钢筋按其机械性能分级分为4级，钢号越大，含碳量越高。(　　)
8. 对水泥混凝土耐久性主要从最小水灰比和最大水泥用量进行控制。(　　)
9. 在硅酸盐水泥中，C_3S 支配水泥的后期强度。(　　)
10. 水泥混凝土用砂，细度模数越大，说明砂子越细。(　　)
11. 石料的孔隙率越大，吸水率也越大，抗冻性越差。(　　)
12. 第二级配区的砂一定是中砂。(　　)
13. 进行砂浆抗压强度试验的目的是确定砂浆标号。(　　)
14. 测定水泥初凝时间是从加水拌合起试针沉入净浆不超过1 mm时所需的时间，一般不小于45 min。(　　)
15. 粘稠石油沥青针入度越大，软化点越高。(　　)
16. 水泥混凝土流动性大，说明其和易性好。(　　)
17. 钢材的伸长率越大，说明其抗拉性能越好。(　　)
18. 在25 ℃时，当石油沥青的针入度大于200时，称为液体沥青。(　　)
19. 水泥浆与骨料的关系，是以水灰比来表示的。(　　)
20. 沥青混合料加入的矿粉应是碱性矿粉为好。(　　)

四、问答题（30分）

1. 生石灰的技术要求有那些？(5分)
2. 简述水泥混凝土配合比的设计步骤。(7分)
3. 自然因素对沥青的性能有何影响？(6分)
4. 砂的颗粒级配通过什么方法测定，如何测定？(6分)
5. 影响硅酸盐水泥硬化速度的因素有哪些？(6分)

五、计算题（10分）

试配制7.5号水泥砂浆，采用中砂和42.5级普通硅酸盐水泥，水泥堆积密度为1 300 kg/m³，求该砂浆中水泥和砂的体积比是多少？(建议 k 值取0.7)

初级公路工程试验工知识试卷（B卷）标准答案

一、填空题

1. 活性 Ca + MgO

2. 固定水量法　调整水量法　调整水量法
3. 表观密度　堆积密度　孔隙率　含水率
4. 软化点　脆点
5. 水泥标号　1∶3　28　强度等级
6. 干砂质量
7. 愈大　愈小
8. 24.3 MPa　22.0 MPa
9. 针入度

二、选择题

1. A	2. C	3. B	4. D	5. B	6. C	7. B	8. A	9. D	10. C
11. D	12. D	13. B	14. A	15. B	16. C	17. B	18. C	19. A	20. B

三、判断题

1. √	2. √	3. ×	4. ×	5. √	6. √	7. √	8. ×	9. ×	10. ×
11. √	12. √	13. √	14. ×	15. ×	16. ×	17. ×	18. √	19. ×	20. √

四、问答题

1. 答：① 有效氧化钙与氧化镁含量；
② 未消化残渣含量（过 5 mm 圆孔筛）；
③ 含水率；
④ 细度（0.71 mm 方孔筛的筛余或 0.125 mm 方孔筛累计筛余）；
⑤ 产浆量。

2. 答：① 确定试配强度；
② 确定水灰比；
③ 确定用水量
④ 确定砂率；
⑤ 计算水泥用量；
⑥ 计算砂、石用量
⑦ 求出水泥混凝土的初步配合比。

3. 答：自然因素是指空气、阳光、气温和降水等，沥青在自然因素的作用下，其分子会发生氧化和聚合的作用，使沥青的组分发生转移，其转移大致为：油质→树脂→沥青质→沥青碳和似碳物。由于沥青的组分发生变化，使沥青的粘滞度增加，软化点升高，粘结力下降，脆性增大，塑性减小，导致沥青技术性质变坏。

4. 答：砂的颗粒级配通过砂的筛析试验测定。砂的筛析试验将砂烘干到恒量，取 500 g 用一套标准筛（孔径为 9.5、4.75、2.36、1.18、0.6、0.3、0.15、筛底）进行筛分，求出存留在各筛上的筛余量，然后按下述计算级配参数。

分计筛余百分率：$a_i = m_i/M \times 100\%$

累计筛余百分率：$A_i = a_1 + a_2 + \cdots a_i$

5. 答（1）水泥的矿物组成 C_3A 和 C_3S 的含量，含量大时凝结硬化快。
（2）水泥颗粒粗细，愈细，则表面积大，硬化也快。
（3）硬化时温度、湿度，温度、湿度越高，凝结硬化越快。

(4) 加水的数量，如果适量则凝结硬化快。

(5) 外加剂，加不同的外加剂，也会改变水泥本身的凝结硬化速度。

五、计算题

解：$k=0.7$

$Q_c=R_p/kR_c\times1\ 000=7.5/(0.7\times42.5)=252\ kg/m^3$

用水量：$W=[R_c/4(R_p+0.1R_c)]\times Qc=[42.5/4(7.5+0.1\times42.5)]\times252=228\ kg$

水泥∶砂∶水 =252∶1/(252/1 300)∶228 =1∶5.16∶0.90

初级公路工程试验工知识试卷（C卷）

一、填空题（每空1分，共20分）

1. 细集料的粗细程度可以用________和________表示。

2. 现行规范中对水泥耐久性主要从________和________两方面控制。

3. 筛分土样时，留在筛孔以上的称为________，通过筛孔的称为________。

4. 水泥混凝土配合比设计时，选择水灰比的依据是水泥混凝土的________与________。

5. 影响水泥混凝土强度的主要因素是________、________、________、________和________。

6. 经冷拉后的钢筋随着时间的增长，其屈服强度________，塑性________。

7. 沥青的粘滞性对于粘稠沥青用________表示，液体沥青用________表示。

8. ________是指沥青路面抵抗长期自然因素作用的性能。

9. 从土的击实试验知道，当土的________小于________时，其密实度随________的增加而增加。

二、选择题（每题1分，共20分）

1. 在规定条件下，砂的单位体积（包括内部封闭孔隙与实体积之和）的烘干质量，称为（　　）。

A. 真密度　　B. 视密度　　C. 密度　　D. 松装密度

2. 下列试验仪器中，用于沥青软化点试验的是（　　）。

A. 环球仪　　B. 天平　　C. 烘箱　　D. 延伸仪

3. 水泥混凝土的质量，一般以（　　）来评定。

A. 抗折强度　　B. 抗压强度　　C. 抗弯拉强度　　D. 抗劈裂强度

4. 测定细集料表观密度时，称取试样的质量应为（　　）g。

A. 50　　B. 100　　C. 300　　D. 500

5. 测定沥青针入度时，规定试验温度为（　　）℃。

A. 25　　B. 15　　C. 20　　D. 30

6. 毛细水在（　　）中上升高度最大。

A. 砾石土　　B. 粉性土　　C. 砂性土　　D. 黏土

7. 根据规范规定，普通水泥的凝结时间（　　）。

A. 45 min　　B. 少于 45 min　　C. 不早于 45 min　　D. 少于 10 h

8. 混凝土试件出现蜂窝、麻面现象与混凝土混合料的（　　）有关。

A. 流动性　　B. 粘聚性　　C. 保水性　　D. 易密性

9. 水泥胶砂强度试验中，试件标准尺寸应为（　　）mm^3。

A. 150×150×150　　B. 40×40×40

C. 70.7×70.7×70.7　　D. 40×40×160

10. 硅酸盐水泥的矿物组成中，放热量最大的是（　　）。

A. C_2S　　B. C_3S　　C. C_3A　　D. C_4AF

11. 在25 ℃时，当石油沥青的针入度大于200时，称为（　　）。

A. 粘稠沥青　　B. 液体沥青　　C. 渣油　　D. 乳化沥青

12. 测定石料密度试验中，如采用100 mL的比重瓶，则应称取的试样质量应为（　　）g。

A. 10　　B. 15　　C. 50　　D. 100

13. 下列不属于石油沥青技术指标的是（　　）。

A. 粘滞度　　B. 针入度　　C. 稠度　　D. 延度

14. 用比重瓶法测定水泥的比重时，其计算公式该采用哪个（　　）。

A. $r=\rho/(v_2-v_1)$　　B. $r=\rho/(v_1-v_2)$　　C. $r=\rho/v_1$　　D. $r=\rho v$

15. 钢材的各项指标中，用伸长率来表示的性能是（　　）。

A. 抗拉性能　　B. 塑性　　C. 冲击性能　　D. 冷弯性能

16. 土的最佳含水量是指（　　）。

A. 饱和时所具备的含水量　　B. 坚硬土块所对应的含水量

C. 干燥状态所对应的含水量　　D. 最大密实状态所对应的含水量

17. 石油沥青的组分中，使沥青具有流动性的组分是（　　）。

A. 油分　　B. 树脂　　C. 沥青质　　D. 石蜡

18. 水泥混凝土混合物坍落度越大，说明混合物（　　）越大。

A. 塑性　　B. 流动性　　C. 粘聚性　　D. 保水性

19. 测得沥青混合料中矿料重为 m_1，沥青为 m_2，则此沥青混合料中沥青含量为（　　）×100%。

A. m_1/m_2　　B. $m_2/(m_1+m_2)$　　C. m_2/m_1　　D. $(m_2-m_1)/(m_1+m_2)$

20. 某砂样500 g，经筛分后，0.5 mm筛的筛余量为100 g，则其分计筛余百分率为（　　）%。

A. 20　　B. 80　　C. 5　　D. 40

三、判断题（正确打√，错误打×，每题1分，共20分）

1. 细度模数是划分砂子粗细程度的唯一方法。（　　）
2. 粘稠石油沥青针入度越大，软化点越高，延度越大。（　　）
3. 水泥颗粒愈细，比表面积愈大，水化愈快，强度愈高。（　　）
4. 钢材的伸长率越大，说明其塑性越小。（　　）
5. 砂的3个级配区的划分是以4.75 mm为控制粒径。（　　）
6. 水泥混凝土的和易性越好，其流动性也越好。（　　）
7. 液体沥青的标号主要以粘滞度划分。（　　）
8. 水泥强度等级是由标准试件28 d抗压强度确定的。（　　）
9. 在硅酸盐水泥中，C_3S 支配水泥的后期强度。（　　）

10. 土的击实试验所用的土样为原状土。 ( )
11. 石料的磨耗度通常用磨耗率表示。 ( )
12. 石灰未消化残渣含量是测定石灰的有效成分。 ( )
13. 计算水泥的标准稠度用水量是为了试验水泥安定性和凝结时间。 ( )
14. 水泥混凝土用砂，细度模数越大，说明砂子越细。 ( )
15. 钢筋按其物理性质可分为4级。 ( )
16. 水泥浆与骨料的关系，是以水灰比来表示的。 ( )
17. 沥青混合料加入的矿粉应是碱性矿粉为好。 ( )
18. 粒度分析的筛分法适用于分析大于0.074 mm的风干土样。 ( )
19. 进行混凝土抗压强度试验的目的是确定混凝土标号。 ( )
20. 针入度指数的大小表征沥青的感温性和胶体结构类型。 ( )

四、问答题（30分）

1. 水泥的强度等级如何测定？（5分）
2. 沥青混合料有哪几种结构类型？各有什么特点？（6分）
3. 试述提高水泥混凝土强度的方法。（4分）
4. 叙述硅酸盐水泥的主要矿物成分及特性。（8分）
5. 简述水泥混凝土配合比的设计步骤。（7分）

五、计算题（10分）

某砂样筛分析试验结果计算如下表，试判断该砂样属于哪类砂？

筛孔尺寸/mm	9.5	4.75	2.36	1.18	0.6	0.3	0.15	<0.15
P_i	100	90	88	72	42	15	5	0
通过百分率/%	100	90	88	72	42	15	3	0

初级公路工程试验工理论知识试卷（C）卷标准答案

一、填空题

1. 细度模数　平均粒径
2. 最大水灰比　最小水泥用量
3. 筛余量　通过量
4. 强度　耐久性
5. 水泥标号和水灰比　骨料性质　养护条件　龄期
6. 提高　降低
7. 针入度　粘滞度
8. 沥青混合料的耐久性
9. 含水量　最佳含水量　含水量

二、选择题

1. C　2. A　3. B　4. C　5. A　6. B　7. C　8. A　9. D　10. C

11. B　12. B　13. C　14. A　15. B　16. D　17. A　18. B　19. B　20. A

三、判断题

1. ×　2. √　3. √　4. ×　5. ×　6. √　7. √　8. ×　9. ×　10. ×

11. √　12. ×　13. √　14. ×　15. ×　16. ×　17. √　18. √　19. √　20. √

四、问答题

1. 答：水泥和标准砂按 1∶3 的比例混合，规定的水灰比为 0.5，按规定方法制成 40 mm×40 mm×160 mm 的试件，在标准条件下进行养护分别测定 3 d 和 28 d 的抗折和抗压强度，根据 28 d 的抗压强度确定水泥的强度等级，3 d、28 d 的抗压抗折强度均不得低于规范规定的强度指标。

2. 答：有 3 种结构类型，即

悬浮密实结构，特点：连续密级配，强度较高，内摩阻角小，热稳定性差，孔隙率小，耐久性差。骨架空隙结构，特点：连续开级配，强度偏小，内摩阻角大，热稳定性好，孔隙率大，耐久性差。骨架密实结构，特点：间断级配，强度高，孔隙率小，热稳定性好，耐久性好，施工质量不易控制，和易性较差。

3. 答：（1）根据工程性质，环境条件采用适当的水泥标号和水泥品种（较高标号水泥与特种水泥）。

（2）增加水泥混凝土的密实度。

（3）蒸汽养护或蒸压养护。

（4）掺用外加剂。

4. 答：（1）C_3S（硅酸三钙）：水化速度快，水化热较高，强度最高。

（2）C_2S：水化速度慢，水化热最低，强度早期低，后期强度增长率较高。

（3）C_3A：水化速度最快，水化热较高，强度发展很快但不高，体积收缩大。

（4）C_4AF：水化速度较快，水化热和强度中等，体积收缩最小，含量多时对抗折强度有利。

5. 答：（1）确定试配强度。

（2）确定水灰比。

（3）确定用水量。

（4）确定砂率。

（5）计算水泥用量。

（6）计算砂、石用量。

（7）求出水泥混凝土的初步配合比。

五、计算题

解：（1）计算各号筛的累计筛余 A_i 见下表：

筛孔尺寸/mm	9.5	4.75	3.56	1.18	0.6	0.3	0.15	<0.15
P_i	100	90	88	72	42	15	5	0
A_i	0	10	12	28	58	85	95	100

（2）计算细度模数：

$$M_f=[(12+28+58+85+95)-5\times10]/(100-10)=2.53$$

因 $2.3<M_f<3.0$，故该砂为中砂。

初级公路工程试验工理论知识试卷（D）

一、选择题（每题2分，共40分）将正确答案前的代号填在括号内

1. 配制水泥砼时，一般情况下水泥标号为砼强度等级的（　　）倍。

A. 1.5　　B. 2　　C. 1　　D. 1.5～2.0

2. 评定水泥砼抗压，抗折强度的试件应以标准养护（　　）为准。

A. 3 d　　B. 7 d　　C. 14 d　　D. 28 d

3. 水泥砼的质量，一般以（　　）来评定。

A. 抗折强度　　B. 抗压强度　　C. 抗弯拉强度　　D. 抗劈裂强度

4. 沥青砼路面的压实度规定值应为（　　）。

A. ≥98%　　B. ≥95%　　C. ≥93%　　D. ≥90%

5. 级配砾石用作基层时，集料压碎值应满足中交通道路不大于（　　）。

A. 30%　　B. 35%　　C. 40%　　D. 50%

6. 砂级配中第二级配区的砂一定是（　　）。

A. 粗砂　　B. 中砂　　C. 细砂　　D. 中粗砂

7. 在25 ℃时，当石油沥青的针入度大于200时，称为（　　）。

A. 粘稠沥青　　B. 渣油　　C. 液体沥青　　D. 稀释沥青

8. 某土样500 g，经筛分后，0.5 mm筛的筛余量为100 g，则分计筛余百分率为（　　）。

A. 20%　　B. 80%　　C. 5%　　D. 40%

9. 根据规范规定，普通水泥的初凝时间（　　）。

A. 不大于45 min　　B. 45 min　　C. 不早于45 min　　D. 没有规定

10. 水泥砼抗压强度试验中，试件标准尺寸为150 mm×150 mm×150 mm，则其骨料的最大粒径为（　　）。

A. 30 mm　　B. 40 mm　　C. 50 mm　　D. 60 mm

11. 硅酸盐水泥的矿物成分组成中，放热量最大的是（　　）。

A. C_2S　　B. C_3S　　C. C_3A　　D. C_4AF

12. 划分粗粒土的粒径界限是（　　）mm。

A. 60～200　　B. 60～0.074　　C. 0.074～0.02　　D. 0.02～0.05

13. 测定石料密度试验中，如采用100 mL的比重瓶，则应称取的试样质量为（　　）。

A. 10 g　　B. 15 g　　C. 50 g　　D. 100 g

14. 测定水泥标准稠度用水量时，用试杆下沉的深度来衡量，其标准下沉深度为（　　）。

A. 28 mm　　B. 34 mm　　C. (34±1) mm　　D. (28±2) mm

15. 测定细集料的表观密度时，称取试样的质量应为（　　）。

A. 50 g　　B. 100 g　　C. 300 g　　D. 500 g

16. 下列试验仪器中，用于沥青软化点试验的是（　　）。

A. 软化点仪　B. 环球仪　C. 容量筒　D. 烘箱

17. 毛细水在（　　）中升高度最大。

A. 砾石土　B. 砂土　C. 粉性土　D. 粉土

18. 石油沥青的组分中，使沥青具有粘结性和塑性的组分是（　　）。

A. 油分　B. 树脂　C. 沥青质　D. 石腊

19. 软土的天然含水量一般大于（　　）。

A. 塑限　B. 液性指数　C. 液限　D. 塑性指数

20. 测定沥青针入度时，规定试验温度为（　　）。

A. 25 ℃　B. 15 ℃　C. 30 ℃　D. 60 ℃

二、判断题（每题 1 分，共 20 分）正确的在括号内打“√”，错误的在括号内打“×”

1. 水泥颗粒愈细，凝结硬化速度愈快，早期强度愈高。（　　）
2. 根据某砂样的筛分结果，计算 $M_X=3.1$，则该砂样为粗砂。（　　）
3. 粗集料中的片状颗粒是指厚度小于该颗粒所属粒径 1.6～3.3 倍。（　　）
4. 土方路基压实度的检测频率是每 2 000 m^2 每压实层测 2 处。（　　）
5. 测定砼抗压强度以成型时侧面为上下受压面。（　　）
6. 土的液限和塑限是土的两个重要工程性质。（　　）
7. 细度模数愈大，表示细集料愈粗。（　　）
8. 沥青的延度试验拉伸速率为（5 ±0.5）cm/min。（　　）
9. 石料饱水性系数愈大，抗冻性愈差。（　　）
10. 砂的 3 个级配区的划分是以 5 mm 为控制粒径。（　　）
11. 普通水泥耐腐蚀性好，宜用于各类水泥砼工程。（　　）
12. 在石油沥青的胶体结构中，以溶凝胶型沥青的高温稳定性为最好。（　　）
13. 水泥标号愈大，强度愈高，故工程中应尽量采用高标号水泥。（　　）
14. 原状土与扰动土的主要区别在于土的密度是否发生了变动。（　　）
15. 灌砂法适用于测定各类路基路面的压实度。（　　）
16. 做沥青软化点试验时，烧杯内应注入 5 ℃的水。（　　）
17. 水泥标准稠度用水量需用调整水量和不变水量两种方法测定。（　　）
18. 确定桥梁用石料抗压强度的标准试件是边长 3 cm 的立方体试件。（　　）
19. 粒度分析的筛分法适用于分析大于 0.074 mm 的风干土样。（　　）
20. 为了提高水泥砼耐久性，应控制水泥砼的最小水灰比与最大水泥用量。（　　）

三、简答题（每题 5 分，共 30 分）

1. 什么是水泥的标准稠度用水量，测定它有何用途？
2. 何谓连续级配？何谓间断级配？怎样评定集料级配是否优良？
3. 粘稠沥青的三大指标是什么，其单位如何表示？
4. 影响土的渗透性的因素主要有几种？
5. 公路工程质量控制主要测试的指标有哪些？
6. 如何制备液塑限试验用的风干土样？

四、计算题（10 分）

已知某材料密度为 2.7 g/cm^3，浸水饱和状态下的毛体积密度为 2 462 kg/m^3，经烘干至恒重，知道质量损失 100 kg/m^3。试求此材料干燥状态下的毛体积密度和孔隙率。

初级公路工程试验工理论知识试卷（D）卷标准答案

一、选择题

1. D　2. D　3. B　4. A　5. B　6. B　7. C　8. A　9. C　10. B
11. C　12. B　13. B　14. C　15. D　16. B　17. C　18. B　19. C　20. A

二、判断题

1. √　2. √　3. ×　4. ×　5. √　6. ×　7. √　8. ×　9. √　10. ×
11. ×　12. ×　13. ×　14. ×　15. ×　16. ×　17. ×　18. ×　19. √　20. ×

三、问答题

1. 水泥标准稠度用水量是指水泥净浆在标准稠度仪上试杆距离底板（6 ± 1）mm 时水泥净浆的稠度为“标准稠度”；不同品种标号的水泥在达到同一稠度时所需的用水量是不相同的。在测定凝结时间和安定性时，必须先测出水泥的标准稠度用水量并用以制作试件。

2. 连续级配是将集料的颗粒尺寸由大到小连续分级，而每一级骨料占适当的比例配合。间断级配是将集料剔除一个分级或几个分级形成不连续的级配。凡能达到集料的最大密度，又符合级配范围中规定的级配范围之中值为最优良，在级配规范的范围内为级配合格。

3.（1）针入度，单位：1/10 mm。

（2）延度，单位：cm（长度）。

（3）软化点，单位：℃（温度）。

4.（1）土的粒度成分及矿物成分。

（2）结合水膜的厚度。

（3）土的结构构造。

（4）水的粘滞度。

（5）土中气体。

5. 有平整度、压实度、弯沉、承载比（CBR）、路面抗滑性能、水泥砼强度无损测试等几项内容。

6. 取代表性的天然含水量或风干土样进行试验，如土中含大于 0. 5 mm 的颗粒或夹杂物较多时，可采用风干土样。用带橡皮头的研杵研碎或用木棒在橡皮板上压碎土块；试样必须反复研碎、过筛，直至将可研碎的土块全部通过 0. 5 mm 的筛为止；取筛下土样进行制样。

四、计算题

解：（1）干密度：2 462 − 100 = 2 362 kg/m^3 = 2. 3 632 g/cm^3

（2）孔隙率：$n = (1 - P_n/P_t) \times 100\% = (1 - 2.362/2.7) \times 100\% = 13\%$

故，干密度为 2. 362 g/cm^3，孔隙率为 13%

初级公路工程试验工理论知识试卷（E）

一、选择题（每题2分，共40分）将正确答案前的代号填在括号内

1. 土中（　　）的存在可使土的渗透性减小，弹性增大，拖延土的压缩和膨胀变形的发展过程对土的工程性质影响较大。

A. 空隙气体　B. 空隙水　C. 封闭气体　D. 空隙

2. 通过击实试验我们可以得到试样的（　　），它也被称为试验指标。

A. 含水量　B. 干密度

C. 最佳含水量，最大干密度　D. 湿密度和含水量

3. 在水泥标号相同情况下，水灰比愈小，则水泥石的强度（　　）。

A. 愈大　B. 愈小　C. 愈好　D. 降低

4. 下列不属于石油沥青技术指标的是（　　）。

A. 粘滞度　B. 针入度　C. 稠度　D. 延度

5. 水泥砼混合物坍落度愈大，表示混合物（　　）愈大。

A. 塑性　B. 粘聚性　C. 流动性　D. 保水性

6. 原状土与扰动土的主要区别在于土的（　　）是否发生了变化。

A. 相对密度　B. 含水量　C. 结构　D. 性质

7. 粒度分析的“筛分法”适用于分析粒径（　　）风干土样。

A. >0.074　B. <0.074　C. =0.074　D. 0.074~2

8. 对同一土样而言，其容重（土的密度）指标的最大值是（　　）。

A. 干密度 P_d　B. 天然密度 P　C. 饱和密度 P_f　D. 湿密度

9. 下列不属于硅酸盐水泥技术性质的是（　　）。

A. 水化热　B. 强度　C. 标准稠度用水量　D. 细度模数

10. 石料的磨耗率是取两份试样试验结果的平均值，作为最后试验结果，两次试验之误差应（　　），否则须重新试验。

A. 不大于1%　B. 不大于2%　C. 小于2%　D. 小于5%

11. 影响水泥砼强度的主要因素是（　　）。

A. 水灰比　B. 水泥用量　C. 砂率　D. 振动方法

12. 表征粘稠沥青的粘滞性指标是（　　），其单位以（　　）表示。

A. 针入度，cm　B. 针入度，1/10 mm

C. 粘滞度，s　D. 粘滞度，mm

13. 击实试验所用的土样是（　　）。

A. 原状土　B. 扰动土　C. 松散状土　D. 干硬状土

14. 细集料的粗细程度可以用（　　）来表示。

A. 平均粒径　B. 细度模数　C. 级配　D. 细度模数和平均粒径

15. 硅酸盐水泥的矿物成分中，水化速度最快的是（　　）。

A. C_3A　B. C_2S　C. C_3S　D. C_4AF

16. 评价石灰质量的主要指标是（　　）。

A. 有效 CaO + MgO 含量　B. 未消化残渣含量

C. 产浆量　　D. 细度

17. 从土的三相比例关系来看，干砂土属于（　）。

A. 一相土　　B. 二相土　　C. 三相土　　D. 都不属于

18. 国际规定，硅酸盐水泥终凝时间（　）。

A. 不早于45 min　　B. 不迟于10 h　　C. 不迟于390 min　　D. 不迟于24 h

19. 沥青延度试验时，延度仪中水的温度为（　）。

A. (20±2)℃　　B. 25 ℃　　C. 30 ℃　　D. 5 ℃

20. 用5.4 m弯沉仪测定路表回弹弯沉时，弯沉仪测头应置于（　）。

A. 汽车后轴轮隙中心前方3～5 cm处　　B. 汽车后轴轮隙中心

C. 汽车后轴中心向前10 cm处　　D. 汽车后轴中心

二、判断题（每题1分，共20分）正确的在括号内打"√"，错误的在括号内打"×"

1. 一个良好的集料级配，要求孔隙率最小，总表面积也不大。（　）

2. 石料的抗压强度是以标准试件在干燥状态下单轴受压时的极限抗压强度表示的。（　）

3. 第二级配区的砂一定是中砂。（　）

4. 当沥青质含量多，树脂油质含量少时，沥青的胶体结构为凝胶结构。（　）

5. 水泥中 C_2S 含量愈大，水泥凝结硬化愈快。（　）

6. 击实试验所用的土样是松散状土，土的密度试验所要求的土样必须是原状土。（　）

7. 材料在进行强度试验时，加荷速度快者较慢者的试验结果值偏小。（　）

8. 路面的平整度通过3 m直尺来检测。（　）

9. 浇筑大型桥梁基础时应优先选用硅酸盐水泥。（　）

10. 某土样，体积为210 cm^3，湿土为350 g，烘干土为310 g，则该土样的含水量为19.9%。（　）

11. 石油沥青的温度稳定性是用脆点与软化点表示。（　）

12. 砼用的粗集料，其最大颗粒粒径不得大于结构截面最小尺寸的1/4，同时不得大于钢筋间距最小净距的3/4。（　）

13. 液性指数的大小为液限和塑限之差。（　）

14. 不论是道路还是桥梁用砼都以28 d抗压强度为主要强度标准。（　）

15. 在沥青延度试验中，如发现沥青浮于水面，应向水中加入酒精。（　）

16. 从水泥开始加水时起到试针沉入净浆中距地板0.5～1 mm时即为水泥初凝时间。（　）

17. 通常以软化点来表示沥青材料的塑性。（　）

18. 测弯沉时弯沉仪测头置于测点上，测头置于轮隙中心前方3～5 cm。（　）

19. 沸煮法主要检测水泥中因CaO引起的体积不安定。（　）

20. 含水量的变化对于干密度的影响在偏湿时比偏干时更为明显。（　）

三、简答题（每题5分，共30分）

1. 级配通过什么方法测定？如何测定？

2. 说明沥青软化点试验的准备工作怎样进行？

3. 普通水泥混凝土的技术性质有哪些？

4. 土的常规物理性质试验项目有哪些？

5. 水泥砼的标号如何测定？

6. 水泥的4种矿物成分是什么？各在水泥中起什么主导作用？

四、计算题（10分）

已知混凝土强度为30 MPa，$\delta_0=5$，强度保证率为95%，选用碎石作骨料，$A=0.46$，$B=0.07$，水泥富余系数$r_c=1.13$，水灰比$W/C=0.54$，问水泥强度等级应选用多大？

初级公路工程试验工理论知识试卷（E）卷标准答案

一、选择题

1. C	2. C	3. A	4. C	5. C	6. C	7. A	8. C	9. D	10. A
11. A	12. B	13. C	14. D	15. A	16. A	17. B	18. C	19. B	20. A

二、判断题

1. √	2. ×	3. √	4. √	5. ×	6. √	7. √	8. √	9. ×	10. ×
11. √	12. √	13. ×	14. ×	15. √	16. ×	17. ×	18. √	19. ×	20. ×

三、简答题

1. 答：砂的颗粒级配通过砂的筛析试验测定。

存留在各筛析试验是将砂烘干到恒量，取500 g用一套标准筛分，求出存留在各筛上的筛余量，然后按下述公式计算有关参数。

分计筛余百分率：$a_i=(m_i/m)\times100\%$

累计筛余百分率：$A_i=a_1+a_2+\cdots a_i$

通过百分率：$P=100-A_i$

2. 答：（1）将试样置于涂有隔离剂的金属板上，将试样注入试样环内至路高出环面为止。

（2）试样在空气中冷却30 min后，用热刮刀刮去高出环面上的试样，使与环面齐平。

预估软化点不高于80 ℃的试样，将试样环与金属板一同置与盛满水的保温槽内，水温保持（5±0.5）℃，恒温15 min。软化点高于80 ℃的试样，将试样环与金属板放入甘油中，甘油温度保持（32±1）℃，恒温15 min。

3. 答：普通水泥混凝土的技术性质有：

（1）新拌混凝土的工作性。

（2）硬化后混凝土的力学性质。

（3）耐久性。

4. 答：土的常规物理性质试验项目有含水量、密度、相对密度、颗粒大小分析和液塑限试验等。

5. 答：将水泥砼按标准成型的方法，制成15 cm×15 cm×15 cm的立方体试件，在标准养护条件下，养护28 d，测得的极限抗压强度定为水泥砼标号。

6. 答：水泥主要的4种矿物成分及在水泥中所起的主要作用分别为：

C_3S——支配水泥的早期强度。

C_2S——给予水泥的后期强度。

C_3A——是水泥第一天强度形成的关键，含量过高，可形成急凝，且水化热最大，易引起干燥收缩。

C_4AF——利于水泥的抗折强度，降低水化热。

四、计算题

解：(1) 混凝土试配强度　　$f_{cu,o}=f_{cuk}+1.645\delta_0=38.2$ MPa

(2) 计算水泥实际强度　　$f_{ce}=f_{cu,o}/A(C/W-B)=46.6$ MPa

(3) 确定水泥等级　　$f_{cek}=f_{ce}/r_c=41.24$ MPa

故，用水泥强度等级选用42.5级。

初级公路工程试验工理论知识试卷（F）

一、选择题（每题1分，共40分）将正确答案前的代号填在括号内

1. 土的界限含水量试验中，以试锥在土体中下沉深度为（　　）时土的含水量做为液限含水量。

A. 20 mm　　B. 5 mm 以下　　C. (20 ±0.2) mm　　D. (28 ±2) mm

2. 路基顶面压实度的检测频率为（　　）。

A. 每2 000 m^2 4处　　B. 每200 m 2处

C. 每200 m每车道2处　　D. 每200 m每压实层4处

3. 水泥的细度用筛分析法测定，国际规定在0.08 mm方孔筛上的筛余量不超过（　　）。

A. 8%　　B. 10%　　C. 12%　　D. 16%

4. 做石料的抗压强度试验时，应先将试件进行（　　）处理。

A. 烘干　　B. 风干　　C. 饱水　　D. 不做处理

5. 击实试验分轻型击实和重型击实，大击实筒适用于粒径不大于（　　）的土。

A. 40 mm　　B. 38 mm　　C. 25 mm　　D. 10～20 mm

6. 沥青的延度是反映沥青（　　）的重要指标。

A. 塑性　　B. 粘滞度　　C. 稳定性　　D. 脆性

7. 砼浇筑后，要及时养生，自然养生期一般不少于（　　）d。

A. 28　　B. 14　　C. 7　　D. 3

8. 级配砂砾面层进行压实时，用振动压路机碾压后厚度不得超过（　　）cm。

A. 50　　B. 30　　C. 23　　D. 20

9. 若使水泥的后期强度提高，需提高水泥成分中（　　）的含量。

A. C_2S　　B. C_3S　　C. C_3A　　D. C_4AF

10. 路面的平整度可通过（　　）来检测。

A. 汽车行驶情况　　B. 看有无坑槽　　C. 2 m直尺　　D. 3 m直尺

11. 对路基土而言，压实度是指现场实际达到的干密度与（　　）的比值。

A. 湿密度　　B. 最大湿密度

C. 标准干密度　　D. 试验所得的最大干密度

12. 试验检测得一组水泥砼的抗压强度测定值为：22.0 MPa、23.1 MPa、16.2 MPa，则该组砼抗压强度为（ ）MPa。

A. 22.0　　B. 23.1　　D. 20.4　　D. 16.2

13. 某砂样经筛分试验，5 mm 筛上的筛余为 4.8%，2.5 mm 筛上的筛余为 19.2%，则 2.5 mm 的累计筛余为（ ）。

A. 19.2%　　B. 4.8%　　C. 24.0%　　D. 76.0%

14. 土的密度（容重）试验所要求的土样必须是（ ）。

A. 扰动土　　B. 松散状土　　C. 干硬状土　　D. 原状土

15. 细集料的粗细程度可以用（ ）来表示。

A. 原状土　　B. 扰动土　　C. 松散状土　　D. 干硬状土

16. 评价石灰质量的主要指标是（ ）。

A. 有效 CaO + MgO 含量　　B. 未消化残渣含量

C. 产浆量　　D. 细度

17. 石料的磨耗率时取两份试样试验结果的平均值，作为最后试验结果，两次试验之误差应（ ），否则须重新试验。

A. 不大于 1%　　B. 不大于 2%　　C. 小于 2%　　D. 小于 5%

18. 土中（ ）的存在可使其渗透性减小，弹性增大，拖延土的压缩和膨胀变形的发展过程对土的工程性质影响较大。

A. 孔隙气体　　B. 空隙水　　C. 封闭气体　　D. 空隙

19. 下列不属于石油沥青技术指标的是（ ）。

A. 粘滞度　　B. 针入度　　C. 稠度　　D. 延度

20. 表征粘稠沥青的粘滞性指标是（ ），其单位以（ ）表示。

A. 针入度，cm　　B. 针入度，1/10 mm

C. 粘滞度，S　　D. 粘滞度，mm

二、判断题（每题 1 分，共 20 分）正确的在括号内打“√”，错误的在括号内打“×”

1. 粘性土呈硬塑状态时工程性质最好。（ ）

2. 两种集料的细度模数相同，它们的级配也相同。（ ）

3. 目前，我国柔性路面设计指标之一是回弹弯沉。（ ）

4. 制砼试件时表面与试模边缘的高低差不得超过 2 mm。（ ）

5. 液体石油沥青的标号主要以粘滞度划分。（ ）

6. 根据规范规定，普通水泥初凝时间不大于 45 min。（ ）

7. 石料的孔隙率愈大，吸水率也愈大，抗动性亦愈差。（ ）

8. 细度模数是划分砂子粗细程度的唯一方法。（ ）

9. 对水泥砼的耐久性主要从最小水泥用量进行控制。（ ）

10. 亚砂土和亚黏土压实性能较好，而粘性土压实性能较差。（ ）

11. 测得两种沥青的粘滞度分别为：A 沥青 $C_{60}^{5}=50S$，B 沥青 $C_{60}^{5}=100S$，则 A 的粘结力大于 B。（ ）

12. 单轴抗压强度和磨耗值，是评定石料等级的依据。（ ）

13. 炎热地区应用稠度大，软化点高的沥青。（ ）

14. 计算水泥的标准稠度用水量是为了试验凝结时间和强度。（ ）

15. 能使水泥砼混合料获得最大流动性的砂率叫最佳砂率。（ ）

16. 路面的平整度通常用 2 m 直尺来检测。 ( )

17. 浇注大型桥梁基础时应优先选用硅酸盐水泥。 ( )

18. 某土样，体积为 210 cm^3，湿土为 350 g，烘干土为 310 g，则该土样的含水量为 19.9%。 ( )

19. 不论是道路还是桥梁用砼都以 28 d 抗压强度为主要强度标准。 ( )

20. 在沥青延度试验中，如发现沥青浮于水面，应向水中加入酒精。 ( )

三、简答题（每题 5 分，共 30 分）

1. 何谓沥青“老化”？说明“老化过程”。
2. 简述硅酸盐水泥的主要矿物成分及特性。
3. 路面基层混合料试验项目一般有哪些？
4. 如何制备液塑限试验用的风干土样？
5. 在水泥砼中何谓粗集料的针、片状颗粒？为什么要限制其含水量？
6. 怎样采取扰动土样？

四、计算题（10 分）

有一组普通水泥砼试件（150 × 150 × 150），测得 28 d 的破坏荷载分别为 625 kN、797 kN、692 kN，试确定其标号。

初级公路工程试验工（F）卷标准答案

一、选择题

1. D	2. D	3. B	4. C	5. B	6. A	7. B	8. C	9. A	10. D
11. D	12. A	13. C	14. D	15. D	16. A	17. A	18. C	19. C	20. B

二、判断题

1. ×	2. ×	3. √	4. √	5. √	6. ×	7. √	8. ×	9. ×	10. ×
11. √	12. √	13. √	14. ×	15. ×	16. ×	17. ×	18. ×	19. ×	20. √

三、问答题

1. 答：“老化”：沥青是一种高分子化合物的胶体物系，它在外在条件影响下（如：太阳的照射，氧气于其氧化作用等），随时间而逐渐改变其性能的过程，成为老化。老化使沥青的组分转化，转化过程大致如下：油质树脂—沥青质—沥青碳、似碳物。

2. 答：硅酸盐水泥主要矿物成分：

（1）硅酸三钙：水化速度较快，水化热较高，强度最高。

（2）硅酸二钙：水化速度较慢，水化热较低，早期强度较低，后期强度增长率较高。

（3）铝酸三钙：水化速度最快，水化热最高，强度发展很快但不高，体积收缩小。

（4）铁铝酸四钙：水化速度较快，水化热和强度均中等，体积收缩最下，含量多时对提高抗折强度有利。

3. 答：路面基层混合料试验项目一般有重型击实、无机结合料稳定土的无侧限抗压强度、承载比（即 CBR）试验、回弹模量、抗弯拉强度及其模量试验等。

4. 答：取有代表性的天然含水量或风干土样进行试验，如土中含大于 0.5 mm 的颗粒或夹杂物较多时，可采用风干土样。用带橡皮头的研杵或用木棒在橡皮头上压碎土块；试样必须反复研碎、过筛，直至将可研碎的土块全部通过 0.5 mm 的筛为止，取筛下土样进行制样。

5. 答：颗粒长度大于所属粒级平均粒径的 2.4 倍者，称为针状颗粒。颗粒厚度小于平均；粒径的 0.4 倍者称为片状颗粒。限制其含量是为了保证粗集料的质量，因针、片状颗粒容易折断，并且会增加骨料的空隙率和影响混合料的和易性。

6. 对填土路基而言，应先清除表层土，然后分层用四分法取样；对于盐渍土而言，一般应分别在 0 ~ 0.05 m、0.05 ~ 0.25 m、0.25 ~ 0.50 m、0.50 ~ 0.75 m、0.75 ~ 1.0 m 垂直深度处，分层取样。同时，应测记采样季节、时间和气温。然后填写取土记录和编号，应用“取样记录薄”记录并扯下其一半作为标签，折叠后放入取土袋内。

四、计算题

解：该组试件破坏荷载的中值为 692 kN，其误差值：$(797-692)/696=15.17\%>15\%$ 应舍去第二个数据 797 kN，则 $(625-692)/692=-9.68\%<15\%$

第一个数据 625 kN 可用，该组试验有效。

采用中值 692 kN，计算其抗压强度：$R_{压}=692/(15\times15)=3.08\ \mathrm{kN/cm^3}=30.8\ \mathrm{MPa}$ 故，该水泥混凝土标号应定为 30 号。

初级公路工程试验工理论知识试卷（G）卷

一、填空题（每空 1 分，共 20 分）

1. 新拌混凝土的工作性包括（　　）、（　　）、（　　）3 种。
2. 粘稠石油沥青三大技术指标为（　　）、（　　）、（　　）。
3. 碳素钢按含碳量分为（　　）、（　　）、（　　）。
4. 硅酸盐水泥熟料的 4 种矿物组成有（　　）、（　　）、（　　）、（　　）。
5. 沥青混合料按制造工艺分（　　）、（　　）、（　　）3 种。
6. 水泥的凝结时间分为（　　）时间和（　　）时间。
7. 砂浆按用途可分为（　　）砂浆和（　　）砂浆。

二、判断题（每题 2 分，共 10 分）

1. 在硅酸盐水泥中，C_2S 支配水泥早期强度。（　　）
2. 对水泥混凝土耐久性主要从最小水灰比和最大水泥用量来控制。（　　）
3. 钢材硬度值愈高，抵抗塑性变形的能力愈小。（　　）
4. 沥青混合料中，沥青含量越高，沥青混合料的强度也越大。（　　）
5. 乳化沥青可以冷态施工。（　　）

三、问答题（共 35 分）

1. 在生产水泥时为什么要加入适量石膏？(6 分)
2. 蜡对沥青的路用性能有哪些影响？(8 分)
3. 沥青混合料组成结构有哪几种类型？各有何特点？(9 分)
4. 普通水泥混凝土配合比设计步骤是什么？(6 分)
5. 什么是连续级配？什么是间断级配？(6 分)

四、计算题（共35分）

1. 某水泥混凝土用砂，共500 g，其筛分结果如下表。

求：① 该砂样分计筛余百分率，累计筛余百分率，通过百分率？② 计算细度模数，确定砂的类型。（15 分）

筛孔尺寸/mm	4.75	2.36	1.18	0.6	0.3	0.15	底盘
筛余量/g	10	20	45	100	135	155	35

2. 已知混凝土 $W/C=0.5$，单位用水量为 180 kg/m^3；砂率为 35%，混凝土假定湿表观密度为 2 400 kg/m^3。试求该混凝土的初步配合比。（10 分）

3. 试用图解法设计细粒式沥青混凝土用矿质混合料配合比，条件如下：（10 分）

材料名称	筛孔尺寸/mm									
	16	13.2	9.5	4.75	2.36	1.18	0.6	0.3	0.15	0.075
	通过百分率/%									
碎石	100	94	26	0	0	0	0	0	0	0
石屑	100	100	100	80	40	17	0	0	0	0
砂	100	100	100	100	94	90	76	38	17	0
矿粉	100	100	100	100	100	100	100	100	100	83
级配范围	100	95~100	70~88	48~68	36~53	24~41	18~30	12~22	8~16	4~8
中值	100	98	79	58	45	33	24	17	12	6

初级公路工程试验工理论知识试卷（G）卷标准答案

一、填空题

1. 流动性、粘聚性、保水性
2. 针入度、延度、软化点
3. 低碳钢、中碳钢、高碳钢
4. 硅酸三钙、硅酸二钙、铝酸三钙、铁铝酸四钙
5. 热拌沥青混合料、冷拌沥青混合料、再生沥青混合料
6. 初凝、终凝
7. 砌筑、抹面

二、判断题

1. ×　　2. ×　　3. ×　　4. ×　　5. √

三、问答题

1. 答：加入石膏是为了控制水泥的凝结速度，加入适量石膏是为了防止钙矾石（水化硫铝酸钙）的大量生成，减少水泥石的膨胀开裂。

2. 答：蜡对沥青路用性能的影响，在高温时会使沥青容易发软，出现车辙。在低温时会使沥青变得脆硬，出现裂缝。沥青与石料粘附性降低，在水分的作用下，会使路面石子与

沥青产生剥落现象；会使沥青路面的抗滑性降低，影响路面的行车安全性。

3. 答（1）悬浮—密实结构：粗集料数量较少，这种沥青混合料粘聚力较大，内摩阻角较小，高温稳定性差。

（2）骨架—空隙结构：矿质集料中粗集料较多，细集料较少，此结构沥青混合料空隙率大，耐久性差，沥青与矿料的粘聚力差，热稳定性较好。

（3）骨架—密实结构：具有较多数量的粗集料形成骨架，又有足够的细集料填满空隙，表面密实，具有较高的粘聚力和内摩阻角，是沥青混合料中是最理想的一种结构类型。

4. 答：根据原始资料计算“初步配合比”；提出满足工作性要求的“基准配合比”；确定既符合强度和工作性要求又较经济的“试验室配合比”；根据工地现场材料的实际含水率，将试验室配合比换算“施工配合比”。

5. 答：连续级配是由大到小，逐级粒径均有，按比例互相搭配组成的搭配形式。间断级配是在矿质混合料中剔除其一个分级或几个分级而形成一种不连续的搭配形式。

四、计算题

解：

筛孔尺寸/mm	4.75	2.36	1.18	0.6	0.3	0.15	底盘
筛余量/g	10	20	45	100	135	155	35
分计筛余百分率/%	2	4	9	20	27	31	7
累计筛余百分率/%	2	6	15	35	62	93	100
通过百分率/%	98	94	85	65	38	7	0

细度模数：

$$M_X = \frac{(A_{0.15} + A_{0.3} + A_{0.6} + A_{1.18} + A_{2.36}) - 5A_{4.75}}{100 - A_{4.75}} = 2.05$$

此砂为细砂。

2. 解：单位水泥用量 $m_{co} = 180/0.5 = 360$ kg，单位用水量 $m_{wo} = 180$ kg，混凝土假定湿表观密度 $m_{cp} = 2\ 400$ kg/m^3，砂率 $\beta_s = 35\%$。代入公式

$$\begin{cases} m_{so} + m_{go} = m_{cp} - m_{co} - m_{wo} \\ \dfrac{m_{so}}{m_{so} + m_{go}} = \beta_s \end{cases}$$

解得：砂用量 $m_{so} = 651$ kg/m^3，碎石用量 $m_{go} = 1\ 209$ kg/m^3

初步配合比：$m_{co}:m_{wo}:m_{so}:m_{go} = 360:180:651:1\ 209$，即 $1:1.82:3.36$，$W/C = 0.5$

3. 碎石∶石屑∶砂∶矿粉 = 36%∶31%∶25%∶8%。

初级公路工程试验工理论知识试卷（H）卷

一、填空题（每空1分，共20分）

1. 生石灰主要化学成分为（　　）；熟石灰主要化学成分为（　　）；石灰石主要化学成分为（　　）。

2. 石油沥青胶体结构有（　　）、（　　）、（　　）3种类型。

3. 矿质混合料的级配类型有（　　）级配和（　　）级配。

4. 按 SiO_2 含量将岩石分为（ ）性岩、（ ）性岩、（ ）性岩。

5. 水泥按型号分为（ ）型和（ ）型。

6. 沥青混合料抗剪强度主要取决于（ ）和（ ）。

7. 水泥混凝土是由（ ）、（ ）、（ ）、（ ）配制而成。

8. 在石灰的消解过程中，“陈伏”是为了防止（ ）石灰的危害。

二、判断题（每题 2 分，共 10 分）

1. 沥青混合料加入的矿粉应是酸性矿粉为好。（ ）

2. 在沥青混合料中，粗集料粒径大于 4.75 mm；在水泥混凝土中，粗集料粒径大于 2.36 mm。（ ）

3. 在水泥强度等级相同情况下，水灰比愈大，混凝土的强度愈大。（ ）

4. 岩石吸水率 > 饱和吸水率。（ ）

5. 道路石油沥青是按针入度来划分标号的。（ ）

三、问答题（共 35 分）

1. 硅酸盐水泥熟料的 4 种矿物成分是什么？其性质如何？（8 分）

2. 简述道路石油沥青的组分与性质的关系。（7 分）

3. 普通水泥混凝土设计的基本要求（6 分）

4. 什么是稳定土材料？它具有什么特点？（6 分）

5. 什么是沥青混合料的高温稳定性？用什么试验来验证？（8 分）

四、计算题（共 35 分）

1. 某实验室求得 1 m^3 混凝土的各材料用量为水泥：360 kg/m^3；砂：615 kg/m^3；碎石：1 255 kg/m^3；水：198 kg/m^3，若工地所用砂的含水率为 5%，碎石的含水率为 1%，求：该混凝土的施工配合比？（10 分）

2. 某水泥混凝土用砂，共 500 g，其筛分结果如下表。

求：① 该砂样分计筛余百分率，累计筛余百分率，通过百分率？②计算细度模数，确定砂的类型。（15 分）

筛孔尺寸/mm	4.75	2.36	1.18	0.6	0.3	0.15	底盘
筛余量/g	25	35	90	140	115	70	25

3. 试用图解法设计细粒式沥青混凝土用矿质混合料配合比，条件如下：（10 分）

材料名称	筛孔尺寸/mm									
	16	13.2	9.5	4.75	2.36	1.18	0.6	0.3	0.15	0.075
	通过百分率/%									
碎石	100	95	63	28	8	2	1	0	0	0
砂	100	100	100	100	100	90	60	35	10	1
矿粉	100	100	100	100	100	100	100	100	97	88
级配范围	100	90 ~ 100	68 ~ 85	38 ~ 68	24 ~ 50	15 ~ 38	10 ~ 28	7 ~ 20	5 ~ 15	4 ~ 8
中值	100	95	76.5	53	37	26.5	19	13.5	10	6

初级公路工程试验工理论知识试卷（H）卷标准答案

一、填空题

1. 氧化钙、氢氧化钙、碳酸钙
2. 溶胶结构、凝胶结构、溶—凝胶结构
3. 连续、间断
4. 酸、中、碱
5. 普通、早强
6. 粘聚力、内摩阻角
7. 水泥、水、细集料（砂）、粗集料（石）
8. 过火

二、判断题

1. ×　　2. ×　　3. ×　　4. ×　　5. √

三、简答题

1. 答：（1）硅酸三钙：水化速度较快，水化热高，早期强度高。

（2）硅酸二钙：水化速度较慢，水化热很低，其早期强度较低而后期强度高。耐化学侵蚀性和干缩性较好。

（3）铝酸三钙：水化速度最快，水化热最高。耐化学侵蚀性差，干缩性大。

（4）铁铝酸四钙：强度较低，但对水泥抗折强度起重要作用。耐化学侵蚀性好，干缩性小。

2. 答：油分使沥青具有流动性；树脂使沥青具有塑性，树脂中含有少量的酸性树脂（即地沥青酸和地沥青酸酐），能增强沥青与矿质材料表面的粘附性；沥青质能提高沥青的粘结性和热稳定性。

3. 答：（1）满足结构物设计强度的要求。

（2）满足施工工作性的要求。

（3）满足环境耐久性的要求。

（4）满足经济性的要求。

4. 答：稳定土是在粉碎的或原来松散的土（包括各种粗、中、细粒土）中，掺入足量的石灰、水泥、工业废渣、沥青及其它材料后，经拌和、压实及养生后，得到的的一种材料。

特点：具有较高后期强度，整体性和水稳定性均较好。耐磨性差，具有较大的抗变形能力。

5. 答：沥青混合料的高温稳定性是指混合料在高温（通常为 60 ℃）的条件下，经车辆荷载长期重复作用后，不产生车辙和波浪等病害的性能。

验证试验：马歇尔稳定度试验、车辙试验。

四、计算题

1. 解：水泥用量　$m_c = 360\ \text{kg/m}^3$

　　砂用量　$m_s = 615 \times (1 + 5\%) = 646\ \text{kg/m}^3$

碎石用量 $m_g = 1\ 255 \times (1 + 1\%) = 1\ 268\ \text{kg/m}^3$

水用量 $m_w = 198 - (615 \times 5\% + 1\ 255 \times 1\%) = 154\ \text{kg/m}^3$

施工配合比为 $m_c : m_s : m_G : m_w = 1 : 1.79 : 3.52$，$W/C = 0.43$。

2. 解：

筛孔尺寸/mm	4.75	2.36	1.18	0.6	0.3	0.15	底盘
筛余量/g	25	35	90	140	115	70	25
分计筛余百分率/%	5	7	18	28	23	14	5
累计筛余百分率/%	5	12	30	58	81	95	100
通过百分率/%	95	88	70	42	19	5	0

$$M_X = \frac{(A_{0.15} + A_{0.3} + A_{0.6} + A_{1.18} + A_{2.36}) - 5A_{4.75}}{100 - A_{4.75}} = 2.64$$

此砂为中砂。

3. 碎石∶砂∶矿粉 = 68%∶24%∶8%

中级公路工程试验工理论知识试卷及答案

中级公路工程试验工理论知识试卷（A）卷

一、填空题（将正确的答案填入题内的括号中，每题1分，满分20分）

1. 磨耗率是指石料抵抗（　　）、（　　）和（　　）等综合作用的性能。

2. 沥青混合料中，沥青与矿料发生吸附作用，形成扩散结构膜称为（　　）沥青，可改善沥青原有的（　　）性质。

3. 水泥混凝土配合比的设计方法有（　　）和（　　），其中混凝土的设计标号与配制标号的关系是（　　）。

4. 粗集料含水率有下列两种含意：自然含水率和（　　）吸水率。在水泥混凝土配合比计算时，粗集料的用量是以（　　）状态时的质量为标准的。

5. 沥青老化的趋势是（　　）减少，而（　　）含量增多。

6. 硬化后砂浆的主要技术性质有（　　）、（　　）、（　　）。

7. 乳化沥青具有高度分散性与稳定性的原因是（　　）、（　　）、（　　）。

8. 石灰在空气中硬化的原因是由于（　　）和（　　）两种作用。

二、判断题（将判断结果填入括号中，正确的填"√"，错误的填"×"。每题1分。满分20分）

1. 沥青的塑性通常是在一定条件下，以能够拉成细丝的长度来表示，即延度，延度愈大，塑性愈好。（　　）

2. 其他条件相同时，集料的最大粒径愈小，则流动性愈好。（　　）

2. 粒度分析的筛分法适用于分析大于0.074 mm的风干土样。（　　）

4. 石料的孔隙率是指开口空隙体积占石料总体积的百分率。（　　）

5. 粘稠石油沥青针入度越大，软化点越高，延度越大。（　　）

6. 当针入度指数PI >2时，为溶胶型沥青，当PI < −2时为凝胶型沥青。（　　）

7. 水泥标号愈大，强度愈高，故工程中应尽量采用高标号水泥。（　　）

8. 连续型密级配的沥青混合料的粘聚力和内摩阻角都较小。（　　）

9. 水泥混凝土中当骨料总用量确定后，如砂率过小，则混合料流动越小。（　　）

10. 选用道路沥青材料时，寒冷地区宜选用针入度较大，延度较大的沥青，较热地区宜选用针入度较小，软化点高的沥青。（　　）

11. 马歇尔稳定度试验时的稳定度愈大，则流值愈小。（　　）

12. 水泥混凝土流动性大说明其和易性好。（　　）

13. 在同等条件下，矿粉比表面积越大，沥青混合料粘聚力越小。（　　）

14. 石灰未消化残渣含量是测定石灰的有效成分。（　　）

15. 当土为饱和状态时，土中水的体积与土粒的体积相等。 ( )

16. 一个良好的集料级配，要求空隙率最小，总表面积也不大。 ( )

17. 测得两种沥青的粘滞度分别为： ( )

A. 沥青 $C^{5}60=50\text{S}$；B: 沥青 $C^{5}60=100\text{S}$，则 A 的粘结力大于 B。 ( )

18. 在数值上，塑性指数等于液限与塑限之差，塑性指数大的具有高塑性，反之则低。 ( )

19. 水泥颗粒愈细，比表面愈大，水化愈快，强度愈高。 ( )

20. 石料饱水性系数愈大，抗冻性愈差。 ( )

三、选择题（选择正确的答案，将相应的字母填入题内的括号中。每题 1 分，满分20 分）

1. 测定细集料的表观密度时，称取试样的质量为（ ）。

A. 50 g　　B. 100 g　　C. 300 g　　D. 500 g

2. 对同一土样而言，其容重（土的密度）指标最大值是（ ）。

A. 干密度 ρ_α　　B. 水下密度 ρ'　　C. 天然密度 ρ　　D. 饱和密度 ρ_f

3. 影响混凝土强度的主要因素是（ ）。

A. 用水量　　B. 水泥用量　　C. 水灰比　　D. 砂率

4. 下列试验仪器中，用于沥青软化点试验的是（ ）。

A. 软化点仪　　B. 环球仪　　C. 容量筒　　D. 烘箱

5. 钢筋拉伸试验时，开动试验机，连续均匀地以（ ）的速度施加荷载。

A. 5 MPa/s　　B. 10 MPa/s　　C. 15 MPa/s　　D. 40 MPa/s

6. 测量水泥标准稠度用水量时，若第一次测得锥入深度为 20 mm，则基标准稠度用水量 P 应为（ ）。

A. 28%　　B. 29.7%　　C. 28% ±2%　　D. 142.5 mL

7. 表示沥青的粘性和弹性联合效应的指标是（ ）。

A. 劲度模量　　B. 弹性模量　　C. 粘滞度　　D. 粘滞度和塑度

8. 评定水泥砼质量均匀性的重要指标是（ ）。

A. 强度平均值 R　　B. 标准差 σ_0　　C. 变异系数 C_v　　D. 强度保证率 0

9. 试验测得一组混凝土抗压强度值为 16.1 MPa、22.3 MPa、22.0 MPa，则这组砼的抗压强度应为（ ）。

A. 16.1 MPa　　B. 22.3 MPa　　C. 22.0 MPa　　D. 20.1 MPa

10. 下列不属于硅酸盐水泥技术性质的是（ ）。

A. 水化热　　B. 强度　　C. 标准稠度用水量　　D. 细度模数

11. 沥青混合料的技术性质有 4 项，应为（ ）。

A. 针入度、延度、软化点、粘滞度　　B. 温稳性、抗裂性、耐久性、和易性

C. 强度、温稳性、抗裂性、流值　　D. 耐久性、和易性、流值、强度

12. 毛细水在（ ）中上升高度最大。

A. 砾石土　　B. 砂土　　C. 粉性土　　D. 黏土

13. 某土样 500 g，经筛分后，0.5 mm 的筛余量为 100 g，则其分计筛分百分率为（ ）。

A. 20%　　B. 80%　　C. 5%　　D. 40%

14. 硅酸盐水泥的4种矿物成分中，与水反应速度最快的是（　　）。

A. C_3A　　B. C_2S　　C. C_3S　　D. C_4AF

15. 石油沥青的组分中，使沥青具有粘结性和塑性的组分是（　　）。

A. 油分　　B. 树脂　　C. 沥青质　　D. 石蜡

16. 水泥混凝土混合物坍落度愈大，表示混合物（　　）愈大。

A. 塑性　　B. 粘聚性　　C. 流动性　　D. 保水性

17. 已知集料的密度试验中容量筒加试样的质量为 m_1，容量筒的质量为 m_2，其体积为6，则此集料的密度 ρ_t 为（　　）kg/m^3。

A. $\frac{m_1-m_2}{V}\times1\ 000$　　B. $\frac{m_1+m_2}{V}\times1\ 000$

C. $\frac{m_1-m_2}{m_1}\times1\ 000$　　D. $\frac{m_2-m_1}{V}\times1\ 000$

18. 在水泥标号相同情况下，水灰比愈小，则水泥石的强度（　　）。

A. 愈大　　B. 愈小　　C. 愈好　　D. 降低

19. 砂级配中第二级配区的砂一定是（　　）。

A. 粗砂　　B. 中砂　　C. 细砂　　D. 中粗砂

20. 无机结合稳定土中对土的要求一般规定其液限（　　），塑性指数（　　）。

A. $\geqslant40$，$\geqslant20$　　B. >40，>20　　C. $\geqslant20$，<40　　D. 无具体规定

四、简答题（满分30分）

1. 石油沥青的胶体结构有哪3种类型？各有何特点？（6分）
2. 试述提高水泥混凝土强度的方法。（4分）
3. 试述水泥混凝土配合比的设计步骤。（7分）
4. 试述土的击实试验中，如何进行试验结果整理。（6分）
5. 简述道路石油沥青的化学组分与路用性能的关系。（7分）

五、计算题（满分10分）：

1. 水泥砼的设计强度为30 MPa，$\sigma=5$ MPa，选用碎石作骨料，$\alpha_a=0.46$，$\alpha_b=0.07$，水泥富余系数 $\gamma_c=1.13$，水灰比 $W/C=0.54$，问水泥标号应选用多大？

中级公路工程试验工理论知识试卷（A）标准答案

一、填空题

1. 撞击　剪切　摩擦
2. 结构　粘结力
3. 绝对体积法　质量法　$f_{cu,o}=f_{cuk}+1.645\delta_0$
4. 饱和面干　饱和面干
5. 油分　树脂　沥青质
6. 抗压强度　粘结力　耐久性
7. 降低界面张力作用　水膜形成　相同电荷沥青颗料相互排斥
8. 碳化　结晶

二、判断题

1. √ 2. × 2. √ 4. × 5. × 6. × 7. × 8. × 9. √ 10. √
11. × 12. × 13. × 14. √ 15. × 16. √ 17. × 18. √ 19. √ 20. √

三、选择题

1. C 2. D 2. C 4. B 5. B 6. B 7. A 8. B 9. C 10. D
11. B 12. C 13. A 14. A 15. B 16. C 17. A 18. A 19. B 20. A

四、简答题

1. 石油沥青胶体结构的类型有：深胶型、凝胶型和溶胶型 3 种。

溶胶型的特点：结构中沥青质少，树脂较多，具有良好的粘结性，塑性、流动性及开裂后的自愈能力，但湿度稳定性差，高温流淌。

凝胶型的特点：抗温性和弹性较好，具有触变现象，但粘结性及干裂后的自愈能力较差。

溶胶型的特点：粘结性和感温性较好，是道路建筑中较理想的结构沥青。

2. ① 根据工程性质，环境条件采用适当的水泥桔和水泥品种（较高标号水泥与特种水泥）；② 增加水泥混凝土的密实度；③ 蒸汽养护或蒸压养护；④ 掺和外加剂。

3. ① 确定试配强度；② 确定水灰比（按强度要求确定水灰比、按耐久性复核水灰比）；③ 确定用水量；④ 计算水泥用量；⑤ 确定砂率；⑥ 计算砂、石用量；⑦ 求出水泥混凝土的初步配合比。

4. ① 按下列计算击实事各点的干密度 $\rho_d = \dfrac{\rho}{1 + 0.01W}$。

② 以干密度为纵坐标，含水量为横坐标，绘制干密度与含水量的关系曲线，曲线上峰点的纵、横坐标分别为最大干密度和最佳含水量，如无峰值，应补做或重做。

③ 按下列计算空气体积等于零的等值线，并将这根等值线绘在关系图上以资比较

$$\rho_d = \frac{1 - 0.01V_a}{\dfrac{1}{GS} + \dfrac{W}{100}}。$$

④ 对试验所得最大干密度和最佳含水量进行校正。

5. 关系如下：

油质：使沥青具有流动性，便于施工，并具有柔软性和抗裂性，油质增加，沥青稠度减小，粘滞性和软化点降低。在氧、温度、紫外线等作用下可转化为树脂，使沥青性质发生变化。

树脂：使沥青具有一定的可塑性和粘结性，它直接决定着沥青的粘结力和延伸度，树脂含量增加，其延伸度和粘结力增大。

沥青酸和酸酐是沥青中活性最大的组分，它改善了沥青与矿质材料的侵润性，特别是提高了对碳盐类岩石的粘附强度，增加了沥青的乳化性。

沥青质：沥青质决定着沥青的塑性状态界限和沥青的粘滞度，温稳性以及硬度等，沥青质的含量增加时，沥青的粘度和粘结力增加，硬度和温稳性差。沥青碳和似碳物是沥青中的有害物质，能降低沥青的粘结力。

蜡：对沥青的延伸度、温稳性影响大，蜡含量增加，可降低沥青的延度和粘结力。

五、计算题

解：① 确定砼试配强度：

$$f_{cu,o} = f_{cu,k} + 1.645\sigma = 30 + 1.645 \times 5 = 38.2\ \text{MPa}$$

② 计算水泥实际强度：

$$f_{ce} = \frac{f_{cu,o}}{\alpha_a\left(\dfrac{C}{W} - \alpha_b\right)} = \frac{38.2}{0.46 \times \left(\dfrac{1}{0.54} - 0.07\right)} = 46.75\ \text{MPa}$$

③ 确定水泥标号：

$$f_{ce,k} = \frac{f_{ce}}{\gamma_c} = \frac{46.75}{1.13} = 41.37\ \text{MPa}$$

因此水泥标号选用42.5号

中级公路工程试验工理论知识试卷（B）卷

一、填空题（每空1分，共20分）

1. 石料的抗压强度是以标准试件在________状态下，单轴受压时的________来表示的。

2. 粗集料筛分试验是用来测定粗集料的________和________的。

3. 在马歇尔试验中，反映材料强度的指标是________，反映混合料变形能力的是________。

4. 碎（卵）石的磨耗率应按________________式计算。

5. 现行规范中对水泥耐久性主要从________和________两方面控制。

6. 测定沥青混合料高温稳定性的方法有①________、②________、③________，其中________试验方法最符合混合料在路中的受力状态，而目前工地上广泛采用的是________试验方法。

7. 从土的击实试验知道，当土的________小于________时，密实度随________的增加而增加。

8. 水泥标准稠度用水量的测定方法有________与________，其中以________为准。

二、选择题（每题1分，共20分）

1. 某路基填土当含水量超过最佳含水量 W_0 时，其密实度随含水含量的增加而（　　）。

A. 增加　　B. 不变　　C. 减少　　D. 最大

2. 混凝土试件出现蜂窝，麻面现象与混凝土混合料的（　　）有关。

A. 流动性　　B. 粘聚性　　C. 保水性　　D. 易密性

3. 测得沥青混合料重为 m_1，矿料重为 m_2，则此沥青混合料中油石比 S 为（　　）。

A. $S = \dfrac{m_1}{m_2} \times 100\%$　　B. $S = \dfrac{m_1 - m_2}{m_1} \times 100\%$

C. $S = \dfrac{m_1 - m_2}{m_2} \times 100\%$　　D. $S = \dfrac{m_2 - m_1}{m_1 + m_2} \times 100\%$

4. 某砂样经筛分析试验，4.75 mm 筛上的筛余为 4.8%，2.36 mm 筛上的筛余为 19.2%，则2.36 mm筛上的通过百分率为（　　）。

A. 19.2%　　B. 95.2%　　C. 76.0%　　D. 24.0%

5. 表征粘稠沥青的粘滞性指标是（　　），其单位以（　　）表示。

A. 针入度，cm　　B. 针入度，1/10 mm

C. 粘滞度，2　　D. 粘滞度，mm

6. 影响混凝土强度的主要因素是（　　）。

A. 水灰比　　B. 水泥用量　　C. 砂率　　D. 振捣方法

7. 石料的磨耗率是取两份试样试验结果的平均值，作为最后试验结果，两次试验之误差应（　　），否则须重新试验。

A. 不大于1%　　B. 不大于2%　　C. 小于2%　　D. 小于5%

8. 试验测得一组混凝土抗压强度值为16.1 MPa，22.3 MPa，22.0 MPa，则这组砼的抗压强度应为（　　）。

A. 16.1 MPa　　B. 20.1 MPa　　C. 22.0 MPa　　D. 22.3 MPa

9. 当土为饱和状态时，土中水的体积与（　　）体积相等。

A. 土的总体积　　B. 土粒的体积　　C. 土中孔隙的体积　D. 土中气体的体积

10. 化学元素（　　）是引起钢材冷脆性的主要原因。

A. C　　B. S　　C. P　　D. Mn

11. 为制造道路硅酸盐水泥，应提高水泥熟料中（　　）矿物成分的含量。

A. C_2S　　B. C_3S　　C. C_3A 和 C_2S　　D. C_3S 和 C_4AF

12. 测定天然石料的真密度时，应采用的仪器是（　　）。

A. 1 000 mL 量筒　B. 容量瓶　　C. 李氏比重瓶　　D. 烧杯

13. 按沥青混合料密度分，密级配沥青砼残留剩余空隙率为（　　）。

A. 1% ~5%　　B. 6%　　C. 6% ~10%　　D. >10%

14. 经测算某粘土的液性指数 IP >1，其稠度状态应是（　　）状态。

A. 半干硬　　B. 硬塑　　C. 软塑　　D. 流动（流塑）

15. 下列试验项目中，哪一个是公路路基施工中必须进行的试验项目（　　）。

A. 含水量和压实度试验　　B. 土的直剪试验

C. 回弹模量试验　　D. 孔隙度试验

16. 表示沥青的粘性的弹性联合效应的指标是（　　）。

A. 粘滞度　　B. 劲度模量　　C. 弹性模量　　D. 粘滞度和塑性

17. 沥青混合料的性质有4项，应为（　　）。

A. 针入度、延度、软化点、粘滞度　　B. 温稳性、抗裂性、耐久性、和易性

C. 强度、温稳性、抗裂性、流值　　D. 耐久性、和易性、流值、强度

18. 冷加工和热处理均可改变钢材的性能，但提高钢材塑性的处理方法应该是（　　）。

A. 冷拉　　B. 冷拨　　C. 退火　　D. 淬火

19. 评定水泥砼质量均匀性的重要指标是（　　）。

A. 强度平均值 R　　B. 标准差 $б_0$　　C. 变异系数 C_v　　D. 强度保证率 P

20. 击实试验所用的土样是（　　）。

A. 原状土　　B. 扰动土地　　C. 松散状土　　D. 干硬状土

三、判断题（每题 1 分，共 20 分）正确者在括号内打“√”，错误者打“×”

1. 水泥细度是水泥颗粒越细，总表面积越大，则水化越快，凝结硬化也越快。（　　）
2. 粘稠石油沥青针入度越大，软化点越高，延度越大。（　　）
3. 沥青混合料空隙愈小，愈密实，路用性能愈好（　　）
4. 普通碳素钢的含碳量愈高，钢号愈大。（　　）
5. 在同等条件下，矿粉比表面积越大，沥青混合料粘聚力越小。（　　）
6. 细度模数是划分砂子粗细程度的唯一方法。（　　）
7. 在硅酸盐水泥中，C_3S 支配水泥的后期强度。（　　）
8. 计算水泥的标准稠度用水量是为了试验凝结时间的强度。（　　）
9. 砂的 3 个级配区的划分是以 5 mm 为控制粒径。（　　）
10. 道路石油沥青，用酸性矿料比碱性矿料要好。（　　）
11. 沥青混合料中，沥青含量越高，则沥青混合料的稳定度也愈高。（　　）
12. 沥青材料针入度越大，则粘结性越好。（　　）
13. 水泥混凝土的工作度愈大，其流动性愈好。（　　）
14. 水泥标准稠度用水量的大小与水泥细度有关，与熟料矿物成分无关。（　　）
15. 在水灰比一定时，增加用水量可使新拌混凝土的和易性改善。（　　）
16. 测得两种沥青的粘滞度分别为：

A——A 沥青 $C_{60}^{5}=50S$，B——B 沥青 $C_{60}^{5}=100S$，则 A 的粘结力大于 B。（　　）

17. 乳化沥青所用沥青的针入度越大越好。（　　）
18. 液体沥青的标号主要以粘滞度划分。（　　）
19. 一个良好的集料级配，要求空隙率最小，总表面积也不大。（　　）
20. 其他条件相同时，集料的最大粒径愈小，则流动性愈好。（　　）

四、简答题（30）分

1. 简述水泥混凝土配合比的设计步骤。（7 分）
2. 沥青混合料有哪几种结构类型？各有何特点？（6 分）
3. 一组立方体抗压强度的评定方法是什么？（4 分）
4. 影响混凝土强度的主要因素有哪些？（7 分）
5. 试述测定石料密度（李氏比重瓶法）的步骤。（6 分）

五、计算题（10 分）

从某工地取回水泥混凝土用砂，经烘干至恒重后，进行筛分试验，筛分结果见下表，求：

（1）该砂样的分计筛余，累计筛余和通过百分率。

（2）计算细度模数，确定砂的类型。

筛孔尺寸/mm	4.75	2.36	1.18	0.6	0.3	0.15	底盘
各筛筛余量/g	15	35	110	140	100	75	25

中级公路工程试验工理论知识试卷答案（B）卷

一、填空题

1. 饱水　极限抗压强度

2. 颗粒级配　粗细程度

3. 稳定度　流值

4. $Q_{磨}=\dfrac{m_1-m_2}{m_1}\times 100\%$

5. 最大水灰比　最小的泥用量

6. 无测限抗压强度　马歇尔试验法　史密斯三轴试验　三轴　马歇尔

7. 含水量　最佳含水量　含水量

8. 固定水量法　最佳含水量　调整水量法

二、选择题

1. C	2. A	3. C	4. C	5. B	6. A	7. A	8. C	9. C	10. A
11. D	12. C	13. B	14. D	15. A	16. B	17. B	18. C	19. B	20. C

三、判断题

1. ×	2. √	3. ×	4. ×	5. ×	6. ×	7. ×	8. ×	9. ×	10. ×
11. ×	12. ×	13. √	14. ×	15. √	16. √	17. ×	18. √	19. √	20. ×

四、简答题

1. ① 确定试配强度过；② 确定水灰比；③ 确定用水量；④ 确定砂率；⑤ 计算机水泥用量；⑥ 计算砂、石用量；⑦ 求出水泥砼的初步配合比。

2. 有 3 种结构类型，即：

悬浮密实结构，其特点为：连续密级配，强度较高，内摩阻角小，热稳定性差，空隙率小，耐久性好。

骨架空隙结构，特点：连续升级配，强度偏小，内磨阻角大，热稳定性好，空隙率大，耐久性差。

骨架密实结构，特点：间断级配、强度高，空隙率小，热稳定好，耐久性好，施工质量不易控制，和易性较差。

3. 以 3 个试件为一组，取 3 个试件强度的算术平均值作为每组试件的强度代表值。如任一个测值与中值的差超过中值的 15% 时，则取中值为测定值，如有 2 个侧值的差值均超过上述规定，则该组试验结果无效。

4. 主要因素有：

水泥标号和水灰比：在其他条件相同的情况下，水泥标号愈高，则砼的强度愈高，在水泥标号相同的情况下，砼的强度主要取决于水灰比的大小。

骨料及其级配：在水泥标号、水灰比相同的情况下，碎石砼强度要比卵石砼强度高。

养护条件：砼浇筑完毕后，应保持适当的温度和湿度，使水泥能充分水化，以保证砼强度不断提高。

龄期：砼的强度是随龄期的增长而逐渐提高。

5. (1) 用瓷皿称取灰粉约100 g，置于烘箱中烘至恒量，时间一般为6~12 h，然后置于干燥器中冷却至室温备用。

(2) 将抽去空气的煤油灌入李氏比重瓶中至零点刻度线上，并读取超始读数再将李氏比重瓶置于恒温水槽内，使刻度部分浸入水中，恒温0.5 h，记下第一次读数，准确至0.05 mL。

(3) 从恒温水槽取出李氏比重瓶，用滤纸将李氏比重瓶内零点起始读数以上的没有煤油的部分仔细擦净。

(4) 准确称出冷却后的瓷皿加石粉的合质量，用牛角匙小心地将石粉通过漏斗装入瓶中，使液面上升至20 mL刻度处，在倾注时注意勿使石粉粘附于液面以上的瓶颈内壁上，摇动李氏比重瓶，排去其中的空气至液体不再发生气泡为止，再放入恒温水槽，在相同温度下恒温0.5 h，记下第二次读数。

五、计算题

解：

筛孔尺寸/mm	4.75	2.36	1.18	0.6	0.3	0.15	底盘
筛余量/g	15	35	110	140	100	75	25
分计筛余百分率/%	5	7	22	28	20	15	5
累计筛余百分率/%	5	12	32	60	80	95	100
通过百分率/%	95	88	68	40	20	5	0

$$M_X = \frac{(A_{0.15} + A_{0.3} + A_{0.6} + A_{1.18} + A_{2.36}) - 5A_{4.75}}{100 - A_{4.75}} = 2.67$$

此砂为中砂。

中级公路工程试验工理论知识试卷（C）卷

一、填空题（每空1分，共20分）

1. 设计水泥混凝土配合比应满足的四项基本要求是________、________、________、________。

2. 沥青混合料的强度主要取决于________与________。

3. 沥青的粘滞性对于粘稠沥青用________表示，液体沥青用________表示。

4. 粗集料筛分试验是用来测定粗集料的________和________的。

5. 砂的颗粒级配是指砂的________颗粒的________情况。

6. 硅酸盐水泥矿物成分中，对水泥早期强度起主导作用的是________，对水泥后期强度起主导作用的是________，水化速度最快，放热量最大的是________。

7. 砂浆的流动性以________指标表示。

8. 测定沥青温度稳定性的主要指标是________与________。

9. 如果水泥混凝土混合料的坍落度愈大，则流动性________；若工作度愈大，则流动性________。

二、选择题（每题1分，共20分）

1. 土的密度（容重）所要求的土样必须是（　　）。

A. 原状土　　B. 扰动土　　C. 松散状土　　D. 干硬状土

2. 石油沥青的组分中，使沥青具有粘结性和塑性的组分是（　　）。

A. 油分　　B. 树脂　　C. 沥青质　　D. 石蜡

3. 为制造道路硅酸盐水泥，应提高水泥熟料中（　　）矿物成分的含量。

A. C_2S　　B. C_3S　　C. C_3A 和 C_2S　　D. C_3S 和 C_4AF

4. 测定沥青针入度时，规定试验温度为（　　）。

A. 25 ℃　　B. 15 ℃　　C. 30 ℃　　D. 60 ℃

5. 钢材的各项指标中，用伸长率表示的性能是（　　）。

A. 抗拉性能　　B. 塑性　　C. 冷弯性能　　D. 冲击韧性

6. 某砂样经筛分试验后，5.0 mm 筛上的筛余为9.2%，2.5 mm 筛上的筛余为17.8%，则2.5 mm 筛上的通过百分率应为（　　）。

A. 17.8%　　B. 27.0%　　C. 82.2%　　D. 73%

7. 下列不属于石油沥青技术指标的是（　　）。

A. 粘滞度　　B. 针入度　　C. 稠度　　D. 延度

8. 表示沥青的粘性和弹性联合效应的指标是（　　）。

A. 劲度模量　　B. 弹性模量　　C. 粘滞度　　D. 粘滞度和塑性

9. 原状土与扰动土的主要区别在于土的（　　）是否发生了变动。

A. 含水量　　B. 容量（土的密度）

C. 土粒密度（比重）　　D. 结构

10. 混凝土试件出现蜂窝、麻面现象与混凝土混合料的（　　）有关。

A. 易密性　　B. 流动性　　C. 粘聚性　　D. 保水性

11. 试验测得一组混凝土抗压强度值为21.0 MPa、22.2 MPa、26.8 MPa，则这组砼的抗压强度应为（　　）。

A. 21.0 MPa　　B. 22.2 MPa　　C. 26.8 MPa　　D. 23.3 MPa

12. 沥青混合料的技术性质有4项，应为（　　）。

A. 针入度、延度、软化点、粘滞度　　B. 温稳性、抗裂性、耐久性、和易性

C. 强度、温稳性、抗裂性、流值　　D. 耐久性、和易性、流值、强度

13. 在水泥标号相同情况下，水灰比愈小，则水泥石的强度（　　）。

A. 愈大　　B. 愈小　　C. 降低　　D. 没有关系

14. 某路基填土当含水量超过最佳含水量 W_0 时，其密实度随含水量的增加而（　　）。

A. 增加　　B. 减少　　C. 最大　　D. 不变

15. 表征粘稠沥青的粘滞性指标是（　　），其单位以（　　）表示。

A. 针入度，cm　　B. 针入度，1/10 mm

C. 粘滞度，S　　D. 粘滞度，mm

16. 石料的磨耗率 是取两份试样试验结果的平均值，作为最后试验结果，两次试验之误差应（　　），否则须重新试验。（狄法尔法）

A. 不大于1%　　B. 不大于2%　　C. 小于2%　　D. 小于5%

17. 影响混凝土强度的主要因素是（　　）。

A. 水灰比　　B. 水泥用量　　C. 砂率　　D. 用水量

18. 当土为饱和状态时，土中水的体积与（　　）体积相等。

A. 土的总体积　　B. 土粒的体积　　C. 土中孔隙的体积　　D. 土中气体的体积

19. 测得沥青混合料重为 m_1，矿料重为 m_2，则此沥青混合料中油石比 S 为（　　）。

A. $S=\frac{m_1}{m_2}\times 100\%$　　B. $S=\frac{m_1-m_2}{m_1}\times 100\%$

C. $S=\frac{m_1-m_2}{m_2}\times 100\%$　　D. $S=\frac{m_2-m_1}{m_1+m_2}\times 100\%$

20. 测定天然石料的真密度时，应采用的仪器是（　　）。

A. 1 000 mL 量筒　　B. 容量瓶　　C. 李氏比重瓶　　D. 烧杯

三、判断题（每题 1 分，共 20 分）正确者在括号内打“√”，错误者打“×”

1. 对水泥砼耐久性主要从最小水灰比和最大水泥用量进行控制。（　　）

2. 煤沥青的表面活性比石油沥青大。（　　）

3. 水泥砼的工作度愈大，其流动性愈好。（　　）

4. 测得两种沥青的粘滞度分别为：A 沥青 $C_{60}^{5}=140S$，B 沥青 $C_{60}^{5}=80S$，则 A 的粘结力大于 B。（　　）

5. 水泥标号愈大，强度愈高，故工程中应尽量采用高标号水泥。（　　）

6. 当针入度指数 PI >2 时，为溶胶型沥青，当 PI < −2 时为凝胶型沥青。（　　）

7. 第二级配区的砂不一定是中砂。（　　）

8. 石料的孔隙率是指开口空隙体积占石料总体积的百分率。（　　）

9. 水泥砼中当骨料总用量确定后，如砂率过小，则混合料流动性小。（　　）

10. 在硅酸盐水泥中，C_2S 支配水泥的早期强度。（　　）

11. 细度模数是划分砂子粗细程度的唯一方法。（　　）

12. 普通碳素钢的含碳量愈高，钢号愈大。（　　）

13. 连续型密级配的沥青混合料的粘聚力的内摩阻角都较小。（　　）

14. 水泥砼的徐变是指混凝土在长期荷载作用下的瞬时变形。（　　）

15. 石料的孔隙率愈大，吸水率也愈大，抗冻性亦愈差。（　　）

16. 石料的抗压强度是以标准试件在干燥状态下单轴受压时的极限抗压强度表示的。（　　）

17. 水泥标号是由标准试件 28 d 极限抗压强度确定的。（　　）

18. 水泥混凝土配合比设计时，选用水泥标号越高越好。（　　）

19. 路用矿质混合料应满足最大空隙率和最大摩阻力的要求。（　　）

20. 钢筋经过冷拉后会产生降低屈服极限，提高伸长率的效果。（　　）

四、简答题：（30 分）

1. 确定沥青最佳用量时，应绘制哪些关系曲线？（5 分）

2. 说明沥青软化点试验的准备工作怎样进行？（6 分）

3. 一组立方体抗压强度的评定方法是什么？（6 分）

4. 简述沥青混合料组成设计的步聚。（6 分）

5. 影响水泥混凝土和易性的因素有哪些？（7 分）

五、计算题（10 分）

现在试验室求得 1 m^3 混凝土的各种材料用量为水泥 360 kg，砂 612 kg，碎石 1 241 kg，水 187 kg，求该混凝土的试验室配合比，如工地所用砂含水率 3%，碎石含水率为 2%，求该混凝土的施工配合比。

中级公路工程试验工理论知识试卷答案（C）卷

一、填空题

1. 强度　施工和易性　耐久性　经济性
2. 粘聚力（C）　内摩阻角（φ）
3. 针入度　粘滞度
4. 颗粒级配　粗细程度
5. 大小　搭配
6. C_3S　C_2S　C_3A
7. 沉入度
8. 软化点　脆点
9. 愈大　愈小

二、选择题

1. A	2. B	3. D	4. A	5. B	6. D	7. C	8. A	9. D	10. B
11. B	12. B	13. A	14. B	15. B	16. A	17. A	18. C	19. C	20. C

三、判断题

1. ×	2. √	3. √	4. ×	5. ×	6. ×	7. ×	8. ×	9. √	10. ×
11. ×	12. ×	13. ×	14. ×	15. √	16. ×	17. ×	18. ×	19. ×	20. ×

四、简答题

1. 答：（1）沥青用量与稳定度关系曲线。

（2）沥青用量与流值关系曲线。

（3）沥青用量与空隙率关系曲线。

（4）沥青用量与密度关系曲线。

（5）沥青用量与饱和度关系曲线。

2. 答：其准备工作分两步进行：

（1）将试样环置于涂有甘油滑石粉隔离剂的试样底板上，按沥青试验规定方法将准备好的沥青试样徐徐注入试样环内至略高出环面为止。

估计试样软点高于 120 ℃，则试样环和试样底板均应预热 80～100 ℃。

（2）试样在高温冷却 30 mm 后，用环夹夹差试样标，并用热刮刀刮除环面上的试样，务使与环面齐平。

3. 答：以 3 个试件为一组，取 3 个试件强度的算术平均值作为每组试件的强度代表值。如任一个测值与中值的差超过中值的 15% 时，则取中值为测定值，如有两个侧值的差值均超过上述规定，则该组试验结果无效。

4. 选择矿料配合比，按照规范推荐的最佳级配范围，将已知级配的石子、砂和矿粉用“试算法”或“图解法”配制成具有足够密实度和较高内摩擦力的矿质混合料。

确定沥青最佳用量：用“试验法”测定不同沥青用量的试验数据，确定沥青最佳用量。

5. 答：① 加水量；② 骨料形状；③ 砂率；④ 水泥品种；⑤ 水泥浆数量与水灰比；⑥ 外加剂；⑦ 温度与搅拌时间。

五、计算题

解：试验室的配合比 $m_c : m_s : m_G : m_w = 360 : 612 : 1\ 241 : 187 = 1 : 1.70 : 3.45$，$W/C = 0.52$。

水泥用量 $m_c = 360\ kg/m^3$

砂用量 $m_s = 612(1+3\%) = 630\ kg/m^3$

碎石用量 $m_g = 1\ 241(1+2\%) = 1\ 266\ kg/m^3$

水用量 $m_w = 187 - (612 \times 3\% + 1\ 241 \times 2\%) = 144\ kg/m^3$

施工配合比为 $m_c : m_s : m_g : m_w = 1 : 1.75 : 3.52$，$W/C = 0.40$。

中级公路工程试验工理论知识试卷（D）卷

一、填空题（每空1分，共20分）

1. 石灰膏在使用前，一般要陈伏两周以上，主要目的是________。

2. 建筑砂浆的和易性包括________和________两方面的含义。

3. 钢中磷的主要危害是________，硫的主要危害是________。

4. 建筑工地和混凝土构件厂，常利用冷拉、冷拔并时效处理的方法，达到提高钢材的________，降低________和________钢材的目的。

5. 当沥青中树脂（沥青脂胶）组分含量较高时，沥青的塑性________，粘结性________。

6. 石油沥青按“胶团”的数量不同，具有________、________、________等3种不同的结构类型。

7. 划分生石灰等级的技术指标有：________、________两项。

8. 水泥熟料的主要矿物组成是________、________、________、________。

9. 碳素钢按含碳量的多少分为低碳钢、中碳钢和高碳钢。建筑上多采用________。

二、选择题（每题1分，共20分）将正确答案前的代号填在括号内

1. 化学元素（　　）是引起钢材冷脆性的主要原因。

A. C　　B. S　　C. P　　D. Mn

2. 击实试验所用的土样一般是（　　）

A. 原状土　　B. 松散状土　　C. 干硬状土　　D. 扰动土

3. 测定砂的表观密度时，称去试样的质量应为（　　）

A. 100 g　　B. 50 g　　C. 500 g　　D. 300 g

4. 在100 g含水率为3%的湿土中，其中干土的质量为（　　）。

A. 100.0 g　　B. 103.0 g　　C. 97.1 g　　D. 95 g

5. (　　) 与水反应是很强烈的，导致水泥立即凝结，故常掺入适量石膏以便调节凝结时间。

A. C_3S　　B. C_2S　　C. C_3A　　D. C_4AF

6. 普通碳钢按屈服点、质量等级及脱氧方法划分若干个牌号，随牌号提高，钢材的 (　)。

A. 强度提高，伸长率提高　　B. 强度提高，伸长率降低

C. 强度降低，伸长率降低　　D. 强度降低，伸长率提高

7. 测定水泥标准稠度用水量时，若第一次测得锥如深度为 20 mm，则其标准稠度用水量 P 应为 (　　)。

A. 28% ±20%　　B. 28%　　C. 29.7%　　D. 142.5 mL

8. 按沥青混合料密度分，密级配沥青混凝土残留剩余空隙率为 (　　)。

A. 1% ~5%　　B. <6%　　C. 6% ~10%　　D. >10%

9. 为提高混凝土的抗冻性，掺入加气剂，其掺入量是根据混凝土的 (　　) 来控制。

A. 塌落度　　B. 含气量　　C. 抗冻标号　　D. 抗渗标号

10. 一次击实试验中，测的含水量为 4.5%，试样湿密度为 2.27 g/cm^3，则它的干密度为 (　　)。

A. 2.13　　B. 2.15　　C. 2.17　　D. 2.27

11. 水泥的细度用筛析法测定，在 0.08 mm 方孔筛上筛余量不超过 (　　)。

A. 5%　　B. 10%　　C. 15%　　D. 20%

12. 施工所需的混凝土拌合物塌落度的大小主要由 (　　) 来选取。

A. 水灰比和砂率　　B. 水灰比和捣实方式

C. 骨料的性质、最大粒径和级配　　D. 构件的截面尺寸大小，钢筋疏密，捣实

13. 影响砼强度的主要因素是 (　　)。

A. 水灰比　　B. 水泥用量　　C. 砂率　　D. 振捣方法

14. 试验测得一组砼强度值为 16.1 MPa 、22.3 MPa、22.0 MPa，则这组砼的抗拉强度应为 (　　)

A. 16.1 MPa　　B. 22.3 MPa　　C. 22.0 MPa　　D. 20.1 MPa

15. 某路基填土当含水量超过最佳含水量 W_0 时，其密实度随含水量的增加而 (　　)

A. 增加　　B. 不变　　C. 减少　　D. 最大

16. 划分粗粒土的粒径界限是 (　　)

A. 60 ~200　　B. 60 ~0.074　　C. 0.074 ~0.02　　D. 0.02 ~0.05

17. 表征粘稠沥青的粘滞性指标是 (　　)，其单位以 (　　) 表示。

A. 针入度，cm　　B. 针入度，$\frac{1}{10}$ mm　　C. 粘滞度，S　　D. 粘滞度，mm

18. 水泥砼混合物坍落度愈大，表示混合物的 (　　) 愈大。

A. 流动性　　B. 保水性　　C. 粘聚性　　D. 塑性

19. 沥青混合料的技术性质有 4 项，应为 (　　)

A. 针入度、延度、软化点、粘滞度　　B. 温稳性、抗裂性、耐久性、和易性

C. 强度、温稳性、抗裂性、流值　　D. 耐久性、和易性、流值 、强度

20. 某砼中水灰比为0.52，已知用水量为188 kg/cm^3，则水泥用量为（　　）

A. 362 kg/cm^3　B. 188 kg/cm^3　C. 97.76 kg/cm^3　D. 52 kg/cm^3

三、判断题（每题1分，共20分）正确者在括弧内打“√”，错误者打“×”

1. 水泥砼混合比设计时，选用水泥标号越高越好。（　　）
2. 水泥砼流动性小说明其和易性不好。（　　）
3. 土的液限含水量就是其可塑状态与半固体状态的分界含水量。（　　）
4. 沥青材料针入度越大，则粘结性越好。（　　）
5. 在沥青混合料中，沥青含量越高，则沥青混合料的稳定度也越高。（　　）
6. 水泥细度是水泥颗粒越粗，总表面积越大，则水化越快，凝结硬化也越快。（　　）
7. 第二级配区的砂一定是中砂。（　　）
8. 沥青混合料空隙率愈小，愈密实，路用性能愈好。（　　）
9. 水泥中 C_2S 含量愈大，水泥凝结硬化愈快。（　　）
10. 延度愈大，表示沥青抵抗外力作用变形的能力愈差。（　　）
11. 两种砂子的细度模数相同，则它们的级配也一定相同。（　　）
12. 钢筋的拉伸试验，开动试验机，连续均匀地以5 MPa/s的速度施加荷载。（　　）
13. 扰动土比原状土的力学性质差，其主要原因在于矿物成分遭到破坏。（　　）
14. 细度模数是划分砂子粗细程度的唯一方法。（　　）
15. 在选用道路沥青材料时，寒冷地区宜选用针入度较大，延度较大的沥青，较热地区宜选用针入度较小，软化点高的沥青。（　　）
16. 粒度分析的筛分法适用于分析大于0.074的风干土样。（　　）
17. 石灰未消化残渣含量时测定石灰的有效成分。（　　）
18. 水泥砼中当骨料总用量确定后，如砂率过小，则混合料流动性小。（　　）
19. 钢筋按其机械性能分级分为4级，钢号愈大，含碳量愈高。（　　）
20. 对水泥砼耐久性主要从最小水灰比和最大水泥用量进行控制。（　　）

四、简答题（每题5分，共20分）

1. 水泥混凝土应具有那些主要的性能？
2. 马歇尔实验的目的是什么？主要测定什么？各指标表征什么？
3. 简述水泥混凝土初步配合比设计的步骤。
4. 回弹值如何计算？

五、计算题（每题10分，共20分）

1. 泥砼的设计强度为30 MPa，$\sigma=5$ MPa，选用碎石作骨料，$\alpha_a=0.46$，$\alpha_b=0.07$，水泥富余系数 $\gamma_c=1.10$，水灰比 $W/C=0.54$，问水泥标号应选用多大？

2. 某砂筛分实验结果如下表，试计算其累计筛余、分计筛余及细度模数。

筛孔尺寸/mm	10	5	2.5	1.25	0.63	0.315	0.16	<0.16
筛余量/g	0	10	20	45	100	135	155	35
分计筛余/%								
累计筛余/%								

中级公路工程试验工试卷（D卷）答案

一、填空题（每空1分，共20分）

1. 消除过火石灰的危害
2. 流动性　保水性
3. 冷脆性　热脆性
4. 机械强度　塑性　节约
5. 增强　减少
6. 溶胶结构、凝胶结构、溶凝胶结构
7. 有效氧化钙　氧化镁含量
8. C_3S、C_2S、C_3A、C_4AF
9. 低碳钢

二、选择题（每题1分，共20分）

1. A	2. B	3. D	4. C	5. C	6. B	7. C	8. B	9. B	10. C
11. B	12. D	13. A	14. D	15. C	16. B	17. B	18. A	19. B	20. A

三、判断题（每题1分，共20分）

1. ×	2. √	3. ×	4. ×	5. ×	6. ×	7. √	8. ×	9. ×	10. ×
11. ×	12. ×	13. ×	14. ×	15. √	16. √	17. ×	18. √	19. √	20. √

四、简答题（每题5分，共20分）

1. 答：为了满足设计、施工和使用等方面的要求，混凝土混合料必须具有良好的和易性，混凝土混合料凝结硬化后，应具有足够的强度、耐久性和经济性。此外，混凝土在使用过程中，由于受外界因素的影响而产生变形，这种变形性能（体积变形和受力变形）与强度和耐久性一样，也是比较重要的性能。

2. 答：用于沥青混合料配合比设计及其工地质量检验，马歇尔试验主要测定指标是稳定度和流值，稳定度反映沥青混合料的高温强度，是试件破坏时的最大荷载（以N计），实际上就是表征材料强度的一种指标，流值反映沥青混合料在荷载作用下的流动变形，是表征材料变形能力的一种指标。

3. 答：混凝土初步配合比设计步骤如下：

（1）确定试配强度。

（2）确定水灰比。

（3）确定用水量。

（4）计算水泥用量。

（5）确定砂率。

（6）计算砂、石用量。

（7）求出水泥混凝土的初步配合比。

4. 答：回弹值计算

（1）测区平均回弹值时，应从该区的16个回弹值中剔除3个最大值和3个最小值。然后将余下的10个回弹值求平均值。

（2）角度修正。回弹仪非水平方向的检测混凝土浇筑侧面时，应按公式修正。

（3）回弹仪水平方向检测混凝土浇筑表面或底面时，应按公式修正。

五、计算题（共20分）

1. 解：① 确定砼试配强度：$f_{cu,o}=f_{cu,k}+1.645\sigma=30+1.645\times5=38.2$ MPa

② 计算水泥实际强度：

$$f_{ce}=\frac{f_{cu,o}}{\alpha_a\left(\dfrac{C}{W}-\alpha_b\right)}=\frac{38.2}{0.46\times\left(\dfrac{1}{0.54}-0.07\right)}=46.75\ \text{MPa}$$

③ 确定水泥标号：

$$f_{ce,k}=\frac{f_{ce}}{\gamma_c}=\frac{46.75}{1.10}=42.5\ \text{MPa}$$

因此水泥标号选用42.5号。

2. 解：

（1）计算累计筛余、分计筛余

筛孔尺寸/mm	10	5	2.5	1.25	0.63	0.315	0.16	<0.16
筛余量/g	0	10	20	45	100	135	155	35
分计筛余/%	0	2	4	9	20	27	31	7
累计筛余/%	0	2	6	15	35	62	93	100

（2）细度模数

$$M_x=\frac{A_{2.5}+A_{1.25}+A_{0.63}+A_{0.16}+A_{0.315}-5A_5}{100-A_5}$$

$$=\frac{(6+15+35+62+93)\ \ -5\times2}{100-2}$$

$$=2.05$$

中级公路工程试验工理论知识试卷（E）卷

一、填空题（每空1分，共20分）

1. 集料分为________和________两种。
2. 混凝土工作性包含________、________、________、________四组分。
3. 硬化后混凝土的力学性质包括________和________。
4. 普通水泥混凝土的组成材料包括________、________、水、细集料四组分。
5. 配合比设计要满足：________、________、________、________的要求。
6. 建筑钢材按用途分类属________钢，按质量分类属________钢。
7. 混凝土配合比表示方________法和________法。
8. 沥青混合料按其密实度分类，可分为________沥青混合料与________沥青混合料二类。

二、选择题（每题1分，共20分）将正确答案前的代号填在括号内

1. 将一批混凝土试件，经养护至此28 d后分别测得其养护状态下的平均抗压强度为23 MPa，干燥状态下的平均抗压强度为25 MPa，吸水饱和状态下的平均抗压强度为

22 MPa，则其软化系数为（ ）。

A. 0.92 B. 0.88 C. 0.96 D. 0.13

2. 在 100 g 含水率为 3% 的湿砂中，其中水的质量为（ ）。

A. 3.0 g B. 2.5 g C. 3.3 g D. 2.9 g

3. 下列概念中，（ ）表明材料的耐水性。

A. 质量吸水率 B. 体积吸水率 C. 孔隙水饱和系数 D. 软化系数

4. 密度是指材料在（ ）单位体积的质量。

A. 自然状态 B. 绝对体积近似值 C. 绝对密实状态 D. 松散状态

5. 如材料的质量已知，求其体积密度时，测定的体积应为（ ）。

A. 材料的密实体积 B. 材料的密实体积与开口孔隙体积

C. 材料的密实体积与闭口孔隙体积 D. 材料的密实体积与开口及闭口体积

6. 对于某一种材料来说，无论环境怎样变化，其（ ）都是一定值。

A. 体积密度 B. 密度 C. 导热系数 D. 平衡含水率

7. 建筑石膏凝结硬化时，最主要的特点是（ ）。

A. 体积膨胀大 B. 体积收缩大 C. 放出大量的热 D. 凝结硬化快

8. 由于石灰浆体硬化时（ ），以及硬化强度低等缺点，所以不宜单独使用

A. 吸水性大 B. 需水量大 C. 体积收缩大 D. 体积膨胀大

9. （ ）在使用时，常加入氟硅酸钠作为促凝剂。

A. 高铝水泥 B. 石灰 C. 石膏 D. 水玻璃

10. 生石灰的主要成分为（ ）

A. $CaCO_3$ B. CaO C. $Ca(OH)_2$ D. $CaSO_3$

11. （ ）在空气中凝结硬化是受到结晶和碳化两种作用。

A. 石灰浆体 B. 石膏浆体 C. 水玻璃溶液 D. 水泥浆体

12. 用煮沸法检验水泥安定性，只能检查出由（ ）所引起的安定性不良。

A. 游离 CaO B. 游离 MgO C. A + B D. SO_3

13. 干燥地区夏季施工的现浇混凝土不宜使用（ ）水泥。

A. 硅酸盐 B. 普通 C. 火山灰 D. 矿渣

14. 在完全水化的硅酸盐水泥中，（ ）是主要水化产物，约占 70%。

A. 水化硅酸钙凝胶 B. 氢氧化钙晶体

C. 水化铝酸钙晶体 D. 水化铁酸钙凝胶

15. 纯（ ）与水反应是很强烈的，导致水泥立即凝结，故常掺入适量石膏以便调节凝结时间。

A. C_3S B. C_2S C. C_3A D. C_4AF

16. 配制混凝土时，水灰比（W/C）过大，则（ ）。

A. 混凝土拌合物的保水性变差 B. 混凝土拌合物的黏聚性变差

C. 混凝土的强度和耐久性下降 D. A + B + C

17. 试拌调整混凝土时，发现拌合物的保水性较差，应采用（ ）措施。

A. 增加砂率 B. 减少砂率 C. 增加水泥 D. 增加用水量

18. 钢材随时间延长而表现出强度提高，塑性和冲击韧性下降，这种现象称为（ ）。

A. 钢的强化 B. 时效 C. 时效敏感性 D. 钢的冷脆

19. 乳化沥青的主要组成为（　　）。

A. 沥青、水、乳化剂　　B. 沥青、汽油、乳化剂

C. 沥青、汽油　　D. 沥青、矿物粉

20. 为保证沥青混合料中沥青与集料的粘附性，应优先选用（　　）石料。

A. 酸性　　B. 碱性　　C. 中性　　D. 无要求

三、判断题（每题 1 分，共 20 分）正确的在括号内打“√”，错误的在括号内打“×”

1. 硅酸盐水泥中 C_2S 的早期强度低，后期强度高，而 C_3S 正好相反。（　　）

2. 两种砂子的细度模数相同，则它们的级配也一定相同。（　　）

3. 砂子的细度模数越大，则该砂的级配越好。（　　）

4. 水硬性胶凝材料，只能在水中硬化。（　　）

5. 在混凝土拌合物中，保持 W/C 不变增加水泥浆量，可增大拌合物的流动性。（　　）

6. 对混凝土拌合物流动性大小起决定性作用的是加水量的大小。（　　）

7. 卵石混凝土比同条件配合比的碎石混凝土的流动性大，但强度要低一些。（　　）

8. 水泥混凝土配合比设计时，选用水泥标号越高越好。（　　）

9. 在硅酸盐水泥中，C_2S 支配早期强度。（　　）

10. 混凝土的实验室配合比和施工配合比二者的 W/C 是不相同。（　　）

11. 石油沥青的粘滞性用针入度表示，针入度值的单位是“mm”。（　　）

12. 当温度在一定范围内变化时，石油沥青的粘性和塑性变化较小时，则为温度敏感性较大。（　　）

13. 普通碳素钢的含碳量愈高，钢号愈大。（　　）

14. 马歇尔稳定度实验时的温度愈高，则稳定度愈大，流值愈小。（　　）

15. 砂浆的和易性包括流动性、粘聚性、保水性三方面的含义。（　　）

16. 对水泥混凝土耐久性主要从最小水灰比和最大水泥用量进行控制。（　　）

17. 石油沥青的软化点越低，则其温度敏感性越小。（　　）

18. 沥青材料延度愈大，则塑性愈小。（　　）

19. 石油沥青的组份是油份，树脂和地沥青质，它们都是随时间的延长而逐渐减少的。（　　）

20. 道路石油沥青，用酸性矿料比碱性矿料要好。（　　）

四、简答题（每题 5 分，共 20 分）

1. 影响混凝土强度的主要因素有那些？

2. 简述沥青混合料中的最佳沥青用量如何确定。

3. 简述沥青混合料的组成设计的步骤。

4. 水泥混凝土应具有哪些主要的性能？

五、计算题（每题 10 分，共 20 分）

1. 现在实验室求得 1 m^3 混凝土的各种材料用量为水泥 360 kg，砂 612 kg，石子 1 241 kg，水 187 kg，求该混凝土的实验室混合比，如工地所用砂含水率 3%，饱和面干含水率 0.8%，石子含水率 2%，饱和面干含水率 1%，求该混凝土的施工配合比。

2. 某工程要使用软化点为 50 ℃的石油沥青，今有软化点分别为甲 30 ℃和乙 75 ℃的两种石油沥青，问应如何掺配？

中级公路工程试验工试卷（E卷）答案

一、填空题（每空1分，共20分）

1. 粗集料　细集料
2. 流动性　可塑性　易密性　稳定性
3. 强度　变形
4. 粗集料　水泥
5. 强度　工作性　耐久性　经济性
6. 结构　普通
7. 单位用量　相对用量
8. 密级配　开级配

二、选择题（每题1分，共20分）

1. B　2. D　3. D　4. C　5. D　6. A　7. D　8. C　9. D　10. B
11. A　12. A　13. C　14. A　15. C　16. D　17. A　18. B　19. A　20. B

三、判断题（每题1分，共20分）

1. √　2. ×　3. ×　4. ×　5. √　6. ×　7. √　8. ×　9. ×　10. ×
12. ×　12. ×　13. √　14. ×　15. ×　16. √　17. ×　18. ×　19. ×　20. ×

四、简答题（每题5分，共20分）

1. 答：影响混凝土强度的主要因素有：

（1）水泥标号和水灰比：在其它条件相同的情况下，水泥标号愈高，则混凝土的强度愈高，在水泥标号相同的情况下，混凝土的强度主要取决于水灰比的大小。

（2）骨料及其级配：在水泥标号、水灰比相同的情况下，碎石混凝土强度要比卵石混凝土强度高。

（3）养护条件：混凝土混合料浇捣完毕后，必须保持适当的温度和湿度，使水泥能充分水化，以保证混凝土强度不断提高。

（4）龄期：强度随龄期不断增长。

2. 答：把符合要求的矿料与沥青材料进行试拌，至少选择5组沥青用量，一般每组沥青用量相隔0.5%。每组分别制备3个试件，测定其稳定度，流值（饱和度）、空隙率（密度）。并绘制各技术指标与沥青用量关系图，确定出符合全部技术指标的沥青用量范围值，最佳沥青用量一般采用中值。

3. 答：沥青混合料的组成设计包括两个步骤，

（1）选择矿料配合比，按照规范推荐的最佳级配范围，将已知级配的石子、砂和矿粉用“试算法”或“图解法”配制成具有足够密实度和较高内磨擦力的矿质混合料。

（2）确定沥青最佳用量：用“试验法”测定不同沥青用量的试验数据，确定沥青最佳用量。

4. 答：为了满足设计、施工和使用等方面的要求，混凝土混合料必须具有良好的和易性，混凝土混合料凝结硬化后，应具有足够的强度、耐久性和经济性。此外，混凝土在使用过程中，由于受外界因素的影响而产生变形，这种变形性能（体积变形和受力变形）与强度和耐久性一样，也是比较重要的性能。

五、计算题（共20分）

1. 解：

（1）实验室配合比为：

水泥: 砂: 石子: 水 =360: 612: 1 241: 187 =1: 1.7: 3.45: 0.52

（2）工地上1 m^3 混凝土各材料用量为：

水泥用量不变为360 kg

砂的用量为612 +612 ×（0.03 －0.008）=625 kg

石子的用量为1 241 +1 241 ×（0.02 +0.01）=1 253 kg

水的用量为187 －13 －12 =162 kg

（3）施工配合比为：

水泥: 砂: 石子: 水 =1: 1.74: 3.48: 0.45

2. 答：（1）乙沥青（%） =（50 ~30）/（75 ~30）×100% =44%

（2）甲沥青用量（%） =100% －44% =56%

中级公路工程试验工理论知识试卷（F）卷

一、填空题（每空1分，共20分）

1. 水泥标准稠度用水量的测定方法有________和________。

2. 石灰的硬化包括________和________两部分。

3. 碳素钢按含碳量的多少分为低碳钢、中碳钢和高碳钢。建筑上多采用________。

4. 优质的新拌的水泥砼应该具有：满足输送和浇捣要求的________性；不为外力作用产生脆性的________；不产生分层、泌水的________性；和易于浇捣密实的________性，这也是和易性通常包含的4个方面的内容。

5. 我国现行规范采用沥青混合料的________、________和________来表征沥青混合料的耐久性。

6. 石油沥青的三大技术指标是针入度、软化点和延度，它们分别表示石油沥青的________和________、________。

7. 矿质混合料组成设计的方法有________、________。

8. 水泥的物理性质技术要求包括________、________、________和标准稠度用水量。

二、选择题（每题1分，共20分）将正确答案前的代号填在括号内

1. 由于石灰浆体硬化时（　　），以及硬化强度低等缺点，所以不宜单独使用

A. 吸水性大　B. 需水量大　C. 体积收缩大　D. 体积膨胀大

2.（　　）在空气中凝结硬化是受到结晶和碳化两种作用。

A. 石灰浆体　B. 石膏浆体　C. 水玻璃溶液　D. 水泥浆体

3. 矿渣水泥体积安定性不良的主要原因之一是（　　）

A. 石膏掺量过多　B. CaO 过多　C. MgO 过多　D. A + B + C

4. 用煮沸法检验水泥安定性，只能检查出由（　　）所引起的安定性不良。

A. 游离 CaO　B. 游离 MgO　C. A + B　D. SO_3

5. 干燥地区夏季施工的现浇混凝土不宜使用（　　）水泥。

A. 硅酸盐　B. 普通　C. 火山灰　D. 矿渣

6. 在完全水化的硅酸盐水泥中，（　　）是主要水化产物，约占70%。

A. 水化硅酸钙凝胶　B. 氢氧化钙晶体

C. 水化铝酸钙晶体　D. 水化铁酸钙凝胶

7. （　　）水泥适用于一般土建工程中现浇混凝土及预应力混凝土结构

A. 硅酸盐　B. 粉煤灰硅酸盐　C. 火山灰硅酸盐　D. 矿渣硅酸盐

8. 施工所需的混凝土拌合物塌落度的大小主要由（　　）来选取。

A. 水灰比和砂率　B. 水灰比和捣实方式

C. 骨料的性质、最大粒径和级配　D. 构件的截面尺寸大小，钢筋疏密，捣实方式

9. 为提高混凝土的抗冻性，掺入加气剂，其掺入量是根据混凝土的（　　）来控制。

A. 塌落度　B. 含气量　C. 抗冻标号　D. 抗渗标号

10. 原来用细度模数为2.65的砂子配制混凝土混合料，由于料源问题，改用细度模数为1.95的砂子，为了保持原配混凝土的塌落度和强度不变，最合适的办法是（　　）。

A. 增加砂率　B. 减少砂率　C. 增加拌合用水量　D. 减少水泥用量

11. 细骨料级配与颗粒粗细是根据（　　）来评定的。

A. 细度模数　B. 筛分曲线

C. 细度模数与筛分曲线　D. 细度模数与砂率

12. 选择混凝土用砂的原则是（　　）。

A. 砂的空隙率大，总表面积小　B. 砂的空隙率大，总表面积大

C. 砂的空隙率小，总表面积小　D. 砂的空隙率小，总表面积大

13. 砂浆的保水性用（　　）来表示。

A. 塌落度　B. 分层度　C. 沉入度　D. 工作度

14. 建筑砂浆常以（　　）作为砂浆的最主要的技术性能指标

A. 抗压强度　B. 粘结强度　C. 抗拉强度　D. 耐久性

15. 普通碳钢按屈服点、质量等级及脱氧方法划分若干个牌号，随牌号提高，钢材的（　　）。

A. 强度提高，伸长率提高　B. 强度提高，伸长率降低

C. 强度降低，伸长率降低　D. 强度降低，伸长率提高

16. 石油沥青老化后，其延度较原沥青将（　　）。

A. 保持不变　B. 升高　C. 降低　D. 先升高后降

17. 若沥青的油石比为4.8%，则沥青含量为（　　）。

A. 4.80%　B. 4.58%　C. 5.04%　D. 4.75%

18. 车辙试验主要是用来评价沥青混合料的（　　）。

A. 高温稳定性　B. 低温抗裂性　C. 耐久性　D. 抗滑性

19. 石油沥青的牌号由低到高，则沥青的（　　）由小到大。

A. 粘性　B. 塑性　C. 温度稳定性　D. A+B

20. 沥青的标号是根据（　　）划分的。

A. 耐热度　　B. 针入度　　C. 延度　　D. 软化点

三、判断题（每题1分，共20分）正确的在括号内打“√”，错误的在括号内打“×”

1. 强度不合格的水泥，只有作为废品。（　　）

2. 水泥水化生成的 $Ca(OH)_2$ 和 C_3AH_6 是引起水泥石腐蚀的内因。（　　）

3. 级配好的集料，其空隙率小，表面积大。（　　）

4. 普通混凝土的强度与其水灰比成线性关系。（　　）

5. 在混凝土中掺入引气剂，混凝土的孔隙率增大，抗冻性降低。（　　）

6. 水泥石中的某些成分，能与含碱量高的集料发生反应，此称为混凝土的碱集料反应。（　　）

7. 沥青与矿料的粘附等级越高，说明沥青与矿料的粘附性越好。（　　）

8. 评价粘稠石油沥青性能的三大指标是针入度、延度、软化点。（　　）

9. 砂率是水泥混凝土中砂与石子质量的百分比。（　　）

10. 残留稳定度是评价沥青混合料水稳定性的一项指标。（　　）

11. 在评价水泥质量时，凡氧化镁、三氧化硫、凝结时间、体积安定性中的任一项不符合国家标准规定，水泥为废品。（　　）

12. 沥青软化点试验，当升温速度超过规定时，试验结果将偏高。（　　）

13. 凡含二氧化碳的水均对硅酸盐水泥有腐蚀作用。（　　）

14. 国家标准规定，硅酸盐水泥的初凝时间不得迟于 45 min。（　　）

15. 流动性大的混凝土比流动性小的混凝土强度低。（　　）

16. 细度模数相同的两种砂子，它们的级配也相同。（　　）

17. 砂浆的和易性包括流动性、粘聚性、保水性三方面含义。（　　）

18. 沥青混合料中的剩余空隙率的作用是以备夏季沥青材料的膨胀。（　　）

19. 沥青混合料拌和时间越长，混合料越均匀，所以应多拌和一段时间。（　　）

20. 材料的空隙率越大，吸水率也越大。（　　）

四、简答题（每题5分，共20分）

1. 水泥混凝土初步配合比设计的步骤？

2. 水泥混凝土混合料的粘聚性和饱水性如何判断？

3. 沥青混合料有几种结构类型，各有何特点？

4. 土的累计曲线法在工程上有何用途？

五、计算题（每题10分，共20分）

1. 某一试拌的混凝土混合料，设计其水灰比为0.5，拌制后的体积密度为2 410 kg/m^3，采用0.34的砂率，现打算1 m^3 混凝土混合料用水泥 290 kg，试求1 m^3 混凝土混合料其它材料用量。

2. 按混凝土标号20 MPa的要求，配制一组15 cm×15 cm×15 cm的试件，在标准条件下养护28 d后进行抗压强度试验，3个试件破坏荷载分别为 5.5×10^5 N，5.2×10^5 N，4.8×10^5 N，试问该组混凝土实测强度值为多少？

中级公路工程试验工理论知识试卷（F卷）答案

一、填空题（每空1分，共20分）

1. 固定水量法　调整水量法
2. 干燥硬化　碳酸化
3. 低碳钢
4. 流动　可塑性　稳定性　易密性
5. 空隙率　饱和度　残留稳定度
6. 粘滞性　温度敏感性　可塑性
7. 图解法　数解法
8. 细度　凝结时间　安定性

二、选择题（每题1分，共20分）

1. C	2. A	3. C	4. A	5. C	6. A	7. A	8. D	9. B	10. B
11. C	12. D	13. B	14. A	15. B	16. C	17. B	18. A	19. B	20. B

三、判断题（每题1分，共20分）

1. ×	2. √	3. ×	4. ×	5. ×	6. ×	7. √	8. √	9. ×	10. √
11. ×	12. √	13. ×	14. ×	15. ×	16. ×	17. ×	18. √	19. ×	20. ×

四、简答题（每题5分，共20分）

1. 答：混凝土配合比设计步骤如下：

（1）确定试配强度。

（2）确定水灰比。

（3）确定用水量。

（4）计算水泥用量。

（5）确定砂率。

（6）计算砂、石用量。

（7）求出水泥混凝土的初步配合比。

2. 答：粘聚性的判断方法是在测量坍落度后用捣捧在已坍落的混凝土锥体一侧轻打，如锥体在轻打后逐渐下沉，表示粘聚性良好；如锥体突然倒坍，部分崩裂或发生石子离析现象，即表示粘聚性不好。保水性是以混凝土混合料保持水分不易析出的程度来评定。坍落度筒提起后如有较多稀浆从混凝土锥体析出，且因失浆过多而使砂石外露，就表示保水性不良；如坍落度筒提起后无稀浆或仅有少量稀浆从底部析出，且混凝土锥体含浆饱满，则表示保水性良好。

3. 答：有3种结构类型，即

（1）悬浮密实结构，特点；连续密级配，强度较高，内摩阻角小，热稳定性差，空隙率小，耐久性好。

（2）骨架空隙结构，特点：连续开级配，强度偏小，内摩阻角大，热稳定性好，空隙率大，耐久性差。

（3）骨架密实结构，特点，间断级配，强度高，空隙率小，热稳定性好，耐久性好，施工质量不易控制，和易性较差。

4. 答：累计曲线在工程上有的用途有：

从累计曲线的形态及分布的粒组区间可判断土的粒度成分的集配特征；

利用累计曲线可以求得有关土粒的集配指标不均匀系数、曲率系数；

通过累计曲线可以查知各粒组的相对含量，给土进行定名。

五、计算题（共 10 分）

1. 解：

$$\frac{m_W}{m_C}=0.5, m_C=290\ \text{kg}, m_W=0.5\times 290=145\ \text{kg}$$

$$\frac{m_S}{m_S+m_G}=0.34, m_S+m_G+m_W+m_C=\rho_{CP}$$

$$故\ m_S=671.5\ \text{kg}, m_G=1\ 303.5\ \text{kg}$$

2. 解：

$$(5.5\times 10^5\ \text{N}+5.2\times 10^5\ \text{N}+4.8\times 10^5\ \text{N})/3=5.17\times 10^5\ \text{N}$$

$$R=5.17\times 10^5\ \text{N}\times 10^4/225=22.97\ \text{MPa}$$

中级公路工程试验工理论知识试卷（G）

一、选择题（每题 2 分，共 40 分）将正确答案前的代号填在括号内

1. 硅酸盐水泥的 4 种矿物成分中反应速度最快的是（　　）。

A. C_3A　　B. C_2S　　C. C_3S　　D. C_4AF

2. 已知集料的密度试验中容量筒加试样的质量为 m_1，容量筒的质量为 m_2，其体积为 V，则此集料的密度 ρ_t 为（　　）kg/m^3。

A. $\{(m_1-m_2)/V\}\times 1\ 000$　　B. $\{(m_1+m_2)/V\}\times 1\ 000$

C. $\{(m_1-m_2)/1\ 000\}\times V$　　D. $\{(m_1-m_2)/V\}\times 1\ 000$

3. 无机结合料稳定土对土的要求一般规定其液限（　　），塑限指数（　　）。

A. 不大于 40，不大于 20　　B. 大于 40，大于 20

C. 不大于 20，小于 40　　D. 无具体规定

4. 评定水泥砼质量均匀性的重要指标是（　　）。

A. 强度平均值 R　　B. 标准差 δ　　C. 变异系数 C_V　　D. 强度保证率 P

5. 某砂样 500 g，经筛分后，5 mm 筛上的筛余为 4.8%，2.5 mm 筛上的筛余为 19.2%，则 2.5 mm 筛上的通过百分率为（　　）。

A. 19.2%　　B. 95.2%　　C. 76.0%　　D. 24.0%

6. 测得沥青混合料重为 m_1，矿料重为 m_2，则此沥青混合料中油石比 S 为（　　）。

A. $S=(m_1/m_2)\times 100\%$　　B. $S=\{(m_1-m_2)/m_1\}\times 100\%$

C. $S=\{(m_1-m_2)/m_2\}\times 100\%$　　D. $S=\{(m_1-m_2)/(m_2+m_2)\}\times 100\%$

7. 某路基填土的含水量超过最佳含水量 W_0 时，其密实度随含水量的增加而（　　）。

A. 增加　　B. 减少　　C. 不变　　D. 最大

8. 对于级配碎（砾）石底基层压实度的要求为：各级公路的压实度代表值均为（　　）。

A. 93%　　B. 94%　　C. 96%　　D. 98%

9. 表征沥青的粘性和弹性联合效应的指标是（　　）。

A. 粘滞度　　B. 粘滞度和塑性　　C. 弹性模量　　D. 劲度模量

10. 试验测得一砼抗压强度值为 16.1 MPa，22.3 MPa，22.0 MPa，则这组砼的抗压强度应为（　　）。

A. 16.1 MPa　　B. 22.3 MPa　　C. 22.0 MPa　　D. 20.1 MPa

11. 测量水泥标准稠度用水量时，若第一次测得锥入深度为 20 mm，则其标准稠度用水量 P 应为（　　）。

A. 28%　　B. 29.7%　　C. 28% ±2%　　D. 142.5 mL

12. 钢筋拉伸试验时，开动试验机应连续均匀地以（　　）的速度施加荷载。

A. 5 MPa/s　　B. 10 MPa/s　　C. 15 MPa/s　　D. 40 MPa/s

13. 石油沥青的组分中，使沥青具有粘结性和塑性的组分是（　　）。

A. 油分　　B. 树脂　　C. 沥青质　　D. 石腊

14. 软基加固中若使用强夯法，为取得较好的加固效果，应尽量采用（　　）

A. 重锤高落距　　B. 重锤低落距　　C. 减少夯击遍数　　D. 增加夯击遍数

15. 多年冻土区内，砂土和砾石土，按其冻结状态应是（　　）冻土。

A. 坚硬　　B. 塑性　　C. 松散　　D. 液性

16. 水泥砼粗集料压碎值试验中，标准试样一律采用 10 ~ 20 mm 颗粒，并在（　　）状态下进行试验。

A. 气干　　B. 风干　　C. 烘干　　D. 饱水

17. 在进行砂浆抗压强度试验结果评定时，当 6 个试件的最大值或最小值与平均值之差超过（　　）时，以中间 4 个试件的算术平均值作为最终结果。

A. 10%　　B. 15%　　C. 20%　　D. 30%

18. 划分粗粒土的粒径界限是（　　）mm。

A. 60 ~ 200　　B. 0.075 ~ 60　　C. 0.02 ~ 0.074　　D. 0.05 ~ 0.2

19. 为制造道路硅酸盐水泥，应提高水泥熟料中（　　）矿物成分的含量。

A. C_2S　　B. C_3S　　C. C_3A 和 C_2S　　D. C_3S 和 C_4AF

20. 级配碎砾石底基层的压实度检测频率为（　　）。

A. 每 200 m 4 点　　B. 每 2 000 m^2 4 点

C. 每 200 m 每车道 2 点　　D. 每 200 m 每车道 4 处

二、判断题（每题 1 分，共 20 分）正确的在括号内打“√”，错误的在括号内打“×”

1. 石料的孔隙率愈大，吸水率也愈大，抗冻性亦愈差。（　　）

2. 土的液限含水量就是可塑状态与固体状态的分界含水量。（　　）

3. 水泥标号愈大，强度愈高，故工程中应尽量采用高标号水泥。（　　）

4. 水泥砼用砂，细度模数越大，说明砂子越细。（　　）

5. 我们现行规范规定以上屈服点的应力作为钢材的屈服极限。（　　）

6. 路面弯沉是在汽车车轮荷载作用下，路表产生的垂直变形值，它是反映路面整体抗压强度的一个综合指标。（　　）

7. 为提高水泥砼耐久性，应控制水泥砼的最小水灰比和最大水泥用量。（　　）

8. 测得两种沥青的粘滞度分别为：A. 沥青 C_{60}^{5} = 50S，B. 沥青 C_{60}^{5} = 100S，则 A 的粘结

力大于B。（　）

9. 击实试验所用的土样是松散状土，土的密度（容重）所要求的土样必须是原状土。（　）

10. 如果坍落筒提起后，有较多稀浆从拌合物锥体底部析出，表明其保水性好。（　）

11. 浇筑大型桥梁基础时应优先使用硅酸盐水泥。（　）

12. 某土样，体积为210 cm^3，湿土为350 g，烘干土为310 g，则该土样的含水量为19.9%。（　）

13. 土的液限和塑限是土的两个重要工程性质。（　）

14. 在沥青延度试验中，如发现沥青浮于水面，应向水中加入酒精。（　）

15. 沥青混合料马歇尔试验击实成型的试件高度为（63.5±1.5）mm。（　）

16. 粒度分析的筛分方法适用于分析粒径大于0.074 mm的风干土样。（　）

17. “16桥”用于制造焊接的桥梁结构，“甲3桥”用于制造铆接的桥梁结构。（　）

18. 集料的细度模数既能反映集料的粗细程度，又能反映颗粒级配。（　）

19. 集料的压碎值越大，其相应石料强度愈低。（　）

20. 在选用道路沥青材料时，寒冷地区宜选用针入度较大，延度较大的沥青，较热地区宜选用针入度较小，软化点较高的沥青。（　）

三、简答题（共30分）

1. 简述运用灌砂法测定压实度时，为使试验做得准确，应着重注意那几个环节。
2. 水泥主要的四种矿物成分是什么？各在水泥中起什么作用？
3. 简述水泥砼初步配合比的设计步骤。
4. 沥青的胶体结构类型有哪些？其中路用性能最好的是那种类型？为什么？
5. 公路工程质量控制主要测试的指标有哪些？
6. 简述土的击实试验中，如何进行试验结果整理？

四、计算题（共10分）

从某工地取回砂样，经烘干至恒量后，取500 g砂样进行筛分试验，筛分结果如下表。试求：

（1）该砂样的分级筛余、累计筛余和通过百分率。

（2）细度模数，确定砂的类型。

筛孔尺寸/mm	10.0	5.0	2.5	1.25	0.63	0.315	0.16	<0.16
各筛余质量/g	0	15	30	80	160	125	65	25

中级公路工程试验工理论知识试卷（G）卷标准答案

一、选择题

1. A　2. A　3. A　4. B　5. C　6. C　7. B　8. C　9. D　10. C
11. B　12. B　13. B　14. B　15. C　16. A　17. B　18. B　19. D　20. C

二、判断题

1. √　2. ×　3. ×　4. ×　5. ×　6. √　7. ×　8. ×　9. √　10. ×

11. × 12. × 13. × 14. × 15. × 16. √ 17. × 18. × 19. √ 20. √

三、简答题

1. 答：（1）量砂要规则。

（2）每换一次量砂，都必须测定松方“密度”漏斗中砂的数量也应该每次重做。

（3）地表面要平整，一般宜采用放在上基板测定粗糙面的砂用量。

（4）在挖坑时试坑周壁应笔直。

（5）灌砂时检测厚度应为整个碾压层厚度，不能只取上部或都取到下一碾压层中。

2. 答：四种矿物成分是 C_2S，C_3S，C_3A，C_4AF。

C_2S：给予水泥的后期强度。

C_3S：支配水泥的早期强度。

C_3A：是水泥第一天强度形成的关键，含量过高，可形成急凝，且水化热最大，易引起干燥收缩。

3. 答：（1）确定试配强度 R_h。

（2）计算水灰比 W/C。

（3）确定用水量 W_0。

（4）计算水泥用量 C_0。

（5）确定砂率 $S_P\%$。

（6）计算砂、石用量。

（7）确定初步配合比。

4. 答：有溶胶型，凝胶型和溶凝胶型三种。

路用性能较好的是溶凝胶型，因为在高温时具有较低的感温性，低温时又具有较好的升度能力，即感温性能好。

5. 答：有平整度，压实度，弯沉，承载比（CBR），路面抗滑性能，水泥砼强度无损测试等几项内容。

6. 答：用公式 $P_{干}=P_{湿}/(1+W_0)\%$。以含水量为横坐标，干密度为纵坐标，绘制关系曲线，该曲线的峰值点的纵，横坐标，即为最大干密度和最佳含水量。

四、计算题

解：因为 $a\neq0$；所以 $A_1\neq0$

$$M_r=\{(A_2+A_3+A_4+A_5+A_6)-5\times A_1\}/(100-A_1)$$

$$=\{(9+25+57+82+95)-15\}/97=253/9.7$$

$$=2.61$$

由于 $2.3<M_r<3.0$，故属中砂

中级公路工程试验工理论知识试卷（H）

一、选择题（每题 2 分，共 40 分）将正确答案前的代号填在括号内

1. 某砼中水灰比为 0.52，已知用水量为 188 kg，则水泥用量为（　　）。

A. 362 kg　　B. 188 kg　　C. 97.8 kg　　D. 52 kg

2. 沥青混合料的技术性质有四项，应为（　　）。

A. 针入度　延度　软化点　粘滞度　　B. 温稳性　抗裂性　耐久性　和易性
C. 强度　稳定性　抗裂性　流值　　D. 耐久性　和易性　流值　稳定性

3. 在一次击实试验中，其含水量为4.5%，试样湿密度为2.7 kg/cm^3，则它的干密度为（　）。

A. 2.13 kg/cm^3　B. 2.15 kg/cm^3　C. 2.17 kg/cm^3　D. 2.27 kg/cm^3

4. 级配碎（砾）石用在路面基层时、碎石的最大粒径不应超过（　）。

A. 30 mm　B. 40 mm　C. 50 mm　D. 60 mm

5. 冷加工和热处理均可改变钢材的性能，但提高钢材塑性的方法应该是（　）。

A. 冷拉　B. 冷拔　C. 退火　D. 淬火

6. 砂的三个级配区的划分是以（　）mm 为控制粒径。

A. 10 mm　B. 5 mm　C. 2.5 mm　D. 0.63 mm

7. 沥青软化点试验中，起始温度为（　）。

A. 5 ℃　B. 15 ℃　C. 25 ℃　D. 30 ℃

8. 水泥砼试件出现蜂窝、麻面现象与砼混合料的（　）有关。

A. 粘聚性　B. 流动性　C. 保水性　D. 易密性

9. 毛细水在（　）中上升高度最大。

A. 砾石土　B. 砂土　C. 黏土　D. 粉性土

10. 某砂样经筛分析试验后，5 mm 筛上的筛余为4.8%，2.5 mm 筛上的筛余为18.2%，则2.5 mm 筛上的通过百分率为（　）。

A. 23.0%　B. 18.2%　C. 77.0%　D. 95.2%

11. 下列试验项目中（　）是公路路基施工中必须进行的试验项目。

A. 土的直剪试验　B. 土的固结试验　C. 回弹模量试验　D. 含水量及压实度试验

12. 当土为饱和状态时，土中水的体积与（　）体积相等。

A. 土的总体积　B. 土粒的体积　C. 土中孔隙的体积　D. 土中气体的体积

13. 已知一组砂浆的抗压强度为 16.4 MPa、13.3 MPa、14.9 MPa、20.1 MPa、13.6 MPa、13.8 MPa、则其抗压强度代表值为（　）。

A. 14.7 MPa　B. 13.7 MPa　C. 14.4 MPa　D. 15.3 MPa

14. 评定水泥砼质量均匀性的重要指标是（　）。

A. 强度平均值 R　B. 标准差 δ_0　C. 变异系数 C_V　D. 强度保证率 P

15. 经测算某粘土的液性指数 IP > 1，其稠度状态应为（　）。

A. 半干硬　B. 硬塑　C. 软塑　D. 流动（流塑）

16. 测定沥青针入度时，规定试验温度为（　）。

A. 25 ℃　B. (20 ±2) ℃　C. 30 ℃　D. 60 ℃

17. 沥青路面的厚度检测方法为（　）。

A. 构造深度测试方法　B. 钻孔取样法
C. 摆式仪测定法　D. 灌砂法

18. 用来表征沥青塑性的指标是（　）。

A. 粘滞度　B. 针入度　C. 软化点　D. 延度

19. 测定沥青类路面用碎石的压碎值时，压力机上所应加的荷载为（　）。

A. 200 kN　　B. 400 kN　　C. 600 kN　　D. 加到碎石压碎时为止

20. 影响水泥砼强度的主要因素是（　）。

A. 用水量　　B. 水泥用量　　C. 水灰比　　D. 砂率

二、判断题（每题1分，共20分）正确的在括号内打"√"，错误的在括号内打"×"

1. 细度模数是划分砂子粗细程度的唯一方法。（　）

2. 当针入度指数 PI > 2 时，为溶胶型沥青，当 PI < -2 时，为凝胶型沥青。（　）

3. 路用矿质混合料应满足最大孔隙率和最大摩阻力的要求。（　）

4. 土方路基的检测频率是每 2 000 m^2 每压实层检测 2 处。（　）

5. 粘稠石油沥青针入度越大，软化点越高，延度越大。（　）

6. 亚砂土和亚黏土压实性能较好，而粘性土压实性能较差。（　）

7. 不论是道路还是桥梁用砼都以 28 d 抗压强度为主要强度指标。（　）

8. 沥青延度试验中，如发现沥青浮于水面或沉于水底，应向水中加食盐或酒精。（　）

9. 用贝克曼梁测弯沉时，弯沉仪测头置于测点上，测头置于轮隙中心前方 3 ~5 cm 处。（　）

10. 土的物理性质指标可直接评定土的工程性质。（　）

11. 影响新拌砼工作性的因素主要有组成材料的质量及其用量。（　）

12. 砂子的三个级配区划分是以 0. 63 mm 为控制粒级。（　）

13. 扰动土比原状土的力学性质差，其主要原因是土的性质发生变化。（　）

14. 路基压实度指现场实际达到的密实度与室内标准击实试验所得最大密度的比值。（　）

15. 针入度指数大小表征沥青的感温性和胶体结构类型。（　）

16. 沥青混合料的温度稳定性随油量的增加而提高。（　）

17. 粘粒土的塑性大小，可用液限和塑限之差，即塑性指数来衡量。（　）

18. 沥青随着暴露在大气中的时间延长产生化学组分转化，使其粘结力增加，软化点升高，脆性增大。（　）

19. 砼用的粗集料，其最大粒径不得大于结构截面最小尺寸的 1/4，同时不得大于钢筋间距最小净距的 3/4。（　）

20. 早强剂对水泥中的 C_3S 和 C_2S 等矿物的水分有强化作用，能加速水泥的水化和硬化，具有早强作用。（　）

三、简答题（共30分）

1. 水泥的安定性对工程结构有何影响？

2. 砂的颗粒级配通过什么方法测定？如何测定？

3. 液塑限试验中应注意哪些问题？

4. 什么是油石比？如何计算？在工地配料时如何控制？

5. 简述沥青混合料结构组成及特点。

6. 简述工地上怎样用灌砂法测定密实度。

四、计算题（共10分）

已知某水泥砼设计标号为 C30 号，标准差 $\sigma = 5$ MPa，采用普通水泥，42. 5 级，α_a =

0.46，$\alpha_b=0.07$，单位用水量 $W_0=185\ kg/m^3$，$\gamma_c=1.1$。试求砼的水灰比及水泥用量。

公路试验工中级（H）卷标准答案

一、选择题

1. A　2. B　3. C　4. B　5. C　6. D　7. A　8. B　9. D　10. C

11. D　12. C　13. C　14. B　15. D　16. A　17. B　18. D　19. B　20. C

二、判断题

1. ×　2. ×　3. ×　4. ×　5. ×　6. √　7. ×　8. ×　9. √　10. ×

11. √　12. √　13. ×　14. ×　15. √　16. ×　17. √　18. ×　19. √　20. ×

三、简答题

1. 答：水泥成分中存在有过量的游离石灰，氧化镁及三氧化硫等，这些成分水化极慢，当水泥已成型具有强度后，它还在消化，这样会使水泥石体积膨胀，出现龟裂，弯曲，松脆或崩溃等不安定现象，引起工程结构破坏。

2. 答：砂的颗粒级配通过砂的筛析试验测定。

存留在各筛析试验是将砂烘干到恒量，取 500 g 用一套标准筛分，求出存留在各筛上的筛余量，然后按下述公式计算级配参数。

分计筛余百分率：$a_i=(m_i/m)\times100\%$

累计筛余百分率：$A_i=a_1+a_2+\cdots+a_i$

通过百分率：$P=100-A_i$

3. 答：

（1）为了尽量减少人为影响，使试样更能反映实际情况，原则上用天然含水量的土样制备试样。

（2）土样应分层用调土刀装入土样杯，同时应用力压实以免有气泡存在而影响试验结果。

（3）圆锥下沉的读数时间应严格控制为 5 s，否则影响试验结果。

4. 答：油石比是指沥青混合料中沥青质量对矿料质量的百分比，以下式计算：

$$油石比\ S=沥青质量/矿物质量\times100\%$$

在沥青面层施工中，用油石比控制沥青用量。用拌合法施工配料时，须先测定每次拌合所用矿料的质量，按规定石油比计算每次拌和所需沥青的用量进行试拌，合格后执行，层铺法施工则以规定的单位面积沥青用量进行控制，施工前对所用喷洒油量进行测定。

5. 答：沥青混合料有三种结构类型，即

悬浮密实结构，特点：连续密实级配，强度较高，内摩阻角小，热稳定性差，孔隙率小，耐久性差。

骨架空隙结构，特点，连续开级配，强度偏低，内摩阻角大，热稳定性好，空隙率大，耐久性差。

骨架密实结构，特点；间断级配，强度高，空隙率小，热稳定性好耐久性好，施工质量不易控制，和易性较差。

6. 答：其实验步骤为：

（1）标定仪器，和标定砂。

（2）按规定圆孔尺寸挖出被测试坑材料，称量并测定其含水量。

（3）用灌砂筒将试坑灌满砂。

（4）计算湿密度，干密度。

四、计算题

（1）确定试配强度 R_h。

$R_h = R_D + \delta_0 t = 30 + 5 \times 1.645 = 38.2$ MPa

（2）求水灰比 W/C。

$W/C = (\alpha_a \times R_C)/(R + \alpha_a \times \alpha_b \times R_C)$

$= (0.46 \times 1.1 \times 42.5)/(38.2 + 0.46 \times 0.07 \times 1.1 \times 42.5)$

$= 0.54$

（3）求水泥用量 C_0。

$C_0 = W_0/(W/C) = 185/0.54 = 343\ \text{kg/m}^3$

故 $W/C = 0.54$；$C_0 = 343\ \text{kg/m}^3$

高级公路工程试验工理论知识试卷及答案

高级公路工程试验工理论知识试卷（A）

一、选择题（每题 2 分，共 40 分）将正确答案前的代号填在括号内

1. 对于无机结合料稳定土而言，下列那句话是正确的（　　）。

A. 宜采用标号较低的水泥

B. 应采用标号较高的水泥

C. 应选用液限大于 40，塑性指数大于 17 的土

D. 应选用早强水泥

2. 测得沥青混合料重为 2 000 g，矿料重为 1 900 g，则此沥青混合料中油石比 S 为（　　）%。

A. 95　　B. 5.1　　C. 2.6　　D. 5.0

3. 根据马歇尔试验结果，混合料中沥青用量与稳定度，流值，孔隙率，密度的关系如图所示，指出沥青用量与流值的关系图为（　　）。

A. 　　B. 　　C. 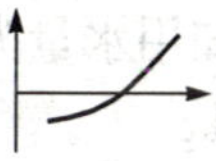　　D. 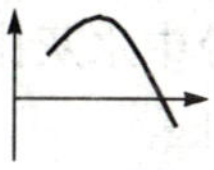

4. 有一根钢筋的计算强度值为 567.4 MPa，其结果应修约为（　　）MPa。

A. 567　　B. 567.4　　C. 565　　D. 568

5. 冷加工和热处理均可改变钢材的性能，但提高钢材塑性的处理方法应该是（　　）。

A. 冷拉　　B. 冷拔　　C. 退火　　D. 淬火

6. 石灰稳定土用做高速公路和一级公路的底基层时，颗粒最大粒径不应超过（　　）mm。

A. 60　　B. 53　　C. 37.5　　D. 31.5

7. 用摆式仪测定路面抗滑值时，在每个测点上应重复测定（　　）次。

A. 2　　B. 3　　C. 4　　D. 5

8. 沥青混合料组成设计中，确定沥青最佳用量通过常用（　　）。

A. 经验法　　B. 试验法　　C. 数算法　　D. 表格法

9. 当水泥砼试件少于 10 组时，其抗压强度的评定条件为（　　）。

A. $R_n \geqslant 1.15R$　　B. $R_{\min} \geqslant 0.95R$

C. $R_n - K_1S_n$ 和 $R_{\min} \geqslant K_2R$　　D. $R_n \geqslant 1.15R$ 和 $R_{\min} \geqslant 0.95R$

10. 下列沥青混合料标准密度确定方法中，适用于空隙率较大的沥青碎石混合料的方法是（　　）。

A. 体积法　　B. 水中重法　　C. 表干法　　D. 蜡封法

11. 有一组水泥抗折试件，测得其抗折强度为 6.2 MPa，6.5 MPa，和 8.0 MPa，则该水

泥的抗折强度为（　　）。

A. 6.2 MPa　B. 6.5 MPa　C. 6.9 MPa　D. 6.4 MPa

12. 用水泥稳定土做高速公路的基层时，其强度要求是（　　）MPa。

A. ≥5　B. 3～4　C. 2～3　D. ≥1.5

13. 沥青路面的厚度检测方法应采用（　　）。

A. 灌砂法　B. 构造深度测试法　C. 钻孔取样法　D. 摆式仪测定法

14. 表示路基路面承载能力的指标是（　　）。

A. 回弹弯沉值　B. 回弹模量　C. 强度和压实度　D. 承载比

15. 路面基层压实度的检测频率应为（　　）。

A. 每 200 m 测 4 处　B. 每 200 m 每车道测 2 处

C. 每 2 000 m^2 测 4 处　D. 每 200 m 测 2 处

16. 评定水泥砼质量均匀性的重要指标是（　　）。

A. 强度保证率　B. 强度平均值　C. 标准差　D. 变异系数

17. 在洛氏硬度为 60 ±2 的钢钻上，回弹仪的率定值［*N*］应为（　　）。

A. 60 ±2　B. 80 ±2　C. 90 ±2　D. 100 ±2

18. 砂浆的流动性以（　　）指标表示。

A. 沉入度　B. 分层度　C. 粘滞度　D. 稠度

19. 矿渣水泥与普通水泥的最大区别是（　　）。

A. 强度高，耐热性强　B. 强度低，耐热性差

C. 早期强度高，晚期强度低　D. 早期强度低，晚期强度高

20. 某砼中水灰比 0.60，已知用水量为 186 kg，则水泥用量应为（　　）。

A. 310 kg　B. 186 kg　C. 350 kg　D. 根据强度等级而定

二、判断题（每题 1 分，共 20 分）正确的在括号内打“√”，错误的在括号内打“×”

1. 水泥标准稠度用水量的大小与水泥细度有关，与熟料矿物成分无关。（　　）

2. 硅酸盐水泥宜优先使用于预应力砼。（　　）

3. 沥青随着暴露在大气中的时间延长产生化学组分转化，使其粘结力增加，软化点升高，脆性增大。（　　）

4. 骨架空隙结构的沥青混合料，其 *C* 值较大，φ 值较大。（　　）

5. “16 桥”用于制造焊接的桥梁结构，“甲 3 桥”用于制造铆接的桥梁结构。（　　）

6. 土的体积变化由不同的因素引起，其中湿度，温度变化引起的土体积变化最为重要。（　　）

7. 无机结合料稳定土的压实效果越好，其强度愈大，水稳性与抗冻性愈好，同时缩裂现象降低。（　　）

8. 荷载试验时，主要测点的布设应能控制结构的最大应力和最大挠度。（　　）

9. 沥青混合料马歇尔试验击实成型的试件高度为 63.5 ±1.5 mm。（　　）

10. 利用回弹仪进行无损测强时，同一测区的两个测面各弹击 16 点。（　　）

11. 无机结合料所用水泥不得采用快硬水泥，早强水泥及变质水泥。（　　）

12. 材料在进行强度试验时，加荷速度快者较慢者的试验结果偏小。（　　）

13. 浇筑大型桥梁基础时应优先选用硅酸盐水泥。（　　）

14. 我国现行规范规定，用于上面层，中面层的沥青混合料，在 60 ℃时车辙试验的动稳定度，对高速公路宜不小于 800 次/mm。（ ）

15. 土的不均匀系数是限制粒径和有效粒径的比值。（ ）

16. 钢筋抗拉试验中我们采用上屈服点作为屈服强度。（ ）

17. 石灰稳定土用做高速公路和一级公路的底基层时，颗粒最大粒径不应超过53 mm。（ ）

18. 水泥砼中当骨料总量确定后，砂率过小，则混合料流动性小。（ ）

19. 早强剂对水泥中的 C_3S 与 C_2S 等矿物的水份有强化作用，能加速水泥的水化与硬化，具有早强作用。（ ）

20. 水泥砼配合比设计的三个参数指的是水灰比，水泥用量，用水量。（ ）

三、简答题（共 30 分）

1. 什么叫土的粒度成分？有几种表示方法？

2. 叙述马歇尔试验的五项技术指标随沥青用量变化的趋势。

3. 什么叫钢筋的屈强比？它对于结构安全有什么影响？

4. 影响水泥砼干缩大小的因素有哪些？怎样减少或防止水泥砼的缩裂？

5. 规定水泥凝结时间有何实际意义？

6. 沥青混合料马歇尔试验需做哪些准备工作？

四、计算题（共 10 分）

某二级公路路基工程进行交工验收，已知压实度规定值为 93%，测得某段压实度数值为 94.5，95.5，94.0，94.5，93.7，92.4，91.5，90.0，94.5，95.5（单位:%），请对该路段压实度检测结果进行评定（已知：$t_a/\sqrt{n}=0.437$）。

高级公路工程试验工理论知识试卷（A）标准答案

一、选择题

1. A	2. B	3. C	4. C	5. C	6. C	7. B	8. B	9. D	10. A
11. D	12. B	13. C	14. A	15. B	16. C	17. B	18. A	19. D	20. A

二、判断题

1. ×	2. ×	3. ×	4. ×	5. ×	6. √	7. √	8. √	9. ×	10. ×
11. √	12. √	13. ×	14. √	15. √	16. ×	17. ×	18. √	19. ×	20. √

三、简答题

1. 答：土的颗粒成分是指土中各种不同粒组的相对含量（以干土质量的百分比表示），它可以描述土中不同粒径土粒的分布特征。

表示方法有：表格法，累计曲线法和三角坐标法。

2. 马歇尔试验的五项指标随沥青用量变化趋势：

（1）马歇尔稳定度随沥青含量的增加而增大，但到达最大值后，又渐趋降低。

（2）流值随沥青含量的增加而增加。

（3）沥青混合料的空隙率随着沥青含量的增加而增大，直至接近最小值。

（4）混合料的密度曲线与稳定度曲线相似，但其最大密度时的沥青含量一般略高于最大稳定度时的沥青用量。

(5) 饱和度随沥青用量的增加而增加。

3. 答：钢筋的屈服强度与抗折强度之比称为屈服强度。由于钢筋混凝土结构设计中以钢筋的屈服强度作为设计强度的依据。而不能直接用抗拉强度作为设计依据。因此，屈服比较小说明防止结构由于局部突然超载而发生破环的强度储备越大。反之，这种强度储备越小，但是，这个比值过小时，则又表示钢筋强度的利用率偏低，不够经济。可见这一比值对于安全和经济都具有重要意义，最好保持在0.6~0.75之间。

4. 答：影响混凝土干缩性因素有水灰比，水泥浆用量、砂、石集料的级配状况及养生条件。要减少水泥混凝土的缩裂，就应使用较小的水灰比，水泥浆用量不宜太大，注意水泥混凝土的早期养护。

5. 答：因水泥凝结太快，致使施工的各个程序太仓促，而影响施工质量甚至影响工序的完成。为了有足够的时间在初凝前完成各工序的施工操作，因此规定了初凝时间不宜早于45 min在初凝至终凝的一段时间内，因水泥凝结硬化到具有初期强度后才能进行下一道工序施工，所以又希望终凝时间不宜过长，以免延长整个工程的进度。

6. 答：准备工作。

(1) 将过筛、洗净的石料及砂和石粉等置105~110 ℃的烘箱中烘干至恒重，并测定各种矿料的比重、矿料颗粒级配及沥青的相对密度。

(2) 将沥青材料脱水加热至120~180 ℃（根据沥青种类和标号选择），各种矿料置烘箱中加热至140~160 ℃后备用。需要时，可将集料筛分成不同粒径，按级配要求配料。

(3) 将全套试模、击实座等置烘箱中加热至130~150 ℃备用。

四、计算题

解：(1) 计算压实度平均值 $K=(94.5+95.5+94.0+94.5+93.7+92.4+91.5+90.0+94.5+95.5)/10=936.1/10=93.61\%$

(2) 计算均方差 $S=1.78$

(3) 评定 $K=k-t_a/\sqrt{n}S=92.83\%<93\%$，不合格。

高级公路工程试验工理论知识试卷（B）

一、选择题（每题2分，共40分）将正确答案前的代号填在括号内

1. 在水泥稳定土击实试验中，所用的试样（　　）。

A. 最大粒径可控制在38 mm以内　　B. 试样不得重复使用

C. 含水量用酒精燃烧法测试　　D. 可以和水泥一起浸润6~8 h

2. 测得沥青混合料重为2 000 g，矿物重为1 900 g，则此沥青混合料中油石比S为（　　）%。

A. 95　　B. 5.1　　C. 2.6　　D. 5.0

3. 根据马歇尔试验结果，混合料中沥青用量与稳定度、流值、孔隙率、密度的关系如图所示，指出沥青用量与流值的关系图为（　　）。

A. 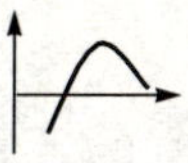　B. 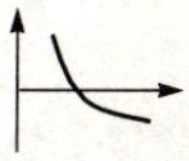　C. 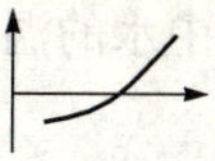　D. 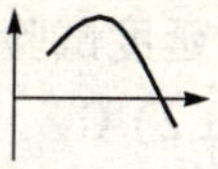

4. 粒度分析的“筛分法”适用于分析粒径（　　）风干土样。

A. >0.074　B. <0.074　C. =0.074　D. 2~0.074

5. 冷加工和热处理均可改变钢材的性能，但提高钢材塑型的处理方法应该是（　　）。

A. 冷拉　B. 冷拔　C. 退火　D. 淬火

6. 石灰稳定土用做高速公路和一级公路的底基层时，颗粒最大粒径不应超过（　　）mm。

A. 60　B. 53　C. 37.5　D. 31.5

7. 沥青混合料组成设计中，确定沥青最佳用量通过常用（　　）。

A. 经验法　B. 试验法　C. 数算法　D. 表格法

8. 用摆式仪测定路面抗滑值时，在每个测点上应重复测定（　　）次。

A. 2　B. 3　C. 4　D. 5

9. 当水泥砼试件少于10组时，其抗压强度的评定条件（　　）。

A. $R_n \geqslant 1.15R$　B. $R_{min} \geqslant 0.95R$

C. $R_n - K_1S_n$ 和 $R_{min} \geqslant K_2R$　D. $R_n \geqslant 1.15R$ 和 $R_{min} \geqslant 0.95R$

10. 下列沥青混合料标准密度确定方法中，适用于空隙率较大的沥青碎石混合料的方法是（　　）。

A. 体积法　B. 水中重法　C. 表干法　D. 蜡封法

11. 有一组水泥抗折试件，测得其抗折强度为6.2 MPa、6.5 MPa和8.0 MPa，则该水泥的抗折强度为（　　）。

A. 6.2 MPa　B. 6.5 MPa　C. 6.9 MPa　D. 6.4 MPa

12. 用水泥稳定土做高速公路的基层时，其强度要求是（　　）MPa。

A. ≥5　B. 3~4　C. 2~3　D. ≥1.5

13. 表示路基路面承载能力的指标是（　　）。

A. 回弹弯沉值　B. 回弹模量　C. 强度和压实度　D. 承载比

14. 路面基层压实度的检测频率应为（　　）。

A. 每200 m测4处　B. 每200 m每车道测2处

C. 每2 000 m^2 测4处　D. 每200 m测2处

15. 评定水泥砼质量均匀性的重要指标是（　　）。

A. 强度保证率　B. 强度平均值　C. 标准差　D. 变异系数

16. 沥青路面的厚度检测方法应采用（　　）。

A. 灌砂法　B. 构造深度测试法　C. 钻孔取样法　D. 摆式仪测定法

17. 在洛氏硬度为60±2的钢钻上，回弹仪的率定值［N］应为（　　）。

A. 60±2　B. 80±2　C. 90±2　D. 100±2

18. 砂浆的流动性以（　　）指标表示。

A. 沉入度　B. 分层度　C. 粘滞度　D. 稠度

19. 矿渣水泥与普通水泥的最大区别是（　　）。

A. 强度高，耐热性强　B. 强度低，耐热性差

C. 早期强度高，晚期强度低　D. 早期强度低，晚期强度高

20. 沥青延度试验时，延度仪中水的温度为（　　）。

A. (20±2)℃　　B. 25 ℃　　C. 30 ℃　　D. 5 ℃

二、判断题（每题1分，共20分）正确的在括号内打"√"，错误的在括号内打"×"

1. 我国现行规范规定以上屈服点的应力做为钢材的屈服极限。（　）
2. 路面基层压实度的检测频率是每2 000 m^2 测4处。（　）
3. 土的孔隙比增大，土的体积随之减小，土的结构愈紧密。（　）
4. 马歇尔试验时的温度越高，则稳定度越大，流值越小。（　）
5. 影响新拌砼工作的因素主要有组成材料的质量及其用量。（　）
6. 沥青混合料的温度稳定性随用油量增加而提高。（　）
7. 回弹法测定砼时，仪器的轴线应始终垂直于构件砼表面，每一测点的回弹值读数准确至0.1。（　）
8. 拌和水泥用水量越多，水化作用越快，凝结硬化速度越快。（　）
9. 沥青混合料的高温稳定性主要针对车辙和波浪等病害提出的。（　）
10. 有一钢筋的计算强度指为467.4 MPa其结果应修约为465 MPa。（　）
11. 工地快速测定水泥和石灰稳定土中，水泥和石灰剂量的常用方法是EDTA滴定法。（　）
12. 在CBR测试中，先在贯入杆上施加55 kN的力。（　）
13. 沥青饱和度是指压实沥青混合料中，沥青体积占矿料空隙体积的百分率。（　）
14. 为了提高水泥砼耐久性，应控制水泥砼的最小水灰比与最大水泥用量。（　）
15. 粘性土的塑性大小，可用液限之差，即塑性指数来衡量。（　）
16. 在水泥混凝土中，若集料采用适宜的最大粒径，可达到提高抗折强度的效果。（　）
17. 水泥颗粒愈细，比表面愈大，水化愈快，强度愈高。（　）
18. 沥青混合料中，沥青含量越高，则沥青混合料的稳定也愈高。（　）
19. 水泥标号愈大，强度愈高，故工程中应尽量采用高标号水泥。（　）
20. 承载比是用于评定路基土和路面材料的强度指标。（　）

三、简答题（共30分）

1. 简述沥青混合料组成结构及特点。
2. 简述灌砂法测密实度的适用范围。
3. 简述沥青混合料组成设计的步骤
4. 桥梁工程中常用哪几号钢？说明钢号与用途。
5. 影响水泥砼易性的主要因素有那些？
6. 无机结合料稳定土测含水量时应注意什么问题？

四、计算题（共10分）

现在实验室求得1 m^3 砼的各种材料用量为：砂612 kg，石子1 241 kg，水187 kg，水灰比为0.52，求该砼的实验室配合比；如工地所用砂含水率3%，饱和面干含水率0.8%，石子含水率2%，饱和面干含水率1%，求该砼的施工配合比。

高级公路工程试验工理论知识试卷（B）标准答案

一、选择题

1. B　2. C　3. C　4. A　5. C　6. C　7. B　8. B　9. D　10. A

11. D　12. B　13. A　14. B　15. C　16. C　17. B　18. A　19. D　20. A

二、判断题

1. ×　2. ×　3. ×　4. ×　5. √　6. ×　7. ×　8. ×　9. √　10. √

11. √　12. ×　13. √　14. ×　15. √　16. √　17. √　18. ×　19. ×　20. √

三、简答题

1. 答：沥青混合料有三种结构类型，即

（1）悬浮密实结构，特点：连续密实级配，强度较高，内摩阻角小，热稳定性差，孔隙率小，耐久性差。

（2）骨架空隙结构，特点：连续开级配，强度偏低，内摩阻角大，热稳定性好，空隙率大，耐久性差。

（3）骨架密实结构，特点：间断级配，强度高，空隙率小，热稳定性好耐久性好，施工质量不易控制，和易性较差。

2. 答：灌砂法适用于测定基层（或底基层）砂石路面及路基土的各种材料压实层的密度和压实度，也适用于沥青表面处治：沥青贯入式面层的密度和压实度检测，但不适用于填石路堤等有大孔洞或大孔隙材料的压实度检测。

3. 答：沥青混合料的组成设计包括两个步骤：

（1）选择矿料配合比：按照规范推荐的最佳级配范围，将已知级配的石子、砂和矿粉用“试算法”或“图解法”配制成具有足够密实度和较高内磨擦力的矿质混合料。

（2）确定沥青最佳用量：用“试验法”测定不同沥青用量的试验数据，确定沥青最佳用量。

4. 答：目前专供桥梁用钢的有：3 号钢、钢号为“甲 3 桥”；16 号钢；钢号为“16 桥”；“甲 3 桥”用于制造铆接的桥梁结构，16 桥用于制造焊接的桥梁结构。

5. 答：影响水泥混凝土和易性的主要因素有：

（1）加水量。

（2）骨料形状、颗粒级配。

（3）砂率。

（4）水泥品种。

（5）水泥浆数量与水灰比。

（6）外加剂。

（7）温度与搅拌时间。

6. 答：（1）将烘箱提前升湿到 110 ℃，在放入需烘干试样，使放入的混合料一开始就能在 105 ~ 110 ℃的环境下烘干。

（2）烘干后冷却时应用硅酸胶做干燥剂。

四、计算题

解：（1）水泥用量 $C=187/0.52=360$ kg

实验室配合比为：水泥∶沙∶石子∶水 = 360∶612∶1 241∶187 = 1∶1.7∶3.45∶0.52

（2）求工地上1 m^3 砼各材料用量为：水泥360 kg，砂625 kg，石子1 253 kg，水162 kg

（3）施工配合比为：水泥∶沙∶石子∶水 = 360∶625∶1 253∶162 = 1∶1.74∶3.48∶0.45

高级公路工程试验工理论知识试卷（C）

一、选择题（每题 2 分，共 40 分）

1. 下列试验项目中（　　）是公路路基施工中必须进行的试验项目。

A. 土的直剪试验　　B. 土的固结试验　　C. 回弹模量试验　　D. 含水量及压实度试验

2. 测得沥青混合料重为2 000 g，矿料重为1 900 g，则此沥青混合料中油石比 S 为（　　）%。

A. 2.6　　B. 5.0　　C. 95　　D. 5.3

3. 根据马歇尔试验结果，混合料中沥青用量与稳定度，流值，孔隙率，密度的关系如图所示，指出沥青用量与流值的关系图为（　　）。

A. 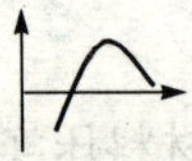　　B. 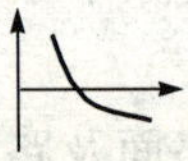　　C. 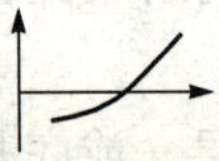　　D. 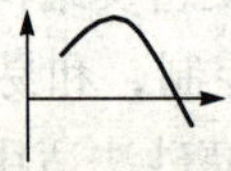

4. 有一根钢筋的计算强度值为567.4 MPa，其结果应修约为（　　）MPa。

A. 567　　B. 567.4　　C. 565　　D. 568

5. 冷加工和热处理均可改变钢材的性能，但提高钢材塑型的处理方法应该是（　　）。

A. 冷拉　　B. 冷拔　　C. 退火　　D. 淬火

6. 石灰稳定土用做高速公路和一级公路的底基层时，颗粒最大粒径不应超过（　　）mm。

A. 60　　B. 53　　C. 37.5　　D. 31.5

7. 测定沥青类路面用碎石的压碎值时，压力机上所应加的荷载为（　　）。

A. 200 kN　　B. 400 kN　　C. 600 kN　　D. 加到碎石压碎时为止

8. 沥青混合料组成设计中，确定沥青最佳用量通过常用（　　）。

A. 经验法　　B. 试验法　　C. 数算法　　D. 表格法

9. 在一次击实试验中，其含水量为4.5%，试样湿密度为2.7 kg/cm^3，则它的干密度为（　　）。

A. 2.13 kg/cm^3　　B. 2.15 kg/cm^3　　C. 2.17 kg/cm^3　　D. 2.27 kg/cm^3

10. 下列沥青混合料标准密度确定方法中，适用于空隙率较大的沥青碎石混合料的方法是（　　）。

A. 体积法　　B. 水中重法　　C. 表干法　　D. 蜡封法

11. 有一组水泥抗折试件，测得其抗折强度为6.2 MPa、6.5 MPa和8.0 MPa，则该水泥的抗折强度为（　　）。

A. 6.2 MPa　　B. 6.5 MPa　　C. 6.9 MPa　　D. 6.4 MPa

12. 用水泥稳定土做高速公路的基层时，其强度要求是（　　）MPa。

A. ≥5　　B. 3～4　　C. 2～3　　D. ≥1.5

13. 沥青路面的厚度检测方法应采用（　　）。

A. 灌砂法　　B. 构造深度测试法　　C. 钻孔取样法　　D. 摆式仪测定法

14. 用来表征沥青塑性的指标是（　　）。

A. 粘滞度　　B. 针入度　　C. 软化点　　D. 延度

15. 路基顶面压实度的检测频率应为（　　）。

A. 每 200 m 测 4 处　　B. 每 200 m 每压实层测 4 处

C. 每 2 000 m^2 测 4 处　　D. 每 200 m 每车道测 2 处

16. 评定水泥砼质量均匀性的重要指标是（　　）。

A. 强度保证率　　B. 强度平均值　　C. 标准差　　D. 变异系数

17. 在洛氏硬度为 60 ±2 的钢钻上，回弹仪的率定值［*N*］应为（　　）。

A. 60 ±2　　B. 80 ±2　　C. 90 ±2　　D. 100 ±2

18. 矿渣水泥与普通水泥的最大区别是（　　）。

A. 强度高，耐热性强　　B. 强度低，耐热性差

C. 早期强度高，晚期强度低　　D. 早期强度低，晚期强度高

19. 某砼中水灰比 0.60，已知用水量为 186 kg，则水泥用量应为（　　）。

A. 310 kg　　B. 186 kg　　C. 350 kg　　D. 根据强度等级而定

20. 砂浆的流动性以（　　）指标表示。

A. 沉入度　　B. 分层度　　C. 粘滞度　　D. 稠度

二、判断题（每题 1 分，共 20 分）

1. 大大提高砂率，可以改善砼的流动值。（　　）

2. 路基填土的强度通常采用无侧限抗压强度这种指标来反映。（　　）

3. 沥青混凝土面层平整度检查频率为每 200 m 测 4 处 ×10 尺。（　　）

4. 根据结构物所处环境条件，保证结构耐久性设计砼配合比时应该考虑允许的最大水灰比和最小水泥用量。（　　）

5. 土的液塑限联合测定反映了土的含水量指标。（　　）

6. 灌砂法在挖坑时，试坑周壁应垂直，避免试坑偏大或偏小。（　　）

7. 为保证沥青混合料的强度，在选择石料时应优先考虑采用酸性石料。（　　）

8. 路面弯沉是在汽车车轮荷载作用下，路面表面产生的变形值。（　　）

9. 普通水泥砼的强度与其水灰比成线性关系。（　　）

10. 芯样在进行抗压强度试验时，可以为潮湿状态和干燥状态两种试验方法。（　　）

11. 工地快速测定水泥稳定土中水泥和石灰剂量的常用方法是 EDTA 滴定法。（　　）

12. “抛物线最大密度理想曲线”理论认为，矿物混合料的颗粒级配曲线愈接近抛物线，则其密度愈大。（　　）

13. 沸煮法主要检验水泥中因 CaO 引起的体积不安定。（　　）

14. 土的孔隙比增大，土的体积随之减小，土的结构愈紧密。（　　）

15. 有一钢筋的计算强度值为 567.4 MPa，其结果应修约为 565 MPa。（　　）

16. 用摆式摩阻系数测定仪测定沥青路面及水泥砼路面的抗滑值，以评定路面在一般状态下的抗滑能力。（　　）

17. 沥青混合料的粘聚力随着沥青粘度的提高而降低。（　　）

18. 我国现行行业标准采用“4 h 压蒸养护”方法来判定砼质量的强度。 ( )

19. 钢筋抗拉试验中，我们采用上屈服点作为屈服强度。 ( )

20. 利用回弹仪进行无损测强时，同一测区的两个测面各弹击 16 点。 ( )

三、简答题：（共 30 分）

1. 简述路面用水泥砼配合比的设计步骤。

2. 简述沥青混合料中的最佳沥青用量如何确定。

3. 评价建筑用钢的技术性质，根据哪些主要指标？

4. 如何汇总试验资料，撰写简要说明？

5. 马歇尔试验的试验目的是什么？主要测定什么指标？各指标表征什么？

6. 用灌砂法测定压实度时，若所得压实度超过 100%，分析说明可能造成此结果的因素有哪些？

四、计算题（共 10 分）

已测得普通硅酸盐水泥的 3 d、7 d 的抗折、抗压强度均达到 52.5 级水泥的指标，现又经试验测得 28 d 的破坏荷重如下表所示。

试件编号	Ⅰ		Ⅱ		Ⅲ	
	Ⅰ-1	Ⅰ-2	Ⅱ-1	Ⅱ-2	Ⅲ-1	Ⅲ-2
抗折破坏荷重/N	62	65	80			
抗压破坏荷重/kN	131	133	132	139	138	136

试评定水泥强度等级。（规范要求：28 d 的 $R_{折}$ 为 7.1 MPa，$R_{压}$ 为 52.5 MPa）

高级公路工程试验工理论知识试卷（C）卷标准答案

一、选择题

1. D　2. D　3. C　4. C　5. C　6. C　7. B　8. B　9. C　10. A

11. D　12. B　13. C　14. D　15. B　16. C　17. B　18. A　19. A　20. A

二、判断题

1. ×　2. ×　3. ×　4. √　5. ×　6. √　7. ×　8. ×　9. ×　10. √

11. √　12. √　13. ×　14. ×　15. √　16. ×　17. ×　18. ×　19. ×　20. ×

三、简答题

1. 答：（1）计算初步配合比。

1）确定试配强度 R_h。

2）计算水灰比 W/C。

3）确定用水量 W_0。

4）计算水泥用量 C_0。

5）确定砂率 $S_P\%$

6）计算砂、石用量

7）确定初步配合比

（2）确定实验室配合比：根据试验结果

（3）计算施工配合比：根据现场材料实际情况。

2. 答：把符合要求的矿料与沥青材料进行试拌，至少选择5组沥青用量，一般每组沥青用量相隔0.5%。每组分别制备3个试件，测定其稳定度，流值（饱和度），空隙率（密度）。并绘制各技术指标与沥青用量关系图，确定出符合全部技术指标的沥青用量范围之，最佳沥青用量一般采用中值。

3. 答：评价建筑用钢的技术性质有：屈服强度，抗拉强度，塑性，冲击韧性冷弯性能等指标。

4. 答：对于土工试验而言一般应按照已有的土工试验成果汇总表进行汇总；对于路面材料试验来说，一般应按原材料和混合料，按试验项目汇总。

试验资料的简要说明应包括以下几项：

（1）试验项目与具体试验内容。

（2）依据的规程、规范和设计标准。

（3）试验过程的说明，如试验方法、养生条件、试验仪器、材料特性等。

（4）试验结果的分析与评价。

5. 答：用于沥青混合料配合比设计及其工地质量检验，马歇尔试验主要测定指标是稳定度和流值，稳定度反映沥青混合料的高温强度，是试件破坏时的最大荷载（以N计），实际上就是表征材料强度的一种指标，流值反映沥青混合料在荷载作用下的流动变形，是表征材料变形能力的一种指标。

6. 答：（1）试验中有超粒径，试验时未进行换算。

（2）标准砂密度不准确。

（3）称量时不准确。

（4）操作时不规范。

（5）做击实试验的材料与填料不一致。

四、计算题

解：（1）计算抗折强度。

求平均值：$(62+65+80)/3=69$ N

误差判断：69的±10%为76~62 N，这组试件中第Ⅲ个数值80 N超过了这个范围，应该舍去。取两个数的平均值：$(62+65)/2=64$ N 则 $R_{折}=0.117\times64=7.4$ MPa >7.1 符合52.5级水泥要求。

（2）计算抗压强度。

去掉最大和最小值139和131，再求平均值：$(133+132+138+136)/4=135$ kN

$$R=0.04P=0.04\times135=5.40\ \text{kN/cm}^2=54.0\ \text{MPa}>52.5\ \text{MPa}$$

完全符合52.5级普通硅酸盐水泥的要求。

高级公路工程试验工理论知识试卷（D卷）

一、填空题（每空1分，共20分）

1. 确定沥青混合料的组成配合比是根据沥青混合料的________和________。

2. 从图的击实试验知，当土的________小于________含水量时密实度随________增加而增加。

3. 由于不同品种不同________的水泥其水化________、水化凝结时间、________收缩性等不可能完全相同。

4. 用于沥青混合料的________一般采用________或岩浆岩中的强基性演示等________石料磨细得到矿粉。

5. 沥青混合料的组成设计方法有________、________。

6. 混凝土外加剂的掺量应以水泥________表示，称量误差不应超过规定剂量的________。

7. 用于水泥稳定土的________含量应不超过________，当土中有机质含量超过2%宜采用水泥综合稳定。

8. 细粒土颗粒分析的常用方法是________、________。

二、选择题（每题2分，共20分）将唯一正确答案代号填入括号内

1. 做砂浆土的直剪试验时，试样应该（　　）

A. 烘干　　B. 风干　　C. 原关

2. 路基和路面基层压实度的检验合格标准为（　　）以上者为合格。

A. 70%　　B. 90%　　C. 100%

3. 对黄土的压缩性和湿陷度形，一般均采用每小时变形量不大于（　　）为稳定标准。

A. 0.01 mm　　B. 0.1 mm　　C. 1.0 mm

4. 沥青混凝土路面基层材料可按（　　）选用。

A. 整体性　　B. 嵌锁性　　C. 级配性

5. 做石料的抗压强度试验时，应先将试件进行（　　）处理。

A. 烘干　　B. 饱水　　C. 不进行

6. 沥青的延度是反映沥青（　　）的重要指标。

A. 塑性　　B. 粘滞性　　C. 稳定性

7. 石料的耐冻性，是石料饱水后空隙中的水分在温度为（　　）时发生冻结，体膨胀后，石料抵抗破裂的性能。

A. (-10 ± 2)℃　　B. (-20 ± 2)℃　　C. (-30 ± 2)℃

8. 水泥混凝土组成设计时，其配制强度可按（　　）来确定。

A. 重量比　　B. 级配率法　　C. 标准差法

9. 确定沥青最佳用量的方法通常采用（　　）。

A. 三轴剪力仪法　　B. 马歇尔试验法　　C. 混合料抽提法

10. 击实试验分为轻型击实和重型击实，大试筒适用于粒径不大于（　　）的土。

A. 38 mm　　B. 25 mm　　C. 30 mm

三、判断题（每题20分，共20分）对的打"√"，错的打"×"

1. 某号混凝土中水灰比0.52，已知用水量为188 kg/m^3，则水泥用量为362 kg/m^3。（　　）

2. 乳化沥青中沥青含量为其总重量的50%左右。（　　）

3. 评定集料的颗粒级配，应根据各筛的分计筛余百分率。（　　）

4. 水泥稳定土用作基层时，应控制水泥剂量不超过6% ~7%。 ( )

5. 公路路基施工中必须进行的试验项目是含水量和压实度试验。 ( )

6. 延度愈大，表示沥青抵抗外力作用变形的能力愈差。 ( )

7. 对水泥颗粒愈细，比表面愈大，水化愈快，强度愈高。 ( )

8. 水泥颗粒愈粗，比表面愈大，水化愈快，强度愈高。 ( )

9. 沥青混合料中，沥青含量越高，则沥青混合料的稳定性也越高。 ( )

10. 乳化沥青所用沥青材料的针入度越大越好。 ( )

四、简答题（每题5分，共20分）

1. 沥青混合料的技术性能有哪些？

2. 什么是沥青碎石混合料？

3. 简述界限含水量的测定方法及试验结果整理。

4. 试述提高水泥砼强度的方法。

五、计算题（共10分）

某土样击实试验中得一组数据：筒容积997 cm^3，盒加湿土质量为33.45 g，盒加干土质量为32.26 g，盒重20 g，筒加土质量为2 907.6 g，筒质量1 103 g。求：湿密度、干密度、含水量。

六、叙述题（共20分）

什么叫乳化沥青？乳化剂的种类有哪些？

高级公路工程试验工理论知识试卷（D卷）答案

一、填空题

1. 物理常数　力学指标

2. 含水量　最佳　含水量

3. 标号　速度　需水量

4. 填料　石灰岩　增水性

5. 试算法　矩形图解法

6. 重量百分率　2%

7. 有机质　2%　石灰

8. 比重计法　移液管法

二、选择题

1. B　2. B　3. A　4. C　5. B　6. A　7. B　8. A　9. B　10. A

三、判断题

1. √　2. ×　3. ×　4. √　5. √　6. ×　7. √　8. √　9. ×　10. √

四、简答题

1. 答：高温稳定性：指沥青混合料在夏季高温条件下，经长期车辆荷载的作用后，不产生车辙和波浪等现象。

低温抗裂性：指沥青混合料路面在冬季低温时，不产生裂缝的性能。

耐久性：沥青混合料路面长期在自然因素作用下，要保证路面具有较长的使用年限，必须具有良好的耐久性。

施工和易性：为了使实验室配料能在现场施工条件下顺利实现，沥青混合料应具备适宜的施工和易性。

2. 答：沥青碎石混合料有沥青和一定级配颗粒的矿料组成的混合料。它很少或没有矿粉成分，粗骨料较多，空隙率大于10%。

3. 答：界限含水量的测定方法是用规定的液塑塑限联合试验法。

结果整理是：① 把所测的 a. b. c 点点绘在锥入深度与含水量（$h-w$）关系图上；② $h-w$ 图上，查得纵坐标为入土深度为 $h=20$ mm 所对应的横坐标的含水量 w，即为该土样的液限；③ 通过液限与塑限时入土深度的关系曲线，查得 h_p；④ 再用 h_p，求出入土深度为 h_p 时所对应的含水量，即为该土样的塑限。

4. 答：① 根据工程性质，环境条件，采用适当的水泥标号和水泥品种（较高标号水泥与特种水泥）；② 增加水泥混凝土的密实度；③ 蒸汽养护或蒸压养护；④ 掺用外加剂。

五、计算题

湿密度 $\rho = M/V = (2\ 907.6 - 1\ 103)/997 = 1.81\ g/cm^3$

干密度 $=\rho/(1+w) = 1.81/(1+0.097) = 1.65\ g/cm^3$

$w = (33.45 - 32.26)/(32.26 - 20) \times 100\% = 9.7\%$

答：该土样的湿密度为 1.81 g/cm^3，干密度为 1.65 g/cm^3，含水量为 9.7%。

六、叙述题

答：乳化沥青是指沥青的微粒左右，在机械强烈搅拌作用下，分散在有乳化剂的水中，形成水包油状的沥青乳液。

目前国内使用较多的阳离子乳化沥青有以下几种：

（1）季胺盐乳化剂：季胺盐乳化剂的主要特点的使用配方简单，乳化效果好，但沥青乳液破乳快是中裂型，适宜洒布施工。

（2）烷基丙烯二胺乳化剂：其主要特点的乳化效果好，沥青乳液与矿料拌和时破乳速度适中。

（3）烷基酰胺基多胺乳化剂：特点乳化效果好，加入稳定剂后，沥青乳液稳定性提高，产品有快裂和慢裂。

（4）RH-COL 型乳化剂：这种乳化剂是利用工业废料生产，价格较低，用它生产的乳化沥青适合拌和混合料。

高级公路工程试验工理论知识试卷（E 卷）

一、填空题（每空 1 分，共 20 分）

1. 工程质量的评定，分为优良与合格两个等级，按________、________、________、逐级评定。

2. 沥青混凝土的标准密度测定，应采用____________。

3. 乳化沥青的乳化剂按分子化学结构分为________、________、________。

4. 沥青混合料的五项指标为________、________、________、________。

5. 稠度就是表示粘性土的________是判断________一个指标。粘性土的稠度状态有

________、________、________。

6. 沥青混合料组成设计的步骤：1. ________ 2. ________。

7. 石灰稳定土在养生期间应保持一定的湿度，养生期一般不少于________________。

二、选择题（每题 2 分，共 20 分）将唯一正确答案代号填入括号内

1. 沥青混合料组成设计中，确定沥青最佳用量通常用（　　）。

A. 经验法　　B. 实验法　　C. 数算法

2. 水泥稳定土用作基层时，应控制水泥剂量不超过（　　）。

A. 50%　　B. 10%　　C. 6% ~7%

3. 级配砂砾面层碾压时，用振动压路机碾压厚度不超过（　　）。

A. 20 cm　　B. 23 cm　　C. 30 cm

4. 石灰稳定混合料的组成设计中，如水泥用量占结合料总量的（　　）以下，则应按要求进行组成设计。

A. 30%　　B. 40%　　C. 50%

5. 根据粒度成分，塑性指数，液限，公路路基（细粒土）分为（　　）。
土组及土类。

A. 5∶12　　B. 12∶5　　C. 6∶12

6. 混凝土浇注后，要及时养生，自然养生期一般不少于（　　）。

A. 28 d　　B. 7 ~14 d　　C. 3 d

7. 若使水泥的强度提高，需提高水泥成分中的（　　）。

A. 硅酸三钙　　B. 铝酸三钙　　C. 铁铝酸四钙

8. 乳化沥青由沥青、乳化剂和水组成，其中沥青含量为乳化沥青总重量的（　　）。

A. 40%　　B. 50%　　C. 60%

9. 水泥砼混合料坍落度愈大，说明混合物的（　　）愈大。

A. 保水性　　B. 流动性　　C. 粘聚性

10. 下列各项不属于钢材的基本力学性质的是（　　）。

A. 强度　　B. 弹性模量　　C. 冷弯性

三、判断题（每题 2 分，共 20 分）对的打“√”，错的打“×”

1. 延度愈大，表示沥青抵抗外力作用变形的能力愈差。（　　）

2. 细粒土类按塑性划分为低、中、高、很高 4 级。（　　）

3. 钢筋的拉伸试验，开动试验机，边疆均匀地以 5 MPa/s 的速度进行试验（　　）

4. 扰动土比原状土的力学性质差，其主要原因在于矿物成分遭到破坏（　　）

5. 细度模数是划分砂子粗细程度的唯一方法。（　　）

6. 在选用道路沥青材料时，寒冷地区宜选用针入度较大，延度较大的沥青，热带地区宜选用针入度较小，软化点高的沥青。（　　）

7. 对水泥砼耐久性主要从最小水灰比和最大水泥用量进行控制。（　　）

8. 粘稠石油沥青针入度越大，软化点越高，延度越大。（　　）

9. 一个良好的级配，要求空隙率最小，总表面积也不大。（　　）

10. 如果水泥在硬化后产生不均匀的体积变化，就会使砼构件产生裂缝。（　　）

四、简答题（每题5分，共20分）

1. 普通水泥的技术性质有哪些？

2. 水泥砼为什么以抗压强度划分标号？

3. 乳化沥青的特点是什么？

4. 简述水泥砼的设计步骤。

五、叙述题（共10分）

路用石料有哪些主要制品？各有何用途？

六、计算题（共10分）

某施工现场有两种沥青，其软化点分别为20 ℃和75 ℃，要求配制成软化点为50 ℃的沥青，试估计两种沥青的掺配比例？

高级公路工程试验工理论知识试卷（E卷）答案

一、填空题

1. 分项　分部　单位工程

2. 马歇尔稳定度的击实成形法

3. 阳离子乳化剂　阴离子乳化剂　非离子乳化剂

4. 稳定度　流值　饱和度　空隙率　密度

5. 稀稠程度　土中含水多少　固塑液

6. 选择矿料配合比例　确定沥青最佳用量

7. 7 d

二、选择题

1. B　2. C　3. B　4. A　5. A　6. B　7. A　8. C　9. B　10. B

三、判断题

1. ×　2. ×　3. √　4. ×　5. ×　6. √　7. ×　8. ×　9. √　10. √

四、简答题

1. 答：① 比重与相对密度；② 细度；③ 标准稠度用水量；④ 凝结时间；⑤ 体积安定性；⑥ 强度。

2. 答：混凝土的各种强度中，以抗压强度为最大，因而在混凝土结构中，主要利用它来承受压力。此外，混凝土的其他性能都与抗压强度有一定的关系，因而就以抗压强度的高低来划分标号。

3. 答：乳化沥青的特点是：① 稠度小，具有良好的流动性，可在常温下冷态施工，操作简便，节省热能，② 可在潮湿基层上使用，能直接与湿集料拌和，粘结力不降低。③ 无毒、无嗅、不燃、减少环境污染、安全生产。④ 降低成本。⑤ 稳定性差，贮存期一般不宜超过六个月，过厂宜分层，凝聚。⑥ 成型期较长，最初要控制车辆行驶速度。

5. 答：混凝土配合比设计步骤如下：

（1）确定试配强度。

（2）确定水灰比：按强度要求确定水灰比；按耐久性复核水灰比。

（3）确定用水量。

（4）确定砂率。

（5）计算水泥用量。

（6）计算砂、石用量。

（7）求出水泥混凝土的初步配合比。

五、答：主要制品：① 片石，用于砌筑挡土墙、桥梁护坡、基础片石砼工程等；② 块石，用于砌筑桥梁基础；③ 条石，铺砌高级路面面层和过水路面等；④ 锥形块石，铺砌公路路面基层；⑤ 铺砌拳石，用于公路路面，桥梁涵洞及其它加固工程的铺砌；⑥ 料石，砌筑拱桥的拱圈。

六、计算题

解：根据：

$$\text{较硬沥青}(\%)=\frac{\text{需要沥青的软化点}-\text{软沥青软化点}}{\text{硬沥青软化点}-\text{软沥青软化点}}$$

$$=(50-30)/(75-30)$$

$$=0.44$$

$$=44\%$$

因此，估计需要软化点为75 ℃的硬沥青为44%，软沥青为30 ℃的较软沥青为56%。

高级公路工程试验工理论知识试卷（F卷）

一、填空题（每空1分，共20分）

1. 工程质量检验应包括________和________。________经检查符合要求后，始能对________进行检查。

2. 工地现场压实度检查可采用________试验，用灌砂法或环刀法测定试坑材料________及计算出试件干密度。

3. 沥青混合料组成设计的方法有________、________。

4. 沥青是乳化沥青的主要组成材料，沥青材料的性能直接决定着乳化沥青________和________的好坏，乳化沥青中沥青含量为其总质量的________。

5. 常用的沥青外加剂有________、________、________。

6. 黄土深陷试验是测定黄土的________和________。

7. 级配碎砾石基层外观鉴定时，表面应________、________和________。

二、选择题（每题2分，共20分）将唯一正确答案代号填入括号内

1. 水泥的胶结能力与水泥凝结硬化后在一定龄期内的强度成（　　）。

A. 正比　　B. 反比　　C. 不相应增长或减少

2. 混凝土的质量，一般以（　　）来评定。

A. 抗折强度　　B. 抗压强度　　C. 抗劈裂强度

3. 沥青混凝土路面基层材料可按（　　）选用。

A. 整体性　　B. 嵌锁性　　C. 级配性

4. 黄土深陷试验采用的方法为（　　）

A. 三线法　　B. 双线法　　C. 单线法

5. 硅酸盐水泥的四种矿物组成的主要特性中，反映速度最快的是（　）。
A. 铝酸三钙　　B. 硅酸三钙　　C. 铁铝酸四钙
6. 评定集料的颗粒级配，应根据各筛的（　）。
A. 分计筛余百分率　B. 累积筛余百分率　C. 通过百分率
7. 击实试验试样的最大粒径不得超过（　）。
A. 38 mm　　B. 25 mm　　C. 40 mm
8. 沥青混凝土路面的压实度规定值应为（　）。
A. ≥98%　　B. ≥95%　　C. ≥93%
9. 级配砾石作基层时，集料的压碎值应满足中等交通道路不大于（　）。
A. 30%　　B. 35%　　C. 40%
10. 评定水泥混凝土抗压，抗折强度的试件应以标准养护（　）为准。
A. 7 d　　B. 14 d　　C. 28 d

三、判断题（每题 2 分，共 20 分）对的打“√”，错的打“×”

1. 计算水泥的标准稠度用水量是为了试验凝结时间和强度。（　）
2. 确定桥梁用石料抗压强度的标准试件是边长 5 cm 的立体体试件。（　）
3. 当沥青质含量多，树脂油质含量少时，沥青的胶体结构为凝胶结构。（　）
4. 沥青混合料空隙率愈小，愈密实，路用性能愈好。（　）
5. 粒度分析的筛分法适用于分析大于 0.074 mm 的风干土样。（　）
6. 石灰未消化残渣含量是测定石灰有效成分。（　）
7. 水泥砼中当骨料总用量确定后，如砂率过小，则混合料流动性小。（　）
8. 磨耗度通常用磨耗率表示。（　）
9. 煤沥青的温度敏感性比石油沥青强。（　）
10. 钢筋按其机械性能分级分为四级，钢号愈大，含碳量愈高。（　）

四、简答题（每题 5 分，共 20 分）

1. 简述石灰的硬化原理。
2. 何为水泥的初凝和终凝？
3. 何为沥青的“老化”？说明“老化”的过程。
4. 什么叫钢筋的屈强比？它对于结构安全度有什么影响？

五、叙述题（共 10 分）

何谓水泥体积的安定性？影响水泥安定性的原因是什么？

六、计算题（共 10 分）

简单叙述油石比工地快速试验方法和计算方法。
如果称取试样重为 500 g，洗净烘干后矿料为 470 g，试算其油石比。

高级公路工程试验工理论知识试卷（F 卷）答案

一、填空题

1. 检验项目　实测项目　检验项目　实测项目
2. 密度（容重）　密度　含水量

3. 计算法　矩形图解法

4. 成模性能　路用性能　60%左右

5. 橡胶类外加剂　树脂类外加剂　其它类外加剂

6. 大空隙比　相对下沉系数

7. 平整密实　边线整齐　无松散现象

二、选择题

1. A　2. B　3. C　4. C　5. B　6. B　7. A　8. B　9. B　10. C

三、判断题

1. ×　2. √　3. √　4. ×　5. √　6. ×　7. √　8. √　9. √　10. √

四、简答题

1. 答：（1）结晶作用：石灰浆中水分逐渐蒸发或被周围砌体所吸收，氢氧化钙从饱和溶液中析出结晶并具有一定的胶结性。

（2）碳化作用：氢氧化钙与空气的二氧化碳作用生成碳酸钙。

以上说明石灰的硬化由包括同时进行的两种作用形成。

2. 答：水泥的初凝：从水泥加水拌和起到水泥浆开始失去塑性所需时间叫“初凝”；从加水拌和起到水泥浆完全失去可塑性能逐渐凝结硬化完全变为固体时所需时间叫“终凝”。

3. 答：“老化”：沥青是一种高分子化合物的胶体物系，它在外界条件影响下（如太阳的照射，空气中氧与其氧化作用等），随时间而逐渐改变其性能的过程，称为“老化”。“老化”使沥青中的组成转化，转化过程大致如下油质—树脂—沥青质—沥青碳、似碳物。

4. 答：钢筋的屈服强度与抗拉强度之比称为屈强比。由于钢筋混凝土结构设计中以钢筋的屈服强度作为设计强度的依据。因此，屈服比越小说明防止结构由于局部突然超载而发生破坏的强度储备越大。反之，这种强度储备越小。但是，这个比值越小时，则又和经济都有重要意义，最好保持在 0.6 ~ 0.75 之间。

五、叙述题

答：水泥的体积安定性是指水泥在硬化过程中，体积变化的均匀性。

影响体积安定性的原因是：水泥成分中存在过量的游离石灰，氧化镁剂三氧化硫，它们的消解迟缓，致使在水泥石具有一定形状和强度引起体积变化，而使水泥石出现裂缝、弯曲、松脆等破坏现象。

六、计算题

解：（1）称取混合试样重为 m_1。

（2）试样包于铜丝网布中，挂于烧杯中，注入煤油至淹没试样，将烧杯加盖，并插入温度计。

（3）将煤油用微火加热至 70 ℃，并保持恒温 5 ~ 10 min，随时轻轻翻动试样，反复煮洗 2 ~ 3 次，并将洗得的混合液过滤。

（4）将矿料烘干，冷却后称重为 m_2。

（5）计算方法按式：$S = (m_1 - m_2)/m_2 \times 100\%$

油石比：$S = (500 - 470)/470 \times 100\% = 6.38\%$

高级公路工程试验工理论知识试卷（G）

一、填空题（每题1分，共20分）

1. 磨耗率是指石料抵抗________、和________等综合作用的性能。

2. 沥青混合料中，沥青与矿料发生吸附作用，形成扩散结构膜称为________沥青，可改善沥青原有的________性质。

3. 水泥混凝土配合比的设计方法有________和________，其中混凝土的设计标号与配制标号的关系是________。

4. 粗集料含水率有下列两种含意：自然含水率和________吸水率。在水泥混凝土配合比计算时，粗集料的用量是以________状态时的质量为标准的。

5. 沥青老化的趋势是________减少，而________含量增多。

6. 硬化后砂浆的主要技术性质有________，________，________。

7. 乳化沥青具有高度分散性与稳定性的原因是________、________、________。

8. 石灰在空气中硬化的原因是由于________和________两种作用。

二、选择题（每题1分，共30分）

1. 在100 g含水率为3%的湿砂中，其中水的质量为（　　）。

A. 3.0 g　　B. 2.5 g　　C. 3.3 g　　D. 2.9 g

2. 某材料吸水饱和后的质量为20 kg，烘干到恒重时，质量为16 kg，则材料的（　　）。

A. 质量吸水率为25%　　B. 质量吸水率为20%

C. 体积吸水率为25%　　D. 体积吸水率为20%

3. 软化系数表明材料的（　　）。

A. 抗渗性　　B. 抗冻性　　C. 耐水性　　D. 吸湿性

4. 建筑石膏凝结硬化时，最主要的特点是（　　）。

A. 体积膨胀大　　B. 体积收缩大　　C. 放出大量的热　　D. 凝结硬化快

5. 在水泥稳定土击实试验中，所用的试样（　　）。

A. 最大粒径可控制在38 mm以内　　B. 试样不得重复使用

C. 含水量用酒精燃烧法测试　　D. 可以和水泥一起浸润6~8 h

6. 粒度分析的“筛分法”适用于分析粒径（　　）风干土样。

A. >0.074　　B. <0.074　　C. =0.074　　D. 2~0.074

7. 为提高混凝土的抗冻性，掺入加气剂，其掺入量是根据混凝土的（　　）来控制。

A. 塌落度　　B. 含气量　　C. 抗冻标号　　D. 抗渗标号

8. 建筑砂浆常以（　　）作为砂浆的最主要的技术性能指标

A. 抗压强度　　B. 粘结强度　　C. 抗拉强度　　D. 耐久性

9. 冷加工和热处理均可改变钢材的性能，但提高钢材塑型的处理方法应该是（　　）。

A. 冷拉　　B. 冷拔　　C. 退火　　D. 淬火

10. 石油沥青的粘结性是用（　　）表示的。

A. 针入度　　B. 粘滞度　　C. 软化点　　D. 延伸度

11. （　　）说明石油沥青的大气稳定性愈高。

A. 蒸发损失愈小和蒸发后针入度比愈大　B. 蒸发损失和蒸发后针入度比愈大

C. 蒸发损失和蒸发后针入度比愈小　D. 蒸发损失愈大和蒸发后针入度比愈小

12. 沥青混合料组成设计中，确定沥青最佳用量通常用（　　）。

A. 经验法　B. 试验法　C. 数算法　D. 表格法

13. 击实试验所用的土样一般是（　　）。

A. 原状土　B. 松散状土　C. 干硬状土　D. 扰动土

14. 测定砂的表观密度时，称去试样的质量应为（　　）。

A. 100 g　B. 50 g　C. 500 g　D. 300 g

15. 表示路基路面承载能力的指标是（　　）。

A. 回弹弯沉值　B. 回弹模量　C. 强度和压实度　D. 承载比

16. 影响砼强度的主要因素是（　　）

A. 水灰比　B. 水泥用量　C. 砂率　D. 振捣方法

17. 试验测得一组砼强度值为 16.1 MPa、22.3 MPa、22.0 MPa，则这组砼的抗拉强度应为（　　）。

A. 16.1 MPa　B. 22.3 MPa　C. 22.0 MPa　D. 20.1 Mpa

18. 某路基填土当含水量超过最佳含水量 W_0时，其密实度随含水量的增加而（　　）。

A. 增加　B. 不变　C. 减少　D. 最大

19. 划分粗粒土的粒径界限是（　　）。

A. 60 ~ 200　B. 60 ~ 0.074　C. 0.074 ~ 0.02　D. 0.02 ~ 0.05

20. 表征粘稠沥青的粘滞性指标是（　　），其单位以（　　）表示。

A. 针入度，cm　B. 针入度，$\frac{1}{10}$ mm

C. 粘滞度，S　D. 粘滞度，mm

21. 当水泥砼试件少于 10 组时，其抗压强度的评定条件（　　）。

A. $R_n \geqslant 1.15R$　B. $R_{\min} \geqslant 0.95R$

C. $R_n - K_1 S_n$ 和 $R_{\min} \geqslant K_2 R$　D. $R_n \geqslant 1.15R$ 和 $R_{\min} \geqslant 0.95R$

22. 下列沥青混合料标准密度确定方法中，适用于空隙率较大的沥青碎石混合料的方法是（　　）。

A. 体积法　B. 水中重法　C. 表干法　D. 蜡封法

23. 有一组水泥抗折试件，测得其抗折强度为 6.2 MPa、6.5 MPa 和 8.0 MPa，则该水泥的抗折强度为（　　）。

A. 6.2 MPa　B. 6.5 MPa　C. 6.9 MPa　D. 6.4 MPa

24. 用水泥稳定土做高速公路的基层时，其强度要求是（　　）MPa。

A. ≥5　B. 3 ~ 4　C. 2 ~ 3　D. ≥1.5

25. 路面基层压实度的检测频率应为（　　）。

A. 每 200 m 测 4 处　B. 每 200 m 每车道测 2 处

C. 每 2 000 m^2 测 4 处　D. 每 200 m 测 2 处

26. 评定水泥砼质量均匀性的重要指标是（　　）。

A. 强度保证率　B. 强度平均值　C. 标准差　D. 变异系数

27. 沥青路面的厚度检测方法应采用（　）。

A. 灌砂法　B. 构造深度测试法　C. 钻孔取样法　D. 摆式仪测定法

28. 在洛氏硬度为60±2的钢钻上，回弹仪的率定值［N］应为（　）。

A. 60±2　B. 80±2　C. 90±2　D. 100±2

29. 砂浆的流动性以（　）指标表示。

A. 沉入度　B. 分层度　C. 粘滞度　D. 稠度

30. 沥青延度试验时，延度仪中水的温度为（　）。

A. 20±2 ℃　B. 25 ℃　C. 30 ℃　D. 5 ℃

三、判断题（每题1分，共20分）

1. 水泥稳定土用作基层时，应控制水泥剂量不超过6%～7%。（　）
2. 公路路基施工中必须进行的试验项目是含水量和压实度试验。（　）
3. 延度愈大，表示沥青抵抗外力作用变形的能力愈差。（　）
4. 对水泥颗粒愈细，比表面愈大，水化愈快，强度愈高。（　）
5. 对水泥混凝土耐久性主要从最小水灰比和最大水泥用量进行控制。（　）
6. 沥青混合料中，沥青含量越高，则沥青混合料的稳定性也愈高（　）
7. 我国现行规范规定以上屈服点的应力做为钢材的屈服极限。（　）
8. 绝对体积法配合比中计算理论砂率的原则是砂子的松装体积恰好填满石子空隙。（　）
9. 坍落度与工作性之间无确切的关系。（　）
10. 土的孔隙比增大，土的体积随之减小，土的结构愈紧密。（　）
11. 拌和水泥用水量越多，水化作用越快，凝结硬化速度越快。（　）
12. 在满足施工和强度要求的条件下，应选用流动较小的水泥混凝土混合物。（　）
13. 有一钢筋的计算强度指为467.4 MPa其结果应修约为465 MPa。（　）
14. 用细度模数来划分水泥混凝土用砂的三个级配分区。（　）
15. 粘性土的塑性大小，可用液限之差，即塑性指数来衡量。（　）
16. 马歇尔试验时的温度越高，则稳定度越大，流值越小。（　）
17. 在水灰比一定时，增加用水量可使新拌混凝土的和易性改善。（　）
18. 沥青饱和度是指压实沥青混合料中，沥青体积占矿料空隙体积的百分率。（　）
19. 水泥颗粒愈细，比表面愈大，水化愈快，强度愈高。（　）
20. 钢筋混凝土中的冷拔钢丝，可以通过退火保留高的强度，恢复必要的塑性。（　）

四、简答题（每题5分，共20分）

1. 沥青混合料的技术性能有哪些？
2. 简述灌砂法测密实度的适用范围。
3. 简述界限含水量的测定方法及试验结果整理。
4. 简述水泥混凝土初步配合比设计的步骤。

五、计算题（共10分）

已知细粒式沥青混凝土混合料矿料配合比以及各料视密度如表一所示。

表一

碎石	63%	视密度	2.600	矿粉	7%	视密度	2.700
砂	5%	视密度	2.620	油石比	6.5%	相对密度	1.0
石屑	25%	视密度	2.650				

今用马歇尔实验方法测得试件在空气中重1 200 g，水中重670 g，试计算表二各项技术指标为多少。

表二

油石比/%	空气中重/g	水中重/g	体积/cm^3	密度（$g\cdot cm^{-3}$）		沥青体积百分率/%	孔隙率/%	矿料孔隙率/%	沥青填隙率/%
				实际	理论				
6.5	1 200	670							

高级公路工程试验工理论知识试卷（G）答案

一、填空题

1. 撞击　剪切　摩控
2. 结构　粘结力
2. 绝对体积法　重法　$R_h = R_c - t_6$
4. 饱和面干　饱和面干
5. 油分　树脂　沥青质
6. 杭压强度　粘结力　耐久性
7. 降低界面张力作用　水膜形成　相同电荷沥青颗料相互排斥
8. 碳化　结晶

二、选择题

1. D　2. A　3. C　4. D　5. B　6. A　7. B　8. A　9. C　10. A
11. A　12. B　13. B　14. D　15. A　16. A　17. D　18. C　19. B　20. B
21. D　22. A　23. D　24. B　25. B　26. C　27. C　28. B　29. A　30. A

三、判断题

1. √　2. √　3. ×　4. √　5. ×　6. ×　7. ×　8. √　9. ×　10. ×
11. ×　12. √　13. √　14. ×　15. √　16. ×　17. √　18. √　19. √　20. ×

四、简答题

1. 答：高温稳定性：指沥青混合料在夏季高温条件下，经长期车辆荷载的作用后，不产生车辙和波浪等现象。

低温抗裂性：指沥青混合料路面在冬季低温时，不产生裂缝的性能。

耐久性：沥青混合料路面长期在自然因素作用下，要保证路面具有较长的使用年限，必须具有良好的耐久性。

施工和易性：为了使实验室配料能在现场施工条件下顺利实现，沥青混合料应具备适宜的施工和易性。

2. 答：灌砂法适用于测定基层（或底基层）砂石路面及路基土的各种材料压实层的密度和压实度，也适用于沥青表面处治：沥青贯入式面层的密度和压实度检测，但不适用于填石路堤等有大孔洞或大孔隙材料的压实度检测。

3. 答：界限含水量的测定方法是用规定的液塑塑限联合试验法。

结果整理：

（1）把所测的 a、b、c 点点绘在锥入深度与含水量（$h-w$）关系图上。

（2）$h-w$ 图上，查得纵坐标为入土深度为 $h=20$ mm 所对应的横坐标的含水量 w，即为该土样的液限。

（3）通过液限与塑限时入土深度的关系曲线，查得 h_p。

（4）再用 h_p，求出入土深度为 h_p 时所对应的含水量，即为该土样的塑限。

4. 答：混凝土初步配合比设计步骤如下：

（1）确定试配强度。

（2）确定水灰比。

（3）确定用水量。

（4）确定砂率。

（5）计算水泥用量。

（6）计算砂、石用量。

（7）求出水泥混凝土的初步配合比。

五、计算题

解：

油石比 /%	空气中重/g	水中重 /g	体积 /cm^3	密度（$g\cdot cm^{-3}$）		沥青体积百分率/%	孔隙率 /%	矿料孔隙率/%	沥青填隙率/%
				实际	理论				
6.5	1 200	670	530	2.264	2.384	13.8	5.03	18.83	73.3

体积 $1\ 200-670=530\ cm^3$

实际密度 $\rho_m=1\ 200/530=2.264\ g/cm^3$

理论密度
$$\rho_t=\frac{100+6.5}{\frac{63}{2.600}+\frac{5}{2.620}+\frac{25}{2.650}+\frac{7}{2.70}+\frac{6.5}{1.0}}=2.384\ g/cm^3$$

沥青体积
$$V_a=\frac{2.264\times\frac{6.5}{106.5}}{1.0}=13.8\%$$

孔隙率
$$V_v=1-\frac{2.264}{2.384}=5.03\%$$

$$矿料孔隙率=V_a+V_v=18.83\%$$

$$沥青填隙率=\frac{13.8}{18.83}=73.3\%$$

高级公路工程试验工理论知识试卷（H）

一、填空题（每空1分，共20分）

1. 材料的体积密度与密度相同时，说明该材料________。

2. 石膏硬化时体积________，硬化后孔隙率________。

3. 建筑砂浆的和易性包括________和________两方面的含义。

4. 砌筑砂浆中掺入石灰膏而制得混合砂浆，其目的是________。

5. 沥青的牌号越高，则软化点越________，使用寿命越________。

6. 新伐木材，在干燥过程中，当含水率大于纤维饱和点时，木材的体积________，若继续干燥，当含水率小于纤维饱和点时木材的体积________。

7. 木材干燥时，首先是________水蒸发，而后是________水蒸发。

8. 煤沥青与石油沥青比较，其性质特点是________、________、________。

9. 沥青的牌号越高，则软化点越________，使用寿命越________。

10. 当沥青中树脂（沥青脂胶）组分含量较高时，沥青的塑性________，粘结性________。

11. 沥青的大气稳定性（即抗老化能力），用________和针入度比表示。

二、选择题（每题1分，共20分）将正确答案前的代号填在括号内

1. 配制混凝土时，限定最大水灰比和最小水泥用量是为了满足（　　）要求。

A. 流动性　　B. 强度　　C. 耐久性　　D. A+B+C

2. 试配混凝土时，发现混凝土的粘聚性较差，为改善和易性宜（　　）。

A. 增加砂率　　B. 减少砂率　　C. 增加 W/C　　D. 掺入粗砂

3. 在混凝土中掺入0.25%的木质素磺酸钙，当混凝土流动性和水泥用量保持不变的条件下，可获得（　　）效果。

A. 提高强度　　B. 提高抗冻性、抗渗性

C. A+B　　D. 节约水泥

4. 原来用细度模数为2.65的砂子配制混凝土混合料，由于料源问题，改用细度模数为1.95的砂子，为了保持原配混凝土的塌落度和强度不变，最合适的办法是（　　）。

A. 增加砂率　　B. 减少砂率　　C. 增加拌合用水量　D. 减少水泥用量

5. 细骨料级配与颗粒粗细是根据（　　）来评定的。

A. 细度模数　　B. 筛分曲线

C. 细度模数与筛分曲线　　D. 细度模数与砂率

6. 选择混凝土用砂的原则是（　　）。

A. 砂的空隙率大，总表面积小　　B. 砂的空隙率大，总表面积大

C. 砂的空隙率小，总表面积小　　D. 砂的空隙率小，总表面积大

7. 提高混凝土流动性的正确作法是（　　）。

A. 增加用水量　　B. 掺入减水剂

C. 保持 W/C 比不变，增加水泥　　D. A+B

8. 砂浆的保水性用（　　）来表示。

A. 塌落度　　B. 分层度　　C. 沉入度　　D. 工作度

9. 配制某强度等级的水泥砂浆，计算水泥用量为165 kg/m，估计石膏用水量应为（　　）kg/m^3。

A. 135，185　　B. 155，205　　C. 195，245　　D. 255，305

10. 砌筑砂浆的强度主要取决于（　　）。

A. 水灰比与水泥标号　　B. 水灰比与水泥用量

C. 用水量与水泥标号　　D. 水泥用量与水泥标号

11. 建筑砂浆常以（　　）作为砂浆的最主要的技术性能指标。

A. 抗压强度　　B. 粘结强度　　C. 抗拉强度　　D. 耐久性

12.（　　）适用于潮湿环境、水中以及要求砂浆标号较高的工程。

A. 水泥砂浆　　B. 石灰砂浆　　C. 混合砂浆　　D. 微沫剂砂浆

13. 石油沥青老化后，其延度较原沥青将（　　）。

A. 保持不变　　B. 升高　　C. 降低　　D. 先升高后降

14. 若沥青的油石比为4.8%，则沥青含量为（　　）。

A. 4.80%　　B. 4.58%　　C. 5.04%　　D. 4.75%

15. 车辙试验主要是用来评价沥青混合料的（　　）。

A. 高温稳定性　　B. 低温抗裂性　　C. 耐久性　　D. 抗滑性

16. 石油沥青的牌号由低到高，则沥青的（　　）由小到大。

A. 粘性　　B. 塑性　　C. 温度稳定性　　D. A + B

17. 沥青的标号是根据（　　）划分的。

A. 耐热度　　B. 针入度　　C. 延度　　D. 软化点

18. 普通混凝土的常用强度公式为（　　）。

A. $f_{cu} = Af_c(C/W - B)$　　B. $f_{cu} = Af_c^{\ b}(C/W - B)$

C. $f_{cu} = Af_c(W/C - B)$　　D. $f_{cu} = Af_c(C/W - B)$

19. 配制高强度混凝土时应选用（　　）。

A. 早强剂　　B. 高效减水剂　　C. 引气剂　　D. 膨胀剂

20. 分层度为（　　）的砂浆，上下无分层度现象，保水性好，但不宜作为抹灰砂浆。

A. 0　　B. 0 ~ 3　　C. 3　　D. > 3

三、判断题（每题2分，共20分）正确的在括号内打“√”，错误的在括号内打“×”

1. 水泥混凝土配合比设计时，选用水泥标号越高越好。（　　）

2. 粘稠石油沥青针入度越大，软化点越高，延度越大。（　　）

3. 当沥青质含量多，树脂油质含量少时，沥青的胶体结构为凝胶结构。（　　）

4. 在25 ℃时，当石油沥青的针入度大于200 ℃时，称为液体沥青。（　　）

5. 测得两种沥青的粘滞度分别为：A 沥青 $C_{60}^{5} = 50S$，B 沥青 $C_{60}^{5} = 100S$，则 A 的粘结力大于 B。（　　）

6. 煤沥青的表面活性比石油沥青大。（　　）

7. 石油沥青中树脂含量增加，沥青的粘结力和塑性也增加。（　　）

8. 在石油沥青胶体结构中，以溶凝胶型沥青的高温稳定性为最好。（　　）

9. 加热稳定性是表征沥青材料随温度的升高或降低而产生软化或脆裂的性能。 (　　)
10. 针入度指数的大小表征沥青的感温性有胶体结构类型。 (　　)
11. 沥青和矿料间的粘结力在其它条件相同的情况下，随形变速度的增加而增大。 (　　)
12. 沥青用量在足够包裹矿料表面前提下，膜越薄越好。 (　　)
13. 沥青混合料空隙率愈小，愈密实，路用性能愈好。 (　　)
14. 在水的作用下，沥青与矿料表面的化学吸附是不可逆的。 (　　)
15. 选用道路沥青材料时，寒冷地区宜选用针入度越大，延度越大的沥青，较热地区宜选用针入度较小，软化点高的沥青。 (　　)
16. 在相同沥青用量情况下，矿料表面积愈大，形成的沥青膜愈薄，结构沥青所占比例愈小，沥青混合料的粘结力愈低。 (　　)
17. 马歇尔稳定度试验时的温度愈高，则稳定度愈大，流值愈小。 (　　)
18. 钢铁锈蚀以化学锈蚀进行最快。 (　　)
19. 对钢材使用有重要意义是 σ_S。其值越大则结构可靠性越高。 (　　)
20. 碳素钢丝又称高强度钢丝。 (　　)

四、简答题（每题5分，共20分）

1. 常用钢材热处理方法有几种？与钢材的性能由何关系？
2. 马歇尔试验的五项指标随沥青用量变化趋势？
3. 沥青材料在使用、运输与保管时应注意那些问题？
4. 试述提高水泥砼强度的方法。

五、叙述题（共10分）

自然因素对沥青的性能有何影响？

六、计算题（共10分）

已知细粒式沥青混凝土混合料矿料配合比以及各料视密度如表一所示：

表一

碎石	63%	视密度	2.600	矿粉	7%	视密度	2.700
砂	5%	视密度	2.620	油石比	6.5%	相对密度	1.0
石屑	25%	视密度	2.650				

今用马歇尔实验方法测得试件在空气中重1 200 g，水中重670 g，试计算表二各项技术指标为多少

表二

油石比/%	空气中重/g	水中重/g	体积/cm^3	密度/$g\cdot cm^{-3}$		沥青体积百分率/%	孔隙率/%	矿料孔隙率/%	沥青填隙率/%
				实际	理论				
6.5	1 200	670							

高级公路工程试验工理论知识试卷（H）答案

一、填空题（每空1分，共20分）

1. 无孔隙
2. 微膨胀　增大
3. 流动性　保水性
4. 提高保水性
5. 低　长
6. 不变　收缩
7. 自由水　吸附水
8. 塑性差　温度敏感性差　大气稳定性差
9. 低　长
10. 增强低　减少
11. 蒸发损失率

二、选择题（每题1分，共20分）

1. D	2. A	3. C	4. B	5. C	6. D	7. C	8. B	9. B	10. D
11. A	12. A	13. C	14. B	15. A	16. B	17. B	18. D	19. B	20. C

三、判断题（每题2分，共20分）

1. ×	2. ×	3. √	4. ×	5. ×	6. √	7. √	8. ×	9. ×	10. √
11. ×	12. √	13. ×	14. √	15. √	16. ×	17. ×	18. √	19. ×	20. √

四、简答题（每题5分，共20分）

1. 答：常用钢材热处理方法：

（1）淬火。淬火可使钢的硬度、耐磨度和强度提高，但塑性和韧性降低，且可能产生内应力。

（2）回火。可消除内应力，减少脆性恢复一部分塑性和韧性，保留相当的强度和硬度。

（3）退火。降低硬度，提高塑性。

（4）正火。提高钢材的塑性和韧性，使强度，塑性和韧性得到良好的配合。

2. 答：马歇尔试验的五项指标随沥青用量变化趋势：

（1）马歇尔稳定度随沥青含量的增加而增大，但到达最大值后，又渐趋降低。

（2）流值随沥青含量的增加而增加。

（3）沥青混合料的空隙率随着沥青含量的增加而增大，直至接近最小值。

（4）混合料的密度曲线与稳定度曲线相似，但其最大密度时的沥青含量一般略高于最大稳定度时的沥青用量。

（5）饱和度随沥青用量的增加而增加。

3. 答：沥青材料在使用、运输与保管工作时应合理组织。一方面要防止沥青材料的技术性质变坏，另一方面要注意安全。运输时必须有包装、存放地点，尽量远离建筑物，注意防火并防止杂质和水混入，降低沥青质量，不同标号的沥青存放时注意分标号堆放，以免混乱，在贮运，使用过程中，要防止沥青中毒和烫伤。

4. 答：

（1）根据工程性质，环境条件，采用适当的水泥标号和水泥品种（较高标号水泥与特种水泥）。

（2）增加水泥混凝土的密实度。

（3）蒸汽养护或蒸压养护。

（4）掺用外加剂。

五、叙述题（共 10 分）

答：自然因素是指空气、阳光、气温和降水等，沥青在自然因素的作用下，其分子会发生氧化和聚合的作用，使沥青的组分发生转移，其转移大致为：油质树脂—沥青质—沥青碳和似碳物。由于沥青的组分发生变化，使沥青的粘滞度增加，软化点升高，粘结力下降，脆性增大，塑性减小，导致沥青技术性质变坏。

六、计算题（共 10 分）

解：

油石比 /%	空气中重 /g	水中重 /g	体积 /cm³	密度/g·cm⁻³		沥青体积百分率 /%	孔隙率 /%	矿料孔隙率 /%	沥青填隙率 /%
				实际	理论				
6.5	1 200	670	530	2.264	2.384	13.8	5.03	18.83	73.3

体积　$1\ 200-670=530\ \text{cm}^3$

实际密度　$\rho_m=1\ 200/530=2.264\ \text{g/cm}^3$

$$\text{理论密度}\ \rho_t=\frac{100+6.5}{\frac{63}{2.600}+\frac{5}{2.620}+\frac{25}{2.650}+\frac{7}{2.70}+\frac{6.5}{10}}=2.384\ \text{g/cm}^3$$

沥青体积　$V_a=\dfrac{2.264\times\frac{6.5}{106.5}}{1.0}=13.8\%$

孔隙率　$V_v=1-\dfrac{2.264}{2.384}=5.03\%$

$$\text{矿料孔隙率}=V_a+V_v=18.83\%$$

$$\text{沥青填隙率}=\frac{13.8}{18.83}=73.3\%$$

参考文献

［1］中华人民共和国行业标准．公路工程集料试验规程（JTG E42—2005）．北京：人民交通出版社，2005.

［2］中华人民共和国行业标准．公路工程岩石试验规程（JTG E41—2005）．北京：人民交通出版社，2005.

［3］中华人民共和国行业标准．公路工程无机结合料稳定材料试验规程（JTJ 057—1994）．北京：人民交通出版社，1994.

［4］中华人民共和国行业标准．普通混凝土配合比设计规程（JGJ 55—2000）．北京：人民交通出版社，2001.

［5］中华人民共和国行业标准．公路工程水泥及水泥混凝土试验规程（JTG E30—2005）．北京：人民交通出版社，2005.

［6］中华人民共和国行业标准．沥青及沥青混合料试验规程（JTJ 052—2000）．北京：人民交通出版社，2000.

［7］中华人民共和国行业标准．公路土工试验规程（JTG E40—2007）．北京：人民交通出版社，2007.

［8］中华人民共和国行业标准．砌筑砂浆配合比设计规程（JGJ 98—2000）．北京：人民交通出版社，2001.

［9］中华人民共和国行业标准．公路沥青路面施工技术规范（JTG F40—2004）．北京：人民交通出版社，2004.

［10］中华人民共和国行业标准．公路路面基层施工技术规范（JTJ 034—2000）．北京：人民交通出版社，2000.

［11］中华人民共和国国家标准．通用硅酸盐水泥（GB 175—2007）．北京：中国标准出版社，2007.

［12］中华人民共和国国家标准．钢筋混凝土用钢第Ⅰ部分：热轧光圆钢筋（GB 1499.1—2008）．北京：中国标准出版社，2008.

［13］中华人民共和国国家标准．钢筋混凝土用钢第Ⅱ部分：热轧带肋钢筋（GB 1499.2—2007）．北京：中国标准出版社，2007.

［14］严家伋，道路建筑材料［M］．北京：人民交通出版社，1996.

［15］郃连河，道路建筑材料［M］．北京：人民交通出版社，1999.

［16］杨云芳，公路建筑材料［M］．北京：人民交通出版社，1998.

［17］姜志青，道路建筑材料［M］．北京：人民交通出版社，2005.